mandelbaum *verlag*

Günther Sandner, Boris Ginner (Hg.)

EMANZIPATORISCHE BILDUNG

Wege aus der sozialen Ungleichheit

mandelbaum verlag

Gedruckt mit Unterstützung der Stadt Wien Kultur
und der Wiener Arbeiterkammer

mandelbaum.at • mandelbaum.de

ISBN 978-3-85476-894-4

Lektorat: ELVIRA M. GROSS
Satz: KEVIN MITREGA
Umschlag: MARTIN BIRKNER
Druck: PRIMERATE, Budapest

Inhalt

RENATE ANDERL

Vorwort

Ausbildung ist notwendig, um Menschen auf spätere Herausforderungen vorzubereiten. Bildung ist für die Arbeiterkammer (AK) aber mehr als die Sicherstellung des »Funktionierens« im System. Bildung ist mehr als die bloße Verabreichung von Wissen.

Bildung, wie wir sie verstehen, fördert die Persönlichkeitsentwicklung, den Intellekt, die Kreativität. Es geht um die Entfaltung unterschiedlicher Begabungen genauso wie um die Förderung von Gesundheit und körperlicher Entwicklung. Bildung muss klar vermitteln, dass die Welt und die Zustände, die wir erleben, nicht vom Himmel gefallen sind. Sie muss kritisches Hinterfragen fördern und so aktive Teilhabe an der Gestaltung der Gesellschaft ermöglichen.

Bildung bedeutet für die Arbeitnehmer*innenbewegung daher nicht Unterordnung, Gehorsam oder Zurichtung für bestehende gesellschaftliche Verhältnisse. Bildung ist vielmehr ein Beitrag zur Emanzipation, zur gesellschaftlichen Veränderung und zu sozialem Fortschritt.

Die Geschichte gibt uns recht: Emanzipatorische Ansätze und Demokratisierung haben gesellschaftliche Veränderungen und soziale Errungenschaften ermöglicht, die heute selbstverständlich für uns sind. Dazu zählen geregelte Arbeitszeiten, das Recht auf bezahlten Urlaub, Interessenvertretung durch Betriebsräte, verlässliche Absicherung im Alter, bei Krankheit oder Arbeitslosigkeit – sprich: unser Sozialstaat. Das alles ist aber nicht in Stein gemeißelt, und der Weg ist noch längst nicht zu Ende.

Denn soziale Ungleichheit ist auch heute Realität, das zeigt sich gerade bei der Bildung: Sie wird nach wie vor vererbt – nicht Talent oder Leistung zählt, sondern die soziale Herkunft. Die AK setzt sich für eine Gesellschaft ein, in der nicht wenige Menschen auf Kosten von vielen leben, sondern der Wohlstand gerecht verteilt wird – das gilt auch für die Chancen auf Bildung. Wir setzen uns für eine Bildung ein, die soziale Benachteiligung nicht verschärft, sondern ausgleicht. Hier ist noch viel zu tun.

BORIS GINNER, GÜNTHER SANDNER

Emanzipatorische Bildung – eine Einleitung

Gleichheit ist ein politischer und insbesondere demokratischer Schlüsselbegriff, doch welche konkreten Maßnahmen und Zielvorstellungen mit dem Bekenntnis zu Gleichheit verbunden sind, ist umstritten. Geht es um Chancengleichheit, also darum, alle Menschen in ihren Rechten und Pflichten gleich zu behandeln und formal gleiche Bedingungen zu schaffen? Um den gleichen Zugang zu Gesundheit, Bildung und Beruf? Das klingt – gemessen an der sozialen Realität – einerseits radikal, andererseits ist eine solche Haltung auch mit einer Leistungsideologie vereinbar, der zufolge Macht- und Vermögensunterschiede vor allem Ergebnisse der unterschiedlichen Anstrengungen von Bürger*innen sind. Dabei wird eine fiktive Chancengleichheit an den Lebensbeginn gesetzt, die reale gesellschaftliche Ungleichheit unbeachtet lässt und damit rechtfertigt. Oder geht es bei Gleichheit auch um etwas anderes? Geht es um Verteilungsgerechtigkeit, also darum, dass allen Menschen gleichermaßen ein gutes und materiell abgesichertes Leben ermöglicht wird – unabhängig von ihrer Durchsetzungskraft und ihrem »Erfolg« im kapitalistischen Wettbewerb? Wir denken, ja – denn der Fokus auf rein formale Chancengleichheit greift in unseren Augen zu kurz und erinnert an das bekannte Bild von Affe, Elefant, Fisch und Vogel, die im Sinne einer »fairen« Beurteilung vor die gleiche Aufgabe gestellt werden (»Klettert auf den Baum!«).

Gerade im Bildungsbereich waren und sind Fragen von Gleichheit und Ungleichheit ein wichtiges Thema. In den späten 1960er und in den 1970er Jahren setzte auch in Österreich ein Prozess der gesellschaftlichen Modernisierung und Demokratisierung ein, der Chancengleichheit im Bildungssystem, inklusive gleichen Zugangs zu höherer Bildung, realisieren wollte. Auch Kinder aus Arbeiter- und Bauernfamilien sollten zum Beispiel Zugang zu einem Hochschulstudium erhalten, das bis dahin einer relativ schmalen Elite vorbehalten war. Der Anteil von Maturant*innen und Studierenden in der Gesellschaft war damals deutlich geringer und weite Teile

der Bevölkerung blieben de facto davon ausgeschlossen. Obwohl heute wesentlich mehr Menschen maturieren und studieren, hängt es nach wie vor vom Elternhaus ab, welche Schulen wie lange besucht werden und ob nach der Schule ein akademischer Weg eingeschlagen wird. Bildung bleibt also sozial selektiv.

Bereits in dem 2019 von uns herausgegebenen Buch *Warum Demokratie Bildung braucht*[1] konnten wir Beiträge aus Wissenschaft und Bildungspraxis versammeln, die nicht nur ein vielschichtiges Bild von Ungleichheit im Bildungswesen präsentierten, sondern auch die politischen Konsequenzen davon deutlich machten. Der Schwerpunkt lag also in der Frage, wie das Bildungssystem in seinen unterschiedlichen Bereichen politische Ungleichheiten verstärkt. Es wurde exemplarisch herausgearbeitet, was dagegen getan werden kann und warum egalitärer strukturierte Gesellschaften, unter partizipativen Aspekten betrachtet, auch demokratischer sind. In diesem Band, der sich als eine Fortsetzung des erwähnten Buches begreift, haben wir zusätzliche Bildungsbereiche miteinbezogen (zum Beispiel Erwachsenenbildung und Hochschulen) und explizit die Frage gestellt, wie eine emanzipatorische Bildung zu mehr Gleichheit beitragen kann.

Emanzipatorische Bildung – das ist ein Begriff aus den 1960er und 1970er Jahren, der heute nur mehr selten verwendet wird. Wir wollen nicht bruchlos an diese Jahrzehnte zurückliegenden Diskurse anschließen. Was aber meinen wir damit? Zunächst einmal darf sich emanzipatorische Bildung nicht in der Vermittlung von Wissen erschöpfen. Zu einem demokratischen und emanzipatorischen Bildungs- und Erziehungsprozess gehören auch die kritische Analyse der Gesellschaft und die Entwicklung von Perspektiven, um Wege aus den diagnostizierten Defiziten aufzuzeigen. Emanzipatorische Bildung fördert das Denken in Alternativen und stärkt die Partizipation, und zwar sowohl in Bildungsprozessen selbst als auch im Hinblick auf das gesellschaftliche und politische Leben außerhalb der Bildungsinstitutionen. Emanzipatorische Bildung bedeutet, Hierarchien zu hinterfragen (aber nicht unbedingt unterschiedliche Rollen und Aufgaben) und implizite wie explizite Aus-

1 Günther Sandner und Boris Ginner (Hg.), *Warum Demokratie Bildung braucht*, Wien, Berlin 2019.

schlusskriterien (wer kann mitentscheiden und wer nicht?) in den Blick zu nehmen.

Emanzipation als Bildungsziel heißt, die Fähigkeiten und Bereitschaft von Menschen zu fördern, sich aus Abhängigkeiten zu befreien. Damit wird verhindert, dass Bildung in den Dienst parteipolitischer Interessen gestellt wird oder im Sinne einer Ökonomisierung ausschließlich oder vorranging unter dem Gesichtspunkt wirtschaftlicher Verwertungsinteressen funktioniert. Emanzipatorische Bildung ist solidarisch und gemeinschaftlich orientiert, sie zielt nicht auf das Trainieren individueller Nutzenmaximierung ab.

Emanzipatorische Bildung muss heute freilich auch Themen behandeln, die in den 1960er und 1970er Jahren zwar längst existierten, aber nicht in derselben Intensität auf der politischen Agenda standen. Dazu zählen Fragen der gesellschaftlichen Inklusion von Menschen mit Migrationshintergrund. Eine nichtdeutsche Alltagssprache, die Herkunft aus einem bildungsfernen Haushalt, ein niedriger Berufsstatus der Eltern – das alles sind (nicht erst) heute ausschlaggebende Faktoren dafür, Bildungspotenziale und Lebenschancen nicht realisieren zu können. Bildung wird vererbt und die intergenerationale Bildungsmobilität ist relativ gering. Dass von diesen Zusammenhängen Menschen mit Migrationshintergrund besonders stark betroffen sind, ist unumstritten.

Noch eine Bemerkung zu unserem Verständnis von emanzipatorischer Bildung: Trotz einer langen und zum Teil sicherlich berechtigten Kritik am »herrschenden« Wissenschaftsbetrieb, die auch in der Tradition emanzipatorischer Bildung eine große Rolle gespielt hat, muss Bildung selbstverständlich wissenschaftsbasiert sein. Sie hat zur kritischen Auseinandersetzung mit Wissenschaft beizutragen – allerdings auf der Basis wissenschaftlicher Kriterien. Gerade in Zeiten der Klimakrise und der aktuellen COVID-19-Pandemie ist die Unterscheidung zwischen in der Gesellschaft existierenden, kontroversen Meinungen und Anschauungen und wissenschaftlicher Expertise von großer Bedeutung. Dafür zu sensibilisieren ist eine wichtige Aufgabe von Bildung.

Auch wenn wir emanzipatorische Bildung als wichtiges Instrument ansehen, um Wege aus der sozialen Ungleichheit zu finden und zu beschreiten, bedeutet es nicht, dass wir den Bildungsbereich isoliert und als den Schlüssel zur Lösung dieses Problems betrachten. Wir folgen nicht dem »Mythos einer Bildungsmeritokratie« und wissen, dass eine »sich vertiefende Kluft zwischen Arm und Reich« »durch Bildung nicht zu schließen« ist, denn »dazu bedarf es der Umverteilung von Arbeit, Einkommen und Vermögen«.[2] Armut verhindert Bildung, aber Bildung nicht unbedingt Armut, wie etwa an zahlreichen prekär beschäftigten oder arbeitslosen Akademiker*innen zu erkennen ist.

Auch bei formal gleichem Zugang zu Bildung existiert ein nur schwer einzuholender Wettbewerbsvorteil für jene, die in bildungsaffinen Familien und Verhältnissen sozialisiert worden sind. Kinder aus akademisch geprägten Elternhäusern bringen viel eher jene Eigenschaften, Verhaltensweisen, Kenntnisse, Fertigkeiten und sprachliche Ausdrucksmöglichkeiten mit, die für eine erfolgreiche Bildungskarriere förderlich sind. Von der Kultursoziologie Pierre Bourdieus bis zur Elitesoziologie Michael Hartmanns sind solche Zusammenhänge immer wieder theoretisch wie empirisch herausgearbeitet worden.

Beginnend mit einer grundsätzlichen, empirisch gestützten Betrachtung zu Bildungsungleichheit und Demokratie (Martina Zandonella) werden in diesem Buch verschiedene Bildungsbereiche einer genaueren Analyse unterzogen: die Erwachsenenbildung (Sonja Luksik), die gewerkschaftliche Bildung (Pia Lichtblau und Sabine Letz), die Jugendarbeit (Ilkim Erdost), die duale Lehrausbildung (Stefan Bartl und Armina Pramenkovich), die Hochschule (Günther Sandner) und die »klassische« Schule (Philipp Schnell und Barbara Rothmüller sowie Verena Hohengasser, Simone Peschek und Felix Stadler).

Im Weiteren werden zentrale Themen von Bildungsungleichheit herausgegriffen: der Zusammenhang von Bildungsmobilität, demokratische Partizipation und Migration (Gerd Valchars und Judith Kohlenberger), das Thema Bildung und Geschlecht (Stefanie Göweil) und die soziale Funktion von Scham und Beschämung (Laura Wiesböck).

2 Christoph Butterwege, *Bildungsaufstieg – Realität, Utopie und/oder Ideologie?*, in: Julia Reuter/Markus Gamper/Christina Möller/Frerk Blome (Hg.), *Vom Arbeiterkind zur Professur. Sozialer Aufstieg in der Wissenschaft. Autobiographische Notizen und soziobiographische Analysen*, Bielefeldt 2020, S. 89–101, hier S. 90.

Ferner wird die Bedeutung eines emanzipatorischen Konzeptes für die politische Bildung herausgearbeitet (Boris Ginner) und die Frage nach dem Zusammenhang von Sozialstaat und emanzipatorischer Bildung behandelt (Susi Haslinger).

Den Abschluss bildet eine aktuelle Betrachtung, nämlich die Frage, ob im Zuge der COVID-19-Pandemie bestehende Defizite nicht nur verstärkt werden, sondern ob daraus nicht eine veritable Bildungskrise folgen könnte (Gabriele Pessl und Mario Steiner).

Wir hoffen jedenfalls, mit diesen Beiträgen einen vielgliedrigen Anstoß dafür geben zu können, Bildung mit Gesellschaftskritik und Gesellschaftsveränderung zu verbinden.

Wie schon im ersten Band, *Warum Demokratie Bildung braucht*, bildet *Emanzipatorische Bildung* die Grundlage für eine Ring-Vorlesung an der Universität Wien, bei der die Beitragenden zum Buch jeweils eine Vorlesungseinheit bestreiten werden.

MARTINA ZANDONELLA

Wie viel (Bildungs-)Ungleichheit verträgt die Demokratie?

Demokratie ist weit mehr als eine Regierungsform, sie ist eine Form des Zusammenlebens, die auf Gleichheit, Freiheit und Solidarität beruht. Demokratie verspricht, dass wir alle an gesellschaftlichen Errungenschaften teilhaben und uns an der politischen Gestaltung unserer Lebensumstände beteiligen können. Demokratie lebt mit Bürger*innen, die demokratische Grundhaltungen teilen und als politisch Gleiche an gesellschaftlichen Entscheidungen teilnehmen. Eng verbunden ist diese Idee von Demokratie mit einem Ideal von Bildung: Nicht nur Wissen und Kompetenzen sollen erworben werden, sondern auch demokratische Haltungen sowie ein Verständnis dafür, öffentliche Angelegenheiten als die eigenen zu begreifen und gemeinsam zu handeln. In diesem Sinn gilt Bildung als Mittel zu persönlicher Selbstbestimmung, kollektiver Befreiung und als ein Stützpfeiler der Demokratie.

»Der Reiz der Demokratie liegt in ihrem Anspruch an und auf Gleichheit.«[1]

Diesen Schluss zieht der Politikwissenschaftler John Dunn, nachdem er in seinem Buch *Setting the people free* die Geschichte der Demokratie erzählt – von ihren Anfängen vor nahezu 2500 Jahren über ihre Wiederentdeckung im 18. Jahrhundert und ihren Siegeszug nach dem Zweiten Weltkrieg bis in unsere Gegenwart. Es ist also das Versprechen auf gleiche Rechte und gleiche Teilhabe, welches bis heute so viele Menschen von der Demokratie überzeugt – und bei dessen Umsetzung wir nach wir vor an zahlreiche Grenzen stoßen. Dabei ist die Geschichte der Demokratie eine des Erfolgs: Immer mehr Bevölkerungsgruppen wurden als politisch

1 John Dunn, *Setting the people free. The story of democracy*, Princeton 2019, S. 170.

Gleiche anerkannt und haben Beteiligungsrechte erhalten. Nicht übersehen werden darf dabei jedoch, dass diese Berechtigungen nie großzügig verteilt wurden, im Gegenteil, sie mussten stets erkämpft werden[2] – vom Bürgertum gegenüber dem Adel, von den Arbeitern gegenüber dem Bürgertum, von den Frauen gegenüber den Männern. Auch heute sind in Österreich noch Teile der Bevölkerung von politischer Mitsprache ausgeschlossen: Bei der Wiener Landtags- und Gemeinderatswahl im Oktober 2020 durfte nahezu ein Drittel der Wiener*innen aufgrund ihrer ausländischen Staatsbürgerschaften nicht wählen.[3]

Hinzu kommt, dass mit Demokratie und Kapitalismus zwei Systeme mit grundlegend verschiedenen Voraussetzungen aufeinandertreffen: Während Kapitalismus auf der ungleichen Verteilung von Eigentum gründet und beständig ökonomische Ungleichheit hervorbringt, basieren demokratische Systeme auf gleichen Rechten und gleicher Teilhabe.[4] Ökonomische Ungleichheit prägt also jene Lebensumstände, die unter politisch Gleichen gestaltet werden sollen. Und ökonomische Ungleichheit ist in Österreich bereits seit einiger Zeit auf dem Vormarsch: Seit den 1980er Jahren steigen Arbeitslosigkeit und atypische Beschäftigungsverhältnisse an; einen Arbeitsplatz zu finden oder langfristig zu behalten wurde insgesamt schwieriger. Im Vergleich zu unselbständigen Einkommen sind Unternehmens- und Vermögenserträge überproportional angestiegen, bei den Einkommen haben wiederum die höheren weitaus stärker zugelegt als die niedrigeren. Im selben Zeitraum wurde der Zugang zu sozialen Sicherungsleistungen erschwert und deren Höhe reduziert.[5] Noch einmal ungleicher verteilt als Einkommen

2 Stephan Lessenich, *Grenzen der Demokratie. Teilhabe als Verteilungsproblem*, Stuttgart 2019.

3 Statistik Austria, *Bevölkerung nach Staatsangehörigkeit und Geburtsland*, Wien 2020. Online verfügbar unter: http://www.statistik.at/web_de/statistiken/menschen_und_gesellschaft/bevoelkerung/bevoelkerungsstruktur/bevoelkerung_nach_staatsangehoerigkeit_geburtsland/index.html.

4 Lea Elsässer, *Wessen Stimme zählt? Soziale und politische Ungleichheit in Deutschland*, Frankfurt a. M. 2018.

5 AMS, *Arbeitsmarktdaten*, Wien 2020. Online verfügbar unter: https://www.ams.at/arbeitsmarktdaten-und-medien/arbeitsmarkt-daten-und-arbeitsmarktforschung/. Sozialministerium, *BALI-Datenbank*, Wien 2020. Online verfügbar unter: https://www.dnet.at/bali/https://www.dnet.at/bali/. Wilfried Altzinger/Stefan Humer/Mathias Moser, *Entwicklung und Verteilung der*

ist in Österreich Vermögen: Das reichste Prozent der Menschen besitzt inzwischen 41 Prozent des gesamten Nettovermögens, die untere Hälfte lediglich 3 Prozent.[6]

Diesen und ähnlichen Entwicklungen folgend, setzt der Soziologe Oliver Nachtwey anstelle des Aufzugs der 1950er bis 1980er Jahre nun das Bild der Rolltreppe: Der Aufzug charakterisierte eine Zeit, in welcher ökonomische Unterschiede zwischen den Bevölkerungsgruppen zwar nicht verschwanden, es jedoch für die meisten Menschen aufwärts ging.[7] Seit Beginn der 1990er Jahre wurde der Aufzug nicht nur von einer Rolltreppe abgelöst, diese hat in den unteren und mittleren Etagen der Gesellschaft auch noch die Richtung geändert. Dabei sind die Menschen nicht scharenweise abwärts unterwegs. Immer mehr von ihnen sind jedoch dazu gezwungen, gegen die Rolltreppe anzulaufen, um einen Abstieg zu verhindern.[8] Aktuell verschärft die Corona-Pandemie diese Entwicklungen und die damit einhergehende Prekarisierung von Bildungs-, Arbeits- und Lebensbiografien schreitet weiter voran.

Wie steht es unter diesen Bedingungen um die politische Gleichheit? Der demokratischen Idee entsprechend darf die gesellschaftliche Position der Menschen – ihr Einkommen und Vermögen, ihr formaler Bildungsstand und Beruf – keine Rolle für ihre politische Beteiligung spielen. Die Forschung weist jedoch bereits seit längerem darauf hin, dass sozioökonomische Ungleichheit die Teilhabe an der politischen Gestaltung der Lebensumstände behindert. So ist die Wahlbeteiligung umso geringer, je höher die ökonomische Ungleichheit in einem Land ist, und vielfach sinkt die Wahlbeteiligung mit zunehmender Ungleichheit. Dabei beteiligen sich die Men-

Einkommen, in: Bundesministerium für Arbeit, Soziales und Konsumentenschutz (Hg.), *Sozialbericht*, Wien 2020, S. 227–268; Käthe Knittler, *Atypische Beschäftigung im Jahr 2015 und im Verlauf der Wirtschaftskrise*, in: *Statistische Nachrichten* 6 (2016), S. 416–422.

6 Benjamin Ferschli/Jakob Kapeller/Bernhard Schütz/Rafael Wildauer, *Bestände und Konzentration privater Vermögen in Österreich*, in: *Materialien zu Wirtschaft und Gesellschaft* 167 (2017). Online verfügbar unter: https://media.arbeiterkammer.at/wien/PDF/wirtschaftswissenschaften/Bestaende_und_Konzentration_privater_Vermoegen_in_Oesterreic.pdf.

7 Ulrich Beck, *Risikogesellschaft. Auf dem Weg in eine andere Moderne*, Frankfurt a.M. 1986.

8 Oliver Nachtwey, *Die Abstiegsgesellschaft. Über das Aufbegehren in der regressiven Moderne*, Berlin 2016.

schen umso seltener politisch, je weniger ökonomische Ressourcen und je weniger formale Bildungsressourcen sie zur Verfügung haben[9] – auch in Österreich: An der letzten Nationalratswahl im Herbst 2019 haben 17 Prozent des ökonomisch stärksten Drittels und 22 Prozent des mittleren Drittels nicht teilgenommen, jedoch 41 Prozent des ökonomisch schwächsten Drittels.[10]

Genauer unter die Lupe genommen haben den Zusammenhang zwischen sozioökonomischen Ressourcen und Wahlbeteiligung Tamara Ehs und ich für Wien: Der Vergleich kleinräumlicher Stadtteile brachte für die Nationalratswahl 2019 einen Unterschied in der Wahlbeteiligung von bis zu 28 Prozentpunkten zum Vorschein. Zentraler Grund hierfür sind die im jeweiligen Stadtteil verfügbaren sozioökonomischen Ressourcen – je mehr Wiener*innen im Stadtteil höchstens die Pflichtschule abgeschlossen haben, arbeitslos sind, in Berufen mit geringem sozialen Status arbeiten oder ein niedriges Einkommen haben, desto geringer fällt die Wahlbeteiligung in diesem Stadtteil aus. Bereits in einem durchschnittlichen Stadtteil führt das Ansteigen der Arbeitslosenquote um 1 Prozentpunkt zu einer um 0,5 Prozentpunkte geringeren Wahlbeteiligung. Verlassen wir die räumliche Ebene, zeigt der Blick auf die individuelle Wahlbeteiligung der Wiener*innen dasselbe Bild: Wiener*innen mit zahlreichen ökonomischen Ressourcen (in Form von Einkommen und Vermögen) und hohem sozialen Status (in Form von formaler Bildung und Berufsstatus) gehen praktisch geschlossen zur Wahl. Ein paar gesellschaftliche Stockwerke tiefer sind demgegenüber nicht nur die sozioökonomischen Ressourcen geringer und die soziale Lage ist vielfach prekär. Auch die Wahlbeteiligung sinkt immer weiter – bei arbeitslosen und armutsgefährdeten Wiener*innen mit Lehrabschluss liegt sie bei nur mehr 30 Prozent.[11]

9 Frederick Solt, *Economic Inequality and Democratic Political Engagement*, in: American Journal of Political Science, 52, 2008, S. 48–60; Armin Schäfer, *Der Verlust politischer Gleichheit. Warum die sinkende Wahlbeteiligung der Demokratie schadet*, Frankfurt a. M. 2015.

10 Martina Zandonella, *Österreichischer Demokratie Monitor 2019*, Wien 2019. Online verfügbar unter: https://www.demokratiemonitor.at.

11 Martina Zandonella/Tamara Ehs, *Die Auswirkungen von sozialer Ungleichheit auf die Demokratie*, Wien 2020. Online verfügbar unter: https://www.sora.at.

Menschen mit geringen sozioökonomischen Ressourcen beteiligen sich aus einem bestimmten Grund seltener politisch: Sehr viele von ihnen sind davon überzeugt, dass sie von der Politik weniger wahrgenommen werden, ihre politischen Anliegen weniger wert sind und ihre Stimme weniger Gewicht hat. Dies geht so weit, dass jeweils die Mehrzahl der Wiener*innen ohne Matura (61 Prozent), der Wiener*innen im unteren Einkommensdrittel (64 Prozent) und jener Wiener*innen, die sich selbst in der unteren- oder der Arbeiterklasse verorten (74 Prozent), denken, dass die Politik sie wie Menschen zweiter Klasse behandelt.[12] Dieser Eindruck trügt nicht: Die Politikwissenschaftlerin Lea Elsässer weist in ihrer bahnbrechenden Arbeit für Deutschland nach, dass das politische System nicht in gleichem Maße auf die Anliegen aller sozialen Klassen antwortet. Innerhalb eines Zeitraums von mehr als 30 Jahren (1980–2013) und über unterschiedliche Regierungskonstellationen hinweg waren die politischen Entscheidungen des Bundestages durchgängig zugunsten der oberen Berufs- und Einkommensgruppen verzerrt – allen voran in der Arbeitsmarkt- und Sozialpolitik. Die unteren sozialen Klassen hatten demgegenüber kaum Chancen, dass ihre Anliegen politisch umgesetzt werden – außer sie stimmten mit jenen der oberen Klassen überein.[13] Von politischer Gleichheit kann hier keine Rede mehr sein; diese zu gewährleisten, gelingt unseren Demokratien auf der Basis von sozioökonomischer Ungleichheit also nur unzureichend. Auch in Österreich denken mehr als vier Fünftel der Menschen im ökonomisch stärksten Drittel, dass sie mit ihrer Stimme die Zukunft mitgestalten können, jedoch tun das nicht einmal zwei Fünftel im ökonomisch schwächsten Drittel. Entsprechend funktioniert das politische System dann auch für mehr als zwei Drittel der Menschen im ökonomisch stärksten Drittel gut. Selbiges gilt für nur ein Drittel der Menschen im ökonomisch schwächsten Drittel.[14]

Das Vertrauen in das politische System und die Überzeugung, durch politische Beteiligung die eigenen und kollektiven Lebens-

12 Ebd.

13 Lea Elsässer, *Wessen Stimme zählt? Soziale und politische Ungleichheit in Deutschland*, Frankfurt a. M. 2018.

14 Martina Zandonella, *Österreichischer Demokratie Monitor 2020*, Wien 2020. Online verfügbar unter: https://www.demokratiemonitor.at.

umstände mitbestimmen zu können, basieren auf der Gesamtheit all jener Erfahrungen, die Menschen mit dem demokratischen System und als Teil dieses Systems machen. Welcher Art diese Erfahrungen sind, ist in beträchtlichem Maße abhängig von der sozialen Lage der Menschen. Je weiter wir die gesellschaftlichen Etagen nach unten gehen, desto häufiger stoßen wir auf Erfahrungen von Ungleichwertigkeit, Ungleichbehandlung und Ausschluss.[15] Ein gesellschaftlicher Teilbereich, in dem diese Erfahrungen stattfinden, ist das Schulsystem.

»... und jedem der seinem Stande angemessene Unterricht verschaffet wird.«[16]

Schule ist seit ihren Anfängen mit Herrschaft und der Aufrechterhaltung von Herrschaft verbunden. Sie soll zunächst einmal Menschen hervorbringen, die den strukturellen Erfordernissen der jeweiligen Gesellschaft entsprechen. Im Interesse der jeweils Herrschenden gilt es dabei, diese Strukturen und die mit ihnen einhergehenden Ungleichheiten beizubehalten oder gegebenenfalls anzupassen. Gleichzeitig hat Bildung – als ein Teil von Schule – immer auch befreiendes Potenzial: Nicht nur der Erwerb von Wissen und Kompetenzen, sondern allen voran die Kenntnis der sozialen Regeln einer Gesellschaft und die Fähigkeit zu deren kritischer Reflexion ist dabei zentrale Voraussetzung für Selbstbestimmung, Mitgestaltung und eine Veränderung bestehender Ungleichheiten.[17]

In diesem Spannungsfeld von Reproduktion und Emanzipation findet Schule statt – in Österreich seit dem Jahr 1774, in welchem die *Allgemeine Schulordnung* das staatliche Schulwesen begründet hat. Die *Allgemeine Schulordnung* ist ein interessantes

15 Martina Zandonella/Tamara Ehs, *Die Auswirkungen von sozialer Ungleichheit auf die Demokratie*, Wien 2020. Online verfügbar unter: https://www.sora.at.

16 Johann Felbiger, *Allgemeine Schulordnung für die deutschen Normal-, Haupt- und Trivialschulen in sämtlichen kaiserl. königl. Erbländern*, Wien 1774. Kurztitel: Felbiger, *Allgemeine Schulordnung*, S. 4. Online verfügbar unter: https://www.digital.wienbibliothek.at/wbrobv/content/titleinfo/1843007.

17 Grundlegend siehe hierzu: Antonio Gramsci, *Quaderni del carcere*. Torino 1975. Auf Deutsch zuletzt: Klaus Bochmann/Wolfgang Haug/Jehle Peter (Hg.): *Antonio Gramsci Gefängnishefte. Kritische Gesamtausgabe in 10 Bänden*, Hamburg 2019.

Abbild ihrer Zeit, denn sie verbindet einige zentrale Prinzipien der Aufklärung – Bildung, Gemeinwohl als Staatsziel, Fortschrittsoptimismus – mit der Aufrechterhaltung absolutistischer Macht in der Habsburger-Monarchie:

> »[…] die Erziehung der Jugend, beyderley Geschlechts, als die wichtigste Grundlage der wahren Glückseligkeit der Nationen […], die niemals kann erreicht werden, wenn nicht durch wohlgetroffenen Erziehungs- und Lehranstalten die Finsterniß der Unwissenheit aufgekläret, und jedem der seinem Stande angemessene Unterricht verschaffet wird.«[18]

Was war der »[…] so nöthige, gemeinnützige Endzweck […][19]«, für den die *Allgemeine Schulordnung* erlassen wurde? Im angebrochenen Zeitalter der Maschinen ging es darum, ebenso funktionierende Untertanen hervorzubringen. Ob Staatsdienst, Militär, Land- oder Fabrikarbeit: Um mit dem technischen Fortschritt mithalten zu können, musste in allen Bevölkerungsgruppen ein Mindestmaß an formaler Bildung sichergestellt werden – nur so konnte der*die Einzelne weiterhin für den Staat nutzbar gemacht werden. Geregelt wurde daher auch die »Vereinbarkeit« von allgemeiner Schulpflicht und Kinderarbeit mittels Fabrik- und Winterschulen – keine noch so kleine Arbeitskraft durfte verlorengehen, gelernt wurde von den Kindern zusätzlich zur Arbeit. Sichergestellt war außerdem (u. a. durch Schulgeld), dass mittlere und höhere Schulbildung weiterhin den oberen Ständen vorbehalten blieb.[20]

Auch die Schulreformen in der Ersten Republik standen im Dienste des Staates: Geschaffen werden sollte nun aber eine Schule, die dem neuen politischen System angemessen war – es ging um nichts weniger als um eine Schule für die Demokratie und daher auch um eine Demokratisierung der Schule: »[…] in der Erkenntnis, dass die Demokratie sich erst dann voll entfalten kann, wenn

18 Johann Felbiger, *Allgemeine Schulordnung für die deutschen Normal-, Haupt- und Trivialschulen in sämtlichen kaiserl. königl. Erbländern*, Wien 1774. Kurztitel: Felbiger, *Allgemeine Schulordnung*, S. 4. Online verfügbar unter: https://www.digital.wienbibliothek.at/wbrobv/content/titleinfo/1843007.

19 Ebd.

20 Siehe auch: Ernst Bruckmüller, *Sozialgeschichte Österreichs*, Wien 2001.

das Volk eine möglichst demokratische Ausbildung genossen hat«,[21] wie es Otto Glöckel, sozialdemokratischer Politiker und Schulreformer der Ersten Republik, ausgedrückt hat. Sein wohl ambitioniertestes Ziel bestand darin, gleiche Bildungschancen für alle Kinder – unabhängig von ihrem Geschlecht und ihrer sozialen Herkunft – schaffen zu wollen. Gelingen sollte dies mit der Einheitsschule, einer gemeinsamen Schule der 10- bis 14-Jährigen. Sie sollte die bestehenden – und sich in den folgenden beiden Jahrzenten zuspitzenden – Klassengegensätze reduzieren und auch den Kindern der Arbeiter*innen Zugang zu höherer formaler Bildung ermöglichen. Otto Glöckel hat im Zuge seiner Schulreformen in Österreich und Wien viel erreicht, auch die Einführung von schulischer und universitärer Demokratie geht auf ihn zurück. Die Umsetzung der Einheitsschule scheiterte jedoch bereits damals am Widerstand der oberen Klassen, die Bildung weiterhin als Privileg für sich und ihresgleichen erhalten wollten. So konnte das Schulsystem der Ersten Republik, welches in seinen Grundzügen bis heute aufrecht ist, die Reproduktion der oberen Klassen sowie die bestehenden sozialen Ungleichheiten zwischen den Klassen zwar etwas aufweichen, keinesfalls jedoch auflösen.

Heute soll Schule, so steht es in der Bundesverfassung,

> »[...] der gesamten Bevölkerung, unabhängig von Herkunft, sozialer Lage und finanziellen Hintergrund unter steter Sicherung und Weiterentwicklung bestmöglicher Qualität ein höchstmögliches Bildungsniveau sicher[n].«[22]

Nach wie vor entscheiden jedoch in erster Linie die ökonomische Lage und die formale Bildung der Eltern über die Bildungswege und Bildungserfolge der Kinder: So besuchen 80 Prozent der Kinder aus Haushalten mit hohem Einkommen ein Gymnasium, jedoch nur 19 Prozent der Kinder aus armutsgefährdeten Haushalten.[23] Für die 25- bis 44-Jährigen gilt wiederum: Kommen sie

21 Otto Glöckl, *Ausgewählte Schriften und Reden*, Wien 1985.
22 Art. 14 Abs. 5a B-VG.
23 Nadja Lamei/Magdalena Skina-Tabue/Julian Aichholzer/Thomas Glaser/Susanne Göttlinger/Richard Heuberger/Anneliese Oismüller/Romana Riegler, *Lebensbedingungen, Armut und Einkommen in Österreich*, in: BMASK (Hg.):

aus Akademiker*innen-Haushalten, erreichen 57 Prozent von ihnen einen Hochschulabschluss; haben ihre Eltern über die Pflichtschule hinaus keine weiteren formalen Bildungsabschlüsse, erreichen nur 7 Prozent einen Hochschulabschluss.[24] So ist das Bildungsniveau in den letzten Jahrzehnten zwar insgesamt stark angestiegen, die Bildungsmobilität zwischen den Generationen blieb jedoch gering. Im Vergleich der OECD-Länder gelingt es dem Schulsystem in Österreich sogar besonders schlecht, die unterschiedlichen Voraussetzungen, mit denen Kinder in die Schule eintreten, auszugleichen.[25] Unserem Schulsystem kommt also nach wie vor eine zentrale Rolle bei der Reproduktion sozialer Klassen und damit bei der systematischen Aufrechterhaltung sozioökonomischer Ungleichheit zu.

»Ich hatte immer den Eindruck, dass es dabei nicht um mich geht, dass ich nicht mitgemeint bin.«[26]

Dieses Zitat stammt von einer jener Wiener*innen mit geringen sozioökonomischen Ressourcen, die im Rahmen des bereits erwähnten Projekts mit Tamara Ehs und mir ausführlich über ihre Lebensrealitäten und Erfahrungen innerhalb des demokratischen Systems gesprochen haben. Das Zitat bezieht sich auf die politische Bildung in der Schule und damit darauf, was in der Schule über Demokratie gelernt oder auch wie Demokratie in der Schule ge- und erlebt wurde. Als staatliche Institution hat Schule eine besondere Verantwortung in Zusammenhang mit Demokratielernen, jedoch werden auch in diesem Bereich bestehende Ungleichheiten eher fortgeführt denn ausgeglichen: Politische Bildung kam bei den Schüler*innen, die mit mehr sozioökonomischen Ressourcen ausgestattet waren, gut an. Sie lernten nicht nur etwas über Demokratie, sondern erfuhren sich bereits in der Schule als ein wirksamer

Sozialbericht. Sozialpolitische Entwicklungen 2015–2016. Sozialpolitische Analysen, Wien, 2017. Online verfügbar unter: https://broschuerenservice.sozialministerium.at/Home/Download?publicationId=372.

24 Statistik Austria, *Bildung in Zahlen 2016/17. Schlüsselindikatoren und Analysen*, Wien 2018.

25 OECD, *Education at a Glance 2016*. Paris 2016. OECD, *Education at a Glance 2018*. Paris 2018.

26 Martina Zandonella/Tamara Ehs, *Die Auswirkungen von sozialer Ungleichheit auf die Demokratie*, Wien 2020. Online verfügbar unter: https://www.sora.at.

Teil von ihr. Im Gegensatz dazu fühlten sich die Wiener*innen mit geringen sozioökonomischen Ressourcen von politischer Bildung wenig angesprochen und es überwog der Eindruck, dass hier etwas vermittelt wurde, von dem sie nicht Teil sind.[27]

Dabei funktioniert die Normvermittlung über die unterschiedlichen sozioökonomischen Herkünfte der Schüler*innen hinweg. In ihrer Vorstellung davon, was eine*n gute*n Bürger*in ausmacht, unterscheiden sich Schüler*innen der achten Schulstufe nämlich nicht voneinander – dies zeigte die *International Civic and Citizenship Education Study* für Österreich: Unabhängig vom Bildungshintergrund und den ökonomischen Ressourcen ihrer Eltern sowie unabhängig vom besuchten Schultyp sollte ihrer Ansicht nach jede*r gute Bürger*in die Geschichte unseres Landes kennen, an Wahlen teilnehmen, sich über Politik informieren und sich in der eigenen Umgebung für andere Menschen beziehungsweise für die Umwelt einsetzen.[28] Die Gräben zwischen den jungen Menschen tun sich jedoch auf, wenn es darum geht, sich selbst als Bürger*in zu erfahren – als jemand, der*die das Recht und die Kompetenzen hat, sich in den politischen Prozess einzubringen und damit auch etwas bewirken kann:

Bereits in der achten Schulstufe ist die überwiegende Mehrzahl der Schüler*innen in den Gymnasien davon überzeugt, eine relevante politische Meinung und gewöhnlich etwas zu sagen zu haben, wenn über politische Themen diskutiert wird. Unter den Schüler*innen der Haupt- beziehungsweise Neuen Mittelschule denkt selbiges nur eine Minderheit.[29] Der »Österreichische Demokratie Monitor« verweist in diesem Zusammenhang auf die Rolle der schulischen politischen Bildung: Unter den 16- bis 26-Jährigen berichten allen voran die jungen Menschen mit geringen sozioökonomischen Ressourcen, dass sie in der Schule zu wenig darüber gelernt hätten, wie politische Debatten geführt werden (70 Prozent) und welche Rechte sie als Bürger*innen haben (66 Prozent). Dieselben jungen Menschen erleben sich selbst dann auch wesent-

27 Ebd.
28 Steve Schwarzer/Martina Zandonella, *International Civic and Citizenship Education Study*, Wien 2010.
29 Ebd.

lich seltener als Teil unserer Demokratie und sie beteiligen sich seltener politisch.[30]

Diese und ähnliche Erfahrungen, die junge Menschen mit Demokratie und Demokratielernen in der Schule machen, veranschaulichen, wie und mit welch weitreichenden Folgen das System Schule klassenbezogene Abstufungen aufnimmt, weiterführt und hervorbringt. Sie verweisen darüber hinaus auf uns als Gesellschaft, die wir über Schule systematisch Ungleichwertigkeit und Verachtung produzieren, während wir das demokratische Ideal der politischen Gleichheit hochhalten. Eine 14-jährige Schülerin einer Wiener Neuen Mittelschule bringt dies in einem Interview für ein weiteres unserer Forschungsprojekte zum Ausdruck: »Alle sagen, das hier ist die Restschule, also bin ich der Rest.«[31]

»Bildungspolitik ist Klassenkampf.«[32]

Klassenherkunft ist also nach wie vor ein wichtiger Strukturierungsmechanismus im Leben der Menschen. Klasse wirkt heute subtiler und, in Zusammenhang mit anderen Ungleichheitsmerkmalen, auch komplexer als früher. Für die Lebenschancen und Lebensbedingungen der Menschen ist sie jedoch immer noch höchst relevant – auch in Österreich werden den Menschen entlang ihrer Klassenlage ökonomische Sicherheit, Bildungschancen, Selbstbestimmung und politische Mitsprache systematisch vorenthalten. Die Grenzen zwischen den Klassen werden dabei zuallererst von oben gezogen – zu viele Möglichkeiten zur Selbstbestimmung und politischen Mitsprache für die unteren Etagen der Gesellschaft stehen in Widerspruch zum dringenden Bedarf an mög-

30 Janine Heinz/Martina Zandonella, *Junge Menschen und Demokratie in Österreich 2019*, Wien 2019. Online verfügbar unter: 2020https://www.parlament.gv.at/ZUSD/PDF/SORA_Bericht_Parlament_Junge_Menschen_und_Demokratie_2019-16-12_BF.pdf; Martina Zandonella, *Österreichischer Demokratie Monitor 2020*, Wien 2020. Online verfügbar unter: https://www.demokratie-monitor.at.

31 Schülerin.

32 Heinz Sünker, *Über den Widerspruch zwischen Bildung und kapitalistischer Demokratie: Mehr als eine Polemik*, in: Widersprüche: Zeitschrift für sozialistische Politik im Bildungs-, Gesundheits- und Sozialbereich 33, 2013, S. 89–99, hier S. 90.

lichst flexiblen, preiswerten und »gefügigen«[33] Arbeitskräften, die einer weiteren Machtverschiebung von der Arbeit hin zum Kapital nicht im Wege stehen.[34]

Wichtiger Verbündeter der (Re-)Produktion von sozialen Klassen ist das Schulsystem, denn trotz zahlreicher Fortschritte, engagierter Lehrer*innen und individueller Bildungsaufstiege konnte die klassenspezifische Selektivität von Schule bislang kaum durchbrochen werden. Der Klassenkampf von oben, der über das Schulsystem ausgetragen wird, nutzt dabei zumindest drei Mechanismen:

Erstens die institutionelle Struktur der Schule, die bereits 10-Jährige selektiert und in ein Zwei-Klassen-System einteilt. Eine Politik, die für die Beibehaltung dieses Systems eintritt, will, dass Schule sozioökonomische Ungleichheit reproduziert und die bestehenden Privilegien der oberen Klassen unangetastet bleiben. Zweitens verschafft die pädagogische Kultur jenen Schüler*innen einen Vorteil, die durch ihre Klassenherkunft bereits bildungsbürgerlich sozialisiert sind – im Gegensatz zu jenen, die diese Kultur gerade erst kennenlernen und die ihre gewohnten Lebenswelten in der Schule sowie im schulischen Wissen viel seltener wiedererkennen und kaum wertgeschätzt finden. Der Soziologe Pierre Bourdieu fasst dies dahingehend zusammen:

> »Indem die Schule es unterlässt, durch eine methodische Unterweisung allen das zu vermitteln, was einige ihrem familiären Milieu verdanken, sanktioniert sie die Ungleichheit, die alleine sie verringern könnte.«[35]

Daran schließen drittens die Strategien der oberen Klassen an, die ihr ökonomisches, kulturelles und soziales Kapital – neben Geld spielen hierbei Bildungstitel, sozialer Status, soziale Beziehungen und politischer Einfluss eine zentrale Rolle – gezielt einsetzen,

33 Luc Boltanski/Eve Chiapello, *Der neue Geist des Kapitalismus*. Konstanz 2003, S. 262.

34 Klaus Dörre/Stephan Lesenich/Hartmut Rosa, *Soziologie Kapitalismus Kritik*, Berlin 2013.

35 Pierre Bourdieu, *Die feinen Unterschiede*, Frankfurt a. M. 2001, S. 48.

um ihre Stellung auch über das Schulsystem sowie innerhalb des Schulsystems zu sichern.[36]

Ein System, das derart Eliten reproduziert, steht jedoch nicht nur im Widerspruch zu demokratischem Denken. Es hat weitreichende Folgen für die Demokratie selbst, denn ökonomische und Bildungsungleichheit übersetzen sich schließlich in politische Ungleichheit: Reichere Menschen und Menschen mit formal höherer Bildung nehmen häufiger an Wahlen teil und wählen gemäß ihrer sozioökonomischen Lage Parteien, die ihre relativ privilegierte Position weiterhin absichern. Im Zuge der Erkenntnis, dass ihre politischen Anliegen kaum Gehör finden, beteiligen sich ärmere Menschen und Menschen mit geringerer formaler Bildung immer seltener. Daher reicht die formal festgelegte Gleichheit an Rechten oder Chancen auch nicht aus, um das zentrale Versprechen der Demokratie nach gleicher Teilhabe an der politischen Gestaltung der eigenen und kollektiven Lebensumstände zu erfüllen. Vielmehr geht es darum, der wieder zunehmenden sozioökonomischen Ungleichheit entgegenzuwirken. Eine Politik, die dieses Ziel verfolgt, stärkt die Demokratie, denn ökonomische- und Bildungsgerechtigkeit sind die Basis politischer Gleichheit.

36 Siehe hierzu auch: Diane Reay, *Miseducation. Inequality, education and the working classes.* Chicago 2017; Jessica McCrory Calarco, *Negotiating Opportunities. How the middle class secures advantages in school.* New York 2018.

SONJA LUKSIK

Uns aus dem Elend zu erlösen – kann nur die Bildung tun?

»Corona-Pandemie verstärkt vorhandene Ungleichheiten«. »Corona-Krise vergrößert soziale Ungleichheit«. »Wie sich Corona auf soziale Ungleichheit auswirkt«. Diese und ähnliche Schlagzeilen begleiteten uns im Jahr 2020. Die sogenannte Corona-Krise hat ökonomische und soziale Schieflagen sichtbar gemacht und damit zusammenhängende gesellschaftliche Widersprüche vertieft. Wer im globalisierten Kapitalismus welche Arbeit zu welchem Lohn verrichtet und welche Rolle Migration dabei spielt, wie Gesundheitssysteme zwischen wohlfahrtsstaatlicher Errungenschaft und neoliberaler Privatisierung aufgerieben werden und wie soziale Sicherungssysteme in Zeiten steigender Arbeitslosigkeit und Armut ausgestaltet sind, entwickelten sich zu drängenderen Fragen als je zuvor. Politische und ökonomische Entwicklungen beschleunigen und vertiefen sich angesichts der Krise. Doch Merkmale sozialer Ungleichheit wie die ungleiche Verteilung von Arbeit, Einkommen und Vermögen und damit verbundene Disparitäten beim Zugang zu Bildung und politischer Beteiligung gab es schon vorher – und sie stellen politische Bildner*innen seit geraumer Zeit vor Herausforderungen. Eine zu einfache, allgemeine, vielleicht sogar »flapsige« und idealisierende Antwort auf diese Herausforderungen lautet: Die Aufgabe von Bildung muss es sein, »aus dem Elend zu erlösen« und soziale Ungleichheit zu überwinden. Bildung wird demnach als Allheilmittel für gesellschaftliche Krisen und Probleme präsentiert.

Da der Begriff Bildung kaum in andere Sprachen übersetzbar ist und deshalb oft als deutscher »Sonderbegriff« bezeichnet wird, hat sich in der Erwachsenenbildung die Unterscheidung zwischen bürgerlich-humanistischer Bildung (Allgemeinbildung) und berufsbezogener Aus- und Weiterbildung durchgesetzt. Vor allem in Letztere werden Hoffnungen gesetzt, im Erwachsenenalter Ungerechtigkeiten des Bildungs- und Sozialsystems auszugleichen und den »sozialen Aufstieg« von Einzelnen zu ermöglichen. Die Dichotomie zwischen Allgemeinbildung und Berufsbildung ist historisch jedoch nicht haltbar, da sich das bürgerliche Subjekt stets für ein solidarisch-humanes Gemeinwesen einsetzen *und* ökonomisch verwertbare Fähigkeiten und Kenntnisse aneignen sollte. Im Kapitalismus erfüllte Bildung beide Funktionen.[1] Seit den 1990er Jahren ist zu beobachten, dass Vermarktung, Monetarisierung und Profitmaximierung als Handlungsanleitungen zunehmend in den Bildungsbereich eindringen. Bildung übernimmt verstärkt eine Anpassungs- und Qualifikationsfunktion und soll für den Arbeitsmarkt »fit« machen. Selbstorganisierte und kritische Bildung ist unerwünscht, unzugänglich und unterfinanziert, wenn sie sich diesen Zielen nicht unterordnet. Auch in Österreich mussten Erwachsenenbildungsorganisationen (wie z. B. der Verein »maiz« in Linz) eine solche bittere Erfahrung machen. Es kann also angezweifelt werden, dass Bildung unter den gegebenen Umständen aus sozialer Ungleichheit befreien kann. Mindestens genauso vereinfachend ist es allerdings, sich auf die Position zurückzuziehen, dass Bildung bestehende Kräfteverhältnisse nicht verschieben kann oder soll. In dem vorliegenden Beitrag möchte ich das Spannungsfeld zwischen diesen beiden Polen ausloten und folgende Fragen beleuchten: Wie soll das Verhältnis von Bildung und sozialer Ungleichheit verstanden werden? Kann (Erwachsenen-)Bildung aus sozialer Ungleichheit befreien, oder reproduzieren herrschende Bildungsbestrebungen gesellschaftliche Ungleichheiten? Welche Rollen spielen aktuelle bildungspolitische Entwicklungen (Lebenslanges Lernen, Individualisierung etc.) unter Berücksichtigung ihrer jeweiligen gesellschaftlichen Funktionen in diesem Zusammenhang? Und welche emanzipatorischen Potenziale existieren in der Bildungspraxis?

1 Erich Ribolits, *Bildung – Macht – Demokratie?* In: Günther Sandner/Boris Ginner (Hg.), *Warum Demokratie Bildung braucht*, Wien/Berlin 2019, S. 39–49, hier S. 42.

Befreiungsversprechen und Repräsentation

Die ausgehend von der 1968er-Bewegung entfachte Aufbruchsstimmung ließ eine Loslösung von etablierten Zwängen erahnen. Elitäre Bildung für einige wenige sollte durch einen Bildungszugang für alle Bevölkerungsgruppen ersetzt werden. Politische Bildung entwickelte sich zu einem wichtigen Instrument der Demokratisierung der Gesellschaft. Politische Veränderung als Ziel von Bildungsmaßnahmen war jedoch keine Erfindung der »68er«, sondern spielte schon Ende des 19. Jahrhunderts in Form von Arbeiter*innenbildung eine zentrale Rolle: »Durch Bildung konnte der arbeitenden Klasse, den Lohnabhängigen, die Veränderbarkeit der Verhältnisse bewusstgemacht werden.«[2] Wer Bildung und Befreiung in einem Atemzug nennt, darf von Paulo Freire nicht schweigen. Der brasilianische Pädagoge beeinflusste ab den 1960er Jahren unter anderem mit Alphabetisierungsprogrammen, seinem befreiungspädagogischen Hauptwerk *Pädagogik der Unterdrückten* und dem Konzept von »Bewusstwerdung« stattfindende Bildungsdiskussionen tiefgreifend und nachhaltig. Doch während man in den 1960er und 1970er Jahren kaum über Bildung sprechen konnte, ohne ihre Befreiungspotenziale zumindest zu erwähnen, sieht es heute anders aus. Der systemüberwindende Anspruch von Bildung hat in den letzten Jahrzehnten an Bedeutung verloren und auch das Versprechen, marginalisierte Bevölkerungsgruppen durch Bildung zu befreien, wurde nicht eingelöst. Ein Blick auf Österreich bestätigt diese Beobachtung: Hierzulande sind die Hürden für Kinder aus sogenannten »bildungsfernen Schichten« besonders hoch und die soziale Mobilität ist gering.[3] Wurde in der Kreisky-Ära ein besonderer Fokus auf eine für Arbeiter*innen zugängliche Bildung gelegt, erscheint dieser heute in weite Ferne gerückt. Der soziale Hintergrund entscheidet maßgeblich über den Bildungserfolg, gleichzeitig hält sich das Ammenmärchen vom

2 Boris Ginner, *Erkämpfte Bildung – Erkämpfte Demokratie*, in: Günther Sandner/Boris Ginner (Hg.): *Warum Demokratie Bildung braucht*, Wien/Berlin 2019, S. 28–38, hier S. 30.

3 Katharina Mittelstaedt, *Bildung wird in Österreich überdurchschnittlich vererbt* (veröffentlicht am 23.10.2018), https://www.derstandard.at/story/2000089915701/bildung-wird-laut-oecd-in-oesterreich-weiter-ueberdurchschnittlich-vererbt (Abruf: 8.12.2020).

»sozialen Aufstieg durch Bildung« hartnäckig. Dabei ist Bildung selbst kein herrschaftsfreier Raum. In der Bildungsarbeit existieren zwar immer mehr Methoden und Konzepte, die auf »Vielfalt« und »Diversität« setzen und soziale Differenzen thematisieren. Jedoch gerät »zunehmend in den Hintergrund, dass Bildung zugleich einer der wichtigsten Orte ist, an denen gesellschaftliche Ungleichheit produziert und reproduziert wird«.[4] Wie ist es um die soziale Zusammensetzung der Teilnehmer*innen im Bereich Erwachsenenbildung bestellt? Dabei stellt sich die grundsätzliche Frage, wer an (Weiter-)Bildungsveranstaltungen teilnehmen kann, wenn diese immer mehr zum Luxus werden – in Bezug auf Zeit- und Geldressourcen oder Verpflichtungen wie Sorgearbeit. So werden als die häufigsten Hindernisse für die Teilnahme an Erwachsenenbildungsveranstaltungen Unvereinbarkeit mit Familie oder Arbeitszeiten, fehlendes Angebot in der Nähe oder zu hohe Kosten genannt.[5] An dieser Stelle lässt sich zudem ein Unterschied zwischen den Geschlechtern feststellen: »In Österreich geben demnach 51 Prozent der befragten Frauen an, dass familiäre Gründe einen Hinderungsgrund darstellen, von den Männern sagen dies knapp 32 Prozent.«[6] »Matthäus-Effekt«, »Bildungsakkumulationsthese«, »doppelte Selektivität« – all diese Begriffe beschreiben eine weitere Schieflage im Erwachsenenbildungssektor: »Je höher der bereits erreichte Bildungsstand und daher die berufliche Position, desto größer ist auch die Beteiligung an Weiterbildung im weiteren Lebensverlauf.«[7] In der Erwachsenenbildung sind zudem Menschen mit Migrationserfahrung als Teilnehmende seltener vertreten.[8]

4 Claudia de Coster/Salih Wolter/Koray Yilmaz-Günay, *Intersektionalität in der Bildungsarbeit*, in: Marcus Hawel, Marcus/Stefan Kalmring, Stefan (Hg.): *Bildung mit links! Gesellschaftskritik und emanzipatorische Lernprozesse im flexibilisierten Kapitalismus*, Hamburg 2014, S. 118–134, hier S. 129.

5 Elke Gruber/Werner Lenz, *Erwachsenen- und Weiterbildung Österreich*, Bielefeld 2016.

6 Lucia Paar, *Weiterbildungsbericht* (veröffentlicht am 8. 9. 2020), in: https://erwachsenenbildung.at/aktuell/nachrichten/14266-weltbildungsbericht-veroeffentlicht.php (Abruf: 8. 12. 2020).

7 Monika Kastner, *Soziale Ungleichheit und Bildungsbenachteiligung*. 2013 (2015), https://erwachsenenbildung.at/themen/basisbildung/grundlagen/bildungsungleichheit.php (Abruf: 8. 12. 2020).

8 Vgl. Brigitte Kukovetz/Ariane Sadjed/Annette Sprung, *(K)ein Hindernis!? Fachkräfte mit Migrationsgeschichte in der Erwachsenenbildung*, Wien 2014, S. 60.

Auch auf der Ebene der Fachkräfte in der Erwachsenenbildung fällt auf, dass Menschen mit Migrationsbiografie im Verhältnis zur österreichischen Gesamtbevölkerung unterrepräsentiert sind. In Sprachkursen sowie in Arbeitsfeldern mit Migration als Thema oder Zielgruppenorientierung sind sie hingegen tendenziell häufiger anzutreffen.[9]

Bis heute gibt es keinen geregelten Zugang zu einer beruflichen Tätigkeit in der Erwachsenenbildung und keine gemeinsame Grundausbildung.[10] Dieser »informelle Weg« in das Beschäftigungsfeld Erwachsenenbildung könnte dazu beitragen, dass bei den Erwachsenenbildner*innen die Zusammensetzung nach sozialer Herkunft auffallend homogen ist. Doch nur weil viele Akademiker*innen in der Erwachsenenbildung arbeiten, bedeutet das nicht automatisch, dass sie sozial und finanziell abgesichert sind. Akademiker*innen arbeiten trotz formal hohen Bildungsabschlusses oft prekär und zeigen, dass die Formel »Mehr Bildung heißt sichere Arbeitsverhältnisse und hohes Einkommen« nicht allgemeingültig ist. Prekäre Arbeit bedeutet: Wenig Einfluss auf die Ausgestaltung der Arbeitssituation, fehlender arbeitsrechtlicher Schutz und soziale Absicherung sowie geringe Möglichkeiten der materiellen Existenzsicherung.[11] Atypische Beschäftigungsverhältnisse gehen neben Einkommens- und Existenzunsicherheit auch mit mangelnder sozialer Anerkennung einher.[12] In der österreichischen Erwachsenenbildung lassen sich Prekarisierungstendenzen erkennen, wie beispielsweise Deutschlehrende im Zuge von Arbeitskämpfen in den letzten Jahren aufgezeigt haben.[13] Zusammen mit einem heterogenen Bildungssektor und geringer Vernetzung unter Er-

9 Ebd., S. 266.

10 Vgl. Elke Gruber/Werner Lenz, *Erwachsenen- und Weiterbildung Österreich*, Bielefeld 2016.

11 Vgl. Veronika Bohrn Mena, *Die neue ArbeiterInnenklasse. Menschen in prekären Verhältnissen*, Wien 2018, S. 19.

12 Vgl. Jörg Reitzig, *Prekarität, soziale Verunsicherung und Vereinzelung – die Rückkehr der sozialen Frage*, in: Bettina Lösch/Andreas Thimmel (Hg.): *Kritische politische Bildung*. Schwalbach/Ts. 2010, S. 289–300, hier S. 294.

13 Vgl. Gudrun Springer, *Deutschkursleiter kritisieren prekäre Arbeitssituation*, 4. 10. 2019, https://www.derstandard.at/story/2000108882465/deutschkursleiter-kritisieren-prekaere-arbeitssituation (Abruf: 8. 12. 2020).

wachsenenbildner*innen trägt Prekarisierung dazu bei, dass sich viele in dieser Branche zunehmend als Einzelkämpfer*innen fühlen.

Anpassung, Individualisierung und Pädagogisierung

Ich habe versucht zu zeigen, dass soziale Ungleichheiten auf der Ebene sowohl der Lehrenden als auch der Lernenden existieren. Doch welche politischen Entwicklungen verschärfen soziale Ungleichheit in der Erwachsenenbildung, und welche gesellschaftlichen Funktionen nimmt Bildung im Neoliberalismus ein?

Im neoliberalen Kapitalismus sind Arbeitskräfte gefragt, die selbstständig urteilen, sich laufend weiterbilden und als Bürger*innen politisch beteiligen.[14] So gilt Lebenslanges Lernen seit der Jahrtausendwende als Leitmotiv der EU-Bildungspolitik und ist in zahlreichen Resolutionen und Programmen als Ziel verankert. Das Ziel von Lebenslangem Lernen stellt die Steigerung von Beschäftigungsfähigkeit (»Employability«) und Anpassungsfähigkeit (»Adaptability«) der Lohnabhängigen dar. Qualifizierungsmaßnahmen erscheinen als Lösung für höhere Arbeitsproduktivität und für die Beschleunigung und Anwendung von technologischen Innovationen im Arbeitsprozess. Ab den 1990er Jahren führte eine »Dynamisierung des Qualifikationsbegriffs« zur Entstehung neuer Schlüsselqualifikationen. Ab diesem Zeitpunkt waren selbstständige Konflikt- und Problemlösungsfähigkeiten, der Umgang mit Kommunikations- und Informationstechnologien sowie Selbstreflexivität und soziale wie kommunikative Fähigkeiten gefragt.[15] Die Mobilisierung von Qualifizierungsprozessen und Lernbedürfnissen der Individuen für beschäftigungs- und arbeitsmarktpolitische Zwecke zeigt sich unter anderem in der »Lissabon-Strategie« der Europäischen Union: In dieser werden Wissen und Innovation als Triebkräfte für Wachstum und Beschäftigung positioniert. An einer solchen Ausrichtung der Erwachsenenbildung in Europa

14 Vgl. Janne Mende, *»Let's change the World«? Bedingungen für eine kritisch-emanzipatorische politische Bildung*, in: Janne Mende/Stefan Müller (Hg.): *Emanzipation in der politischen Bildung*. Schwalbach/Ts. 2009, S. 112–134, hier S. 18.

15 Vgl. Roland Atzmüller/Robert Schwarz, *Flexible Innovationsfähigkeit. Qualifikationspolitik und die Veränderung von Staatlichkeit – Momente postfordistischer Hegemonie*, in: Kurswechsel. Zeitschrift für gesellschafts-, wirtschafts- und umweltpolitische Alternativen 3, 2003, S. 88–100, hier S. 90.

gibt es heftige Kritik. Sie orientiere sich zu sehr an den Interessen von Wirtschaft und Arbeitsmarkt und lasse den demokratiepolitischen hinter den wirtschaftlichen Nutzen treten. Konkrete Arbeitsprogramme der EU lassen sich stärker dem berufsbildenden Bereich zuordnen, und im Zuge der Verschmelzung von allgemeiner Erwachsenenbildung und Berufsbildung besteht die Gefahr, dass nichtökonomische Bildungsziele und darauf ausgerichtete Angebote zurückgedrängt werden. Der zunehmende Wunsch nach Effizienz sowie Mess- und Vergleichbarkeit in der europäischen Bildungspolitik führt außerdem zu einem Rechtfertigungs- und Handlungsdruck in den Mitgliedstaaten.[16] Diesen spüren auch Bildungsanbieter*innen. Steigende Arbeitslosigkeit in der Corona-Krise erhöht zusätzlich den Druck auf Bildungsinstitutionen, ausschließlich »arbeitsplatzrelevante« Fertigkeiten anzubieten. Die Aufforderung, einerseits lebenslang zu lernen und auf der anderen Seite adäquate Bildungsmaßnahmen anzubieten, basiert – falls sie es überhaupt jemals getan hat – nicht mehr auf Freiwilligkeit und zielt auch nicht auf Emanzipation oder Selbstverwirklichung. Sie hat sich zu einer Verpflichtung entwickelt. Bildungsangebote orientieren sich in diesem Zusammenhang nicht an demokratiepolitischen Zielen gesellschaftlicher Weiterentwicklung, sondern werden entlang von Marktbedürfnissen ausgerichtet oder sogar zum Bestandteil repressiver Arbeitsmarktregulation genutzt. Personen, die Weiterbildungsangebote nicht wahrnehmen können oder wollen, haben mit negativen Konsequenzen am Arbeitsmarkt zu rechnen. Die Schlechterstellung am Arbeitsmarkt wird wiederum individualisiert, denn wenn Lohnabhängige für alle Selbstoptimierungsmaßnahmen bereit sind und ihr »unternehmerisches Selbst« stärken, wird es »schon irgendwann klappen mit dem Traumjob«. Gleichzeitig wirken prekär Arbeitende als Mahnung und Erinnerung an Festangestellte, dass sie ersetzbar sind – der Anpassungs- und Disziplinierungsdruck im neoliberalen Zeitalter des Lebenslangen Lernens könnte perfider nicht sein. Eine historisch zentrale Figur bei der Offenlegung der Funktion von Erziehungs- und Bildungsprozessen war der italienische Marxist

16 Vgl. Birgit Aschemann, *Erwachsenenbildung in der EU*, in: Dossier erwachsenenbildung.at, Wien 2016/2018.

Antonio Gramsci. Er betrachtete jedes Machtverhältnis in hegemonialen Gesellschaften notwendigerweise auch als »pädagogisches Verhältnis«, in dem alle Lebensbereiche pädagogischen Paradigmen unterliegen.[17] Ökonomisch herrschende Gruppen müssen in Bezug auf ihre Projekte, Ideen und Planung eine erzieherische Wirkung entfalten, um ihre Position langfristig abzusichern. Daher seien pädagogische Konzepte basal im Prozess der Herstellung von Hegemonie.[18] Der Bildungsforscher Erich Ribolits bezeichnet die Expansion pädagogischer Konzepte und Begriffe als »Pädagogisierung« und meint damit eine »Entgrenzung des Pädagogischen« auf alle Lebensbereiche und die gesamte Lebensdauer. Laut Ribolits umfasst Pädagogisierung auch den Trend, soziale Probleme auf das Individuum zu verschieben. Im Zuge dessen werden pädagogische Methoden bevorzugt und politische Veränderungsmöglichkeiten marginalisiert. Das Ziel stellt nicht eine Auflehnung gegen bestehende Machtverhältnisse, sondern eine Anpassung an das herrschende kapitalistische System dar.[19] Insbesondere in ökonomischen, politischen und gesellschaftlichen Krisen muss Pädagogisierung als Bewältigungsstrategie herhalten. Politisch Verantwortliche übertragen die Bearbeitung negativer Folgen von Krisen und Modernisierungserscheinungen an einzelne Individuen und provozieren ein politisches »Ersatzhandeln« mithilfe von »Pädagogisierungsinstitutionen«. Der Widerstand gegen systemische Probleme wird in Lernprozessen domestiziert und Funktionssysteme wie Politik und Wirtschaft werden entlastet beziehungsweise aus der Verantwortung genommen. Bildungs- und Erziehungssysteme haben historisch betrachtet immer schon die Funktion einer Disziplinierung und Steigerung individueller und sozialer Rationalität, orientiert an der herrschenden Produktionsweise – sei es zu Beginn der Industrialisierung oder im Fordis-

17 Antonio Gramsci, *Erziehung und Bildung*. Herausgegeben von Andreas Merkens, Hamburg 2004, S. 28.

18 Armin Bernhard, *Pädagogische Grundverhältnisse. Die Relevanz Antonio Gramscis für eine emanzipative Pädagogik*, in: Andreas Merkens/Victor Rego Diaz (Hg.), *Mit Gramsci arbeiten. Texte zur politisch-praktischen Aneignung Antonio Gramscis*, Hamburg 2007, S. 141–156, hier S. 154.

19 Erich Ribolits, *Pädagogisierung – Oder: »Wollt ihr die totale Erziehung?«*, in: schulheft 116, 2004, S. 9–16.

mus. Im neoliberalen Wissens- und Dienstleistungskapitalismus und insbesondere in seinen regelmäßig auftauchenden Krisen erweitert sich diese Funktion, wie die Tendenz der »Pädagogisierung« zeigt.

Emanzipatorische Potenziale in der Bildungspraxis

Legt die domestizierende Funktion von Bildung nun die Schlussfolgerung nahe, dass emanzipatorische Bildungsbemühungen müßig oder gar nicht erst möglich sind? Im Folgenden möchte ich zeigen, dass in der politischen Bildungspraxis sehr wohl Potenziale zur Befreiung vorhanden sind, und in einem nächsten Schritt darlegen, wie und unter welchen Voraussetzungen diese gestärkt werden können. Historisch betrachtet haben neben der prinzipiell systemerhaltenden Aufgabe von Bildung in kapitalistischen Gesellschaften emanzipatorische Momente und Bestrebungen im Bildungs- und Erziehungssektor immer eine Rolle gespielt.[20] Antonio Gramsci betonte in seinen *Gefängnisheften*, dass sich staatliche Ansprüche nicht widerspruchsfrei umsetzen lassen. Im Gegenteil muss immer wieder um deren Durchsetzung gekämpft werden, und sie stehen in Konkurrenz und im Widerspruch zu anderen gesellschaftlichen Auffassungen.[21] Zudem *müssen* Personen nicht nur an Aus- und Weiterbildungen teilnehmen, sie *wollen* »ihr Schicksal auch in die eigene Hand« nehmen. Der in der Bevölkerung verbreitete Vertrauensverlust in das politische System und die beschriebene Individualisierung führen dazu, dass viele Menschen sich auf sich allein gestellt fühlen. Das oft beschworene und nie eingelöste Versprechen vom »sozialen Aufstieg« wird daher auf individuellem Weg zu erreichen versucht. Bildungskarrieren fallen scheinbar in den Handlungsbereich des*der Einzelnen und können kontrolliert und gepflegt werden. Gleichzeitig wollen Menschen jedoch auch lernen und haben Lust auf Bildung, weil es sie

20 Vgl. Armin Bernhard, *Pädagogische Grundverhältnisse. Die Relevanz Antonio Gramscis für eine emanzipative Pädagogik*, in: Andreas Merkens/Victor Rego Diaz (Hg.), *Mit Gramsci arbeiten. Texte zur politisch-praktischen Aneignung Antonio Gramscis*, Hamburg 2007, S. 141–156, hier S. 145.

21 Vgl. Antonio Gramsci, *Gefängnishefte. Kritische Gesamtausgabe*, herausgegeben von Klaus Bochmann und Wolfgang F. Haug, 2. Auflage, Hamburg 2019, Band 9, Heft 27, § 1: S. 2217.

auf persönlicher und sozialer Ebene verändert. Der Sozialwissenschaftler Jörg Reitzig schreibt von der Beobachtung, dass in Zeiten von Sozialabbau, neoliberalen Reformen, Armutsmigration und steigender Prekarität die »soziale Frage« wieder in den Mittelpunkt gesellschaftlicher Diskussionen rückt. Daraus leitet er Herausforderungen für eine kritische politische Bildung ab. Neben der wachsenden Prekarität sieht er drei Themenfelder, denen kritische politische Bildung mehr Aufmerksamkeit widmen sollte: Herrschaftskritik, die Rolle und Bedeutung von Arbeit und Handlungsfähigkeit. Herrschaftskritik umfasst die Auseinandersetzung mit »herrschaftsstabilisierenden Funktionen von Ungleichheitspolitik und Prekarisierung«. Denn Angst vor sozialem Abstieg, Hinnahme von Ausbeutung und der »Zwang zur Selbstvermarktung« (Stichwort Lebenslanges Lernen) gewinnen mit steigender Prekarität an Bedeutung. Zudem ist Reitzig der Auffassung, dass sich kritische politische Bildung verstärkt mit dem Verhältnis von bezahlter und unbezahlter Arbeit auseinandersetzen sollte. Unter dem Stichwort Handlungsfähigkeit versteht er die Aufgabe, vermeintliche Sachzwänge zu hinterfragen sowie Alternativen und kollektive Handlungsmöglichkeiten aufzuzeigen und damit »subjektive Gefühle des Ausgeliefertseins und der Ohnmacht zu überwinden«.[22] Die Politikwissenschaftlerin Janne Mende geht ebenfalls auf den Zusammenhang von Handlungsfähigkeit und politischer Bildung ein. Ihrer Einschätzung nach muss politische Bildung immer Strategien zur Handlungsfähigkeit enthalten, denn sonst bestehe die Gefahr, Gefühle wie Abwehr, Schuld und Ohnmacht zu stärken. Die Erweiterung der Handlungsfähigkeit könne durch größeres Wissen über Strukturen und Möglichkeitsräume, aber auch deren Grenzen, hergestellt werden. In einer von sozialer Ungleichheit strukturierten Gesellschaft können nicht alle alles schaffen, wenn sie nur wollen und sich genug anstrengen. Um dieser fatalen Individualisierung entgegenzuwirken, halte ich es ebenfalls für unerlässlich, selbstkritisch die Möglichkeiten und Grenzen von Bildung offenzulegen und zu diskutieren. Janne Mende dazu:

22 Jörg Reitzig, *Prekarität, soziale Verunsicherung und Vereinzelung – die Rückkehr der sozialen Frage*, in: Bettina Lösch/Andreas Thimmel (Hg.): *Kritische politische Bildung*. Schwalbach/Ts. 2010, S. 289–300, hier S. 297.

»Eben diese Ideologien, die Verlagerung von Verantwortung für gesellschaftliche Ungleichheiten und Ausgrenzung, für Armut und Arbeitslosigkeit ins Subjekt, müssen kritisch reflektiert werden.«[23]

Soziale Ungleichheit ist nicht allein über den Bildungsweg zu überwinden, sondern muss als ein der jeweiligen Herrschaftsform inhärentes Strukturmerkmal betrachtet werden. Insofern gilt es, in der Bildungspraxis einen Austausch und eine Verständigung über die Verbindung von Herrschaft, sozialer Ungleichheit und Bildung zu ermöglichen. Beispielsweise können Erwachsenenbildner*innen eine Reflexion über die historischen und gesellschaftlichen Funktionen von Bildung anregen. Der zu vermittelnde Inhalt von emanzipatorischer und befreiender Bildung ist zweifelsohne wichtig. Zu oft wird allerdings der Erkenntnisprozess beziehungsweise die Methode ausgeklammert, worauf auch Paulo Freire hinwies. Er lehnte eine Bildungspraxis ab, die bloße Wissensübermittlung betreibt und Lernende als »leere Gefäße« betrachtet, die mit Wissensinhalten befüllt werden müssen. Gegen eine Erziehung, die Menschen zu bloßen Objekten von Trainingseinheiten macht, wandte sich Freire vehement. Über Lehrende, die Lektionen auswendig lernen und schlicht auf Schüler*innen übertragen, schrieb er:

»Diese falsche Auffassung von Bildung, die sich auf das Deponieren von Informationen bei den Lernenden stützt, verhindert im Grunde jede Veränderung und ist deswegen eine antihistorische Bildungskonzeption.«[24]

Freire kritisierte zudem das Konzept der »kulturellen Invasion«, in dem Erzieher*innen »politische Analphabeten« an die bürgerlich-kapitalistische Lebensform anpassen. Die herrschende Gesellschaft erscheint dabei nicht als Moment des historischen Prozesses,

23 Janne Mende, *»Let's change the World«? Bedingungen für eine kritisch-emanzipatorische politische Bildung*, in: Janne Mende/Stefan Müller (Hg.): *Emanzipation in der politischen Bildung*. Schwalbach/Ts. 2009, S. 112–134, hier S. 123.

24 Paulo Freire, *Bildung als Erkenntnissituation* (1970), in: Schreiner/Mette/Oesselmann et al. (Hg.), *Paulo Freire. Unterdrückung und Befreiung*, Münster 2007, S. 67–88, hier S. 73.

sondern als nicht hinterfragbar. Eine solche domestizierende Bildung lehnte Freire ab:

> »Was diese ideologische Praxis also tun möchte, ist ziemlich klar: sie möchte Menschen ändern, aber soziale Strukturen nicht antasten.«[25]

Lehrende und Lernende sind laut Freire gleichermaßen erkennende Subjekte ihrer Lebenssituation, und Bildung dient als zentrales Instrument der Bewusstwerdung. Die Dichotomie von allwissenden Erzieher*innen und nichtwissenden Zu-Erziehenden müsse daher aufgebrochen werden:

> »Die Aufgabe des Lehrers besteht somit darin, den Schülern die Problematik des zu vermittelnden Inhalts klarzumachen und nicht diesen Inhalt vorzutragen, zu schenken, zu extendieren (weiterreichen), zu übergeben, als ob es sich um etwas Fertiges, Ausgefeiltes, Vollendetes oder Abgeschlossenes handelte. Indem er die Schüler vor Probleme stellt, stellt er sich selbst als Problem dar.«[26]

Als kollektiven (Bewusstseins-)Bildungsprozess konzipiert Freire den Dialog. Dieser spielt auch im Beitrag »Zuhause im dazwischen: Theorie als Dialog von Erfahrung« des Erziehungswissenschaftlers Jan Niggemann eine wichtige Rolle. Er fasst Dialog als Bedingung für die Aushandlung von Erfahrung, die zu geteiltem Wissen in gemeinsamen Bildungsprozessen werden kann.[27] Strukturell gewalttätige Arbeitsteilung ermögliche Lernräume wie Schule, Universität und Erwachsenenbildung erst. Schlecht bezahlte und abgewertete, oft unsichtbar gemachte »Drecksarbeit« und die Spaltung in Begabte und Nicht-Begabte schaffen die Voraussetzungen für diese Lernorte.[28]

25 Ebd., S. 27–43, hier S. 33.

26 Ebd., S. 67–88, hier S. 75.

27 Jan Niggemann, *Zuhause im dazwischen: Theorie als Dialog von Erfahrung*, in: Riccardo Altieri/Bern Hüttner (Hg.), *Klassismus und Wissenschaft. Erfahrungsberichte und Bewältigungsstrategien*, Marburg 2020, S. 181–198, hier S. 194.

28 Ebd., S. 187.

»Beispielsweise wird die Tatsache, dass es Menschen gibt, die Lernorte putzen, die Bücher zum Lesen binden, die Stifte zusammenschrauben, zwar gewusst, aber führt nicht zu gemeinsamen Lernprozessen von Studierenden und Reinigungskräften.«[29]

Notwendig sei eine Demokratisierung von Bildung, die Hand in Hand mit einer Überwindung der Standardisierung von Wissen und kapitalistischer Arbeitsteilung geht.[30]

Abschließend komme ich auf einen Gedanken von Paulo Freire zurück, den ich für wichtig erachte. Sprechen wir über die Veränderung von Bildung und Machtverhältnissen, dürfen wir Mensch und Welt nicht getrennt voneinander begreifen – sie stehen in einem dialektischen Verhältnis zueinander. Geschichtliche Prozesse der Veränderung von Gesellschaft umfassen immer die Veränderung gesellschaftlicher Strukturen auf der einen Seite und die Veränderung menschlicher Subjektivität auf der anderen Seite. Folgt man diesem Gedanken von Freire, kann man Bildungsprozessen nicht die alleinige Verantwortung für gesellschaftliche Veränderung aufbürden, sie aber auch nicht gänzlich aus dieser Verantwortung entlassen.

29 Ebd., S. 195.
30 Vgl. ebd., S. 191.

SABINE LETZ, PIA LICHTBLAU

Der Kampf gegen soziale Ungleichheit und der Beitrag der gewerkschaftlichen Bildungsarbeit

Der Kampf gegen soziale Ungleichheit und für eine gerechtere Verteilung von Einkommen, Vermögen, Chancen und (Partizipations-)Möglichkeiten war schon immer das Anliegen von Gewerkschaften. Dass dieser Kampf Wirkung zeigt, beweist eine Studie des Internationalen Währungsfonds aus dem Jahr 2015. Sie zeigt, dass der Anteil gewerkschaftlich organisierter Arbeitnehmer*innen in direktem Zusammenhang mit einer gerechten Verteilung steht.[1]

Bildungsarbeit stellt einen zentralen Teil gewerkschaftlicher Organisationsarbeit dar. Arbeiterbildungsvereine standen am Beginn der organisierten Arbeiter*innenbewegung. Ihre Ziele waren neben der Bildung der Mitglieder auch deren Absicherung durch Kranken- und Invaliditätskassen, der Kampf um Wahlrecht, Vereins- und Versammlungsrecht sowie Pressefreiheit. Das gemeinsame Lernen und der Austausch untereinander führten zur kollektiven Erkenntnis gesellschaftlicher Ungleichheiten und asymmetrischer Machtstrukturen. Der Weg vom Erkennen zum Handeln und damit zur Gründung von Arbeiter*innenvereinen und Gewerkschaften lag damit nahe. Der Kampf um die Verbesserung der Arbeits- und Lebensbedingungen, der von Anfang an bestimmendes Thema der Arbeiterbildungsvereine und der Gewerkschaften war, zieht sich bis heute wie ein roter Faden durch die Geschichte der Gewerkschaftsbewegung. Auch heute setzen wir uns als Gewerkschaft für ein gutes Leben für alle ein.

Nach wie vor ist gewerkschaftliche Bildungsarbeit ein grundlegender Transmissionsriemen gewerkschaftlicher Organisierung

1 *Gewerkschaften verringern Ungleichheit*, in: Böckler Impuls 8/2015, S. 6, https://www.boeckler.de/data/impuls_2015_08_6b.pdf (Abruf: 30.10.2020).

und ebenso unverändert kommt dem Themenkomplex sozialer Ungleichheit ein zentraler Stellenwert zu. Dabei ist gewerkschaftliche Erwachsenenbildung mehr als die Summe der vielfältigen Seminare und Lehrgänge des ÖGB, der Gewerkschaften und Arbeiterkammern. Unser Ziel ist es, Arbeitnehmer*innen und im speziellen Arbeitnehmervertreter*innen in die Lage zu versetzen, kollektiv an die Lösung von Problemen heranzugehen. Es geht dabei nie nur um eine bloße Vermittlung von »Inhalten«, sondern auch um das Reflektieren des Erlernten. Es geht darum, die Informationen in einen größeren Zusammenhang zu stellen und sie zu hinterfragen, vor allem aber geht es darum, im gemeinschaftlichen Interesse mitzugestalten und mitzuwirken. In diesem Zusammenhang ist der Begriff »Gegenmachtsfähigkeit« von Bedeutung: Wie können wir uns auf Arbeitnehmer*innenseite Gehör verschaffen und Interessen durchsetzen, wenn dies auf dem Verhandlungsweg nicht funktioniert? Welches zusätzliche Know-how braucht es dazu? Die zugrundeliegenden Inhalte, Fähigkeiten, Wertehaltungen und Einstellungen finden sich in unserem Leitbild mit folgenden zentralen Orientierungen wieder:

Gewerkschaftliche Bildungsarbeit

- schafft politisches Bewusstsein
- fordert und fördert gewerkschaftliches Bewusstsein
- trägt zur gewerkschaftlichen Persönlichkeitsbildung bei
- sieht Mitgliedergewinnung und Organizing als Bildungsauftrag
- schafft Mobilisierung und Aktionsfähigkeit
- organisiert Bildung zu höherer Durchsetzungskraft
- entwickelt und stärkt gewerkschaftliche Artikulationsmacht

Im vorliegenden Artikel stellen wir am Beispiel ausgewählter Bildungsangebote dar, wie soziale Ungleichheit im Rahmen gewerkschaftlicher Bildungsarbeit thematisiert wird, wie sie sich in Zugang, Didaktik und Methodik widerspiegelt und wie der Abbau sozialer Ungleichheit in den Zielen der Bildungsprozesse verankert ist. Ein vollständiges Bild der gesamten gewerkschaftlichen Bildungsarbeit über alle Gewerkschaften und Regionen österreichweit kann dabei nicht gezeichnet werden – die Angebote sind so vielfältig und zahlreich, dass dies den Rahmen des Artikels sprengen würde. Die hier dargestellten Prinzipien und Werthaltungen stellen aber grundsätzlich die Basis der Angebote in der gewerkschaftlichen Bildungsarbeit dar und geben damit einen guten Einblick in den Zugang zur Thematik.

Soziale Ungleichheit als Thema in der gewerkschaftlichen Erwachsenenbildung

Dass soziale Ungleichheit als Thema in der gewerkschaftlichen Bildungsarbeit vorkommt, versteht sich eigentlich von selbst – als Beispiel verdeutlicht dies ein Blick auf die Inhalte der Wiener BetriebsrätInnen-Akademie (BRAK): Neben mehreren Einheiten zur Geschichte der Arbeiter*innenbewegung sowie einer halbtägigen Exkursion zu diesem Thema beinhaltet die Einheit »Kampf um den Sozialstaat« die politischen Auseinandersetzungen, deren Ergebnis die Errungenschaften des modernen österreichischen Sozialstaates sind. Darüber hinaus geht sie auf die Rollen ein, die Gewerkschaft beziehungsweise ÖGB, Arbeiterkammer sowie Betriebsrätinnen und Betriebsräte in den Auseinandersetzungen früher einnahmen, derzeit einnehmen und künftig einnehmen werden müssen. Direkt daran knüpft die Einheit »Die 3: Gewerkschaft, AK und Betriebsrat« an. Der Fokus der inhaltlichen Auseinandersetzung ist klar: Soziale Gerechtigkeit ist nicht von alleine entstanden, sie ist hart erkämpft worden und muss energisch verteidigt und ausgebaut werden. Ohne die genannten Akteur*innen wäre ein Sozialstaat in der existierenden Qualität und Breite nicht möglich.

Wie die Verteilung von Einkommen und Vermögen zustande kommt und wie sie vor allem auch im Hinblick auf mehr Gerechtigkeit beeinflusst werden kann, ist zentrales Thema der Einheiten aus dem thematischen Block Wirtschaftspolitik: Lohnpolitik, Verteilungspolitik, Wirtschaft und Umwelt, Steuerpolitik. Die Auseinandersetzung mit diesen komplexen Themenfeldern stellt ein zentrales Dogma des Neoliberalismus infrage, demzufolge wir uns den Sozialstaat »nicht leisten können«.

Doch nicht nur auf nationaler Ebene, auch im Kontext von Globalisierung ist soziale Ungleichheit im Fokus gewerkschaftlicher Bildung. Unser aller Wohlstand basiert zu einem großen Teil auf der Ausbeutung von Menschen, Rohstoffen und natürlichen Ressourcen in den Ländern des globalen Südens. Eine soziale Ungleichheit unvorstellbaren Ausmaßes ist die Folge, die sich laufend verschärft. Die Erkenntnis, dass die Konfliktlinien nicht, wie uns von rechtskonservativen Politiker*innen immer wieder eingetrichtert wird, entlang nationaler Grenzen oder gar Fluchtrouten verlaufen, sondern sich im Gegensatz von Arm und Reich, Machtlos und Mächtig manifestieren, steht am Ende der Auseinandersetzung mit diesem Themenbereich. Sie ist auch die Voraussetzung global fairen Handelns auf individueller und betriebsrätlicher Ebene.

Soziale Ungleichheit in der gewerkschaftlichen Erwachsenenbildung

Nicht nur thematisch, auch faktisch zeigt sich soziale Ungleichheit in der gewerkschaftlichen Bildungsarbeit: an der Zusammensetzung der Teilnehmer*innen sowie an den Erfahrungen und materiellen Voraussetzungen, die sie mitbringen. Das Recht auf Bildung für alle ohne soziale Zugangsbarrieren und das Ziel sozialer Inklusion sind aber wesentliche gewerkschaftliche Grundsätze, die in der eigenen Bildungsarbeit gelebt werden.

Gewerkschaftliche Bildungsarbeit ist niemals »neutral«, sondern selbstverständlich politisch und interessengeleitet. Lernprozesse gehen vom Standpunkt lohnabhängiger Bevölkerungsgruppen aus und werden in deren Interesse entwickelt.

Zugang zur gewerkschaftlichen Erwachsenenbildung

Nicht nur materielle Dinge wie Einkommen und Vermögen, auch und gerade immaterielle Werte sind in unserer Gesellschaft ungleich verteilt, man denke etwa an den Zusammenhang zwischen Reichtum und Lebenserwartung. Auch der Zugang zu Bildung und Weiterbildung hängt stark mit der sozialen Herkunft zusammen: Der Adult Education Survey zeigt einen klaren Zusammenhang zwischen der höchsten abgeschlossenen formalen Bildung und der Weiterbildungsaktivität.[2] Während nur rund ein Drittel der Personen mit Pflichtschulabschluss innerhalb des Erhebungszeitraums an Weiterbildungsangeboten teilnahm, waren

2 Statistik Austria (Hg.), *Erwachsenenbildung. Ergebnisse des Adult Education Survey (AES)*, Wien 2018, S. 25, http://www.statistik.at/web_de/services/publikationen/5/index.html?includePage=detailedView&sectionName=Bildung%2C%20Kultur&pubId=768 (Abruf: 30.10.2020).

es bei Akademiker*innen über 80 Prozent. Arbeitslosigkeit, Alter und nicht-österreichische Staatsbürgerschaft sind weitere Faktoren, die sich negativ auf die Weiterbildungsaktivität auswirken. Zudem erweisen sich Zeitmangel, zu hohe Kosten und fehlende passende Angebote als Weiterbildungsbarrieren.

Die oben beschriebene Tendenz lässt sich auch in der gewerkschaftlichen Bildungsarbeit beobachten. Nachdem Gewerkschaften in Österreich einerseits nach Branchen, andererseits aber nach dem Status als Arbeiter*innen oder Angestellte organisiert sind, nehmen so gut wie immer überproportional viele Mitglieder der Gewerkschaft der Privatangestellten, Druck, Journalismus, Papier (GPA-djp) an Bildungsangeboten teil, während beispielsweise in der Gewerkschaft Bau Holz (GBH) organisierte Maurer*innen oder Tischler*innen stark unterrepräsentiert sind.

Ein Zustand, der nicht hingenommen werden kann – dies würde ja zu einer weiteren Polarisierung innerhalb der Gewerkschaftsbewegung führen –, sondern dem aktiv gegengesteuert wird. Der Zugang zu gewerkschaftlichen Bildungsangeboten wird daher so niederschwellig wie möglich gestaltet:

- Alle Angebote sind für Gewerkschaftsmitglieder völlig kostenlos, es gibt also keine Teilnahmegebühren. Die Kosten für Trainer*innenhonorare, Räumlichkeiten sowie benötigte Ausstattung tragen ÖGB, Gewerkschaften und Arbeiterkammern.
- Es gibt keinerlei Zugangsvoraussetzungen in Form bestimmter formaler Schul- oder Bildungsabschlüsse. Lediglich innerhalb der gewerkschaftlichen Bildungsangebote gibt es Grundkurse und weiterführende Angebote, die auf diesen Grundkenntnissen aufbauen.
- Regionale Angebote: Um weite Anreisen zu vermeiden, die eine Teilnahme für in abgelegenen Regionen lebende Personen, Menschen mit eingeschränkter Mobilität oder Betreuungspflichten erschweren würden, werden insbesondere Grundkurse sowie Gewerkschaftsschulen flächendeckend in ganz Österreich angeboten.
- Keine Verpflegungs- und Übernachtungskosten: Nachdem der Austausch untereinander über Branchen-, aber auch geografische Grenzen hinweg einer der wichtigsten Grundpfeiler gewerkschaftlicher Didaktik ist, finden viele Bildungsangebote

zentral in Wien statt. Die Kosten für Verpflegung und Übernachtung werden von ÖGB, Gewerkschaften und Arbeiterkammern getragen.

– Digitale Angebote: Durch den Lockdown im Zuge der Corona-Pandemie im Frühjahr 2020 wurden, nachdem Präsenzangebote nicht stattfinden konnten, zahlreiche virtuelle Bildungsangebote zur Verfügung gestellt. Dabei hat sich herausgestellt, dass dadurch auch Teilnehmer*innen erreicht werden konnten, für die eine Teilnahme an einer Präsenzveranstaltung nicht in Frage käme. Webinare und E-Learning-Angebote stellen also eine sinnvolle Ergänzung zu Präsenzangeboten dar.

Nicht immer sind erleichterte Zugangsmöglichkeiten ausreichend. Deshalb werden im Rahmen spezieller Bildungsangebote, wie es die Wiener BetriebsrätInnen-Akademie (BRAK) darstellt, potenzielle Teilnehmer*innen direkt angesprochen und zur Teilnahme motiviert. Dies geschieht einerseits durch die jeweils zuständigen betriebsbetreuenden Sekretär*innen (gewerkschaftlich organisierte Betriebsrät*innen werden von der zuständigen Gewerkschaft durch eine*n solche*n unterstützt), andererseits aber auch durch Kolleg*innen aus dem eigenen Betriebsratsgremium – oft selbst Absolvent*innen des Lehrgangs.

Das Ergebnis dieser Bemühungen sind Lerngruppen, die heterogener kaum sein könnten – die wissenschaftliche Mitarbeiterin eines Sozialforschungsinstituts, eine Fließbandarbeiterin, ein Bauarbeiter und ein Bankangestellter finden sich im gleichen Kurs. Für die Trainer*innen ist dies eine immense Herausforderung, für die Teilnehmer*innen eine unglaubliche Bereicherung – entsprechende Didaktik und Methodik vorausgesetzt.

Didaktik und Methodik der gewerkschaftlichen Erwachsenenbildung

Die Didaktik gewerkschaftlicher Erwachsenenbildung basiert auf subjektorientierten Lerntheorien, bei denen die Perspektive der Lernenden konsequent in den Mittelpunkt des Lernprozesses gestellt wird. Lernen ist ein subjektiver Prozess, Lernende haben subjektive Gründe dafür, lernen zu wollen: Ausgangspunkt aller Lernprozesse sind daher konkrete Problemstellungen und Herausforderungen der betriebsrätlichen Praxis wie etwa im Bereich des

Arbeitsrechts, der betrieblichen Mitbestimmung oder des Arbeitnehmer*innenschutzes.

Das Lerninteresse richtet sich dabei in erster Linie auf die Überwindung der jeweiligen Problemstellung, gewerkschaftliche Bildungsarbeit versteht sich als dezidiert handlungsorientiert: Es geht nicht allein darum, seine Rechte zu kennen – man muss sie auch durchsetzen können. Insofern umfassen Lernprozesse neben der Vermittlung des notwendigen Faktenwissens immer auch Aspekte sozialer und strategischer Kompetenzen sowie eine politische Reflexion dahinterliegender Machtstrukturen.

Demokratie und Solidarität kann man aber nicht einfach lernen und »wissen«, man muss sie erleben und leben. Dies wird am Beispiel der Gewerkschaftsschule deutlich: In dieser zweijährigen Abendschule werden die Teilnehmer*innen ermutigt, sich im Lernen auszuprobieren – unabhängig von ihrer bisherigen Lernbiografie. Beim Reden und Präsentieren, Schreiben oder Lösen von Rechtsfällen, arbeiten sie nicht nur an den Inhalten, sondern auch an ihrer Persönlichkeitsentwicklung, und sie stärken ihr Selbstbewusstsein. Dabei wird deutlich, wie wertvoll die Gemeinschaft und der gegenseitige Austausch von Erfahrungen der Teilnehmer*innen aus ihrer Arbeits- und Lebenswelt ist. Jede Erfahrung zählt und an sie knüpft das Lernen an. Oft wird dabei sichtbar, dass hinter einem vermeintlich individuellen Problem ein grundlegendes System steht. Dieses voneinander und miteinander Lernen stärkt die solidarische Grundhaltung, die eine wichtige Basis für die Gewerkschaftsbewegung ist.

Methodisch ist der Umgang mit heterogenen Lerngruppen, wie wir sie in der gewerkschaftlichen Bildungsarbeit vorfinden, für Trainer*innen sehr herausfordernd. Nicht nur der Stand des Vorwissens zum jeweiligen Thema unter den Teilnehmer*innen ist unterschiedlich, auch Lern(un)gewohnheiten, verschiedene Fähigkeiten (beispielsweise der Umgang mit Texten, räumliches Denken, analytisches Schlussfolgern, Recherchieren im Internet etc.) sowie individuelle Eigenschaften wie Selbstbewusstsein, Extro- oder Introvertiertheit unterscheiden die Teilnehmer*innen grundlegend voneinander. Das Ziel: Alle sollen mitgenommen werden, sich wertgeschätzt und gut aufgenommen fühlen, sich am Gruppenprozess beteiligen (trauen), sich weder langweilen noch überfordert fühlen.

Das subjektorientierte Bildungsverständnis der gewerkschaftlichen Erwachsenenbildung stellt auch im Hinblick auf den Lernprozess die Lernenden in den Mittelpunkt: Sie bringen die grundlegenden Frage- und Problemstellungen in den Lernprozess ein und erarbeiten Lösungsstrategien und gesellschaftspolitische Analysen mit Unterstützung einer Trainerin oder eines Trainers. Diese Lehrperson hat dabei weniger eine vermittelnde und belehrende, sondern vielmehr eine unterstützende und ermächtigende Rolle.

Durch den gezielten Einsatz beteiligungsorientierter Methoden werden alle Teilnehmer*innen möglichst gleichermaßen in den kollektiven Lernprozess einbezogen. Es wird ein Klima des Vertrauens geschaffen, in dem Fehler nicht nur erlaubt, sondern sogar erwünscht sind, und alle Teilnehmenden dazu ermutigt werden, sich zu Wort zu melden, eigene Erfahrungen und Fragestellungen einzubringen, aktiv miteinander zu diskutieren und zu arbeiten. Der Austausch untereinander wird gefördert und damit das voneinander Lernen über Branchen-, Gewerkschafts-, Ausbildungs- und Geschlechtergrenzen hinweg ermöglicht.

Ein einfacher Weg, dies zu erreichen, ist die gezielte Zusammensetzung von Kleingruppen für aktive Arbeitsphasen. Überlässt man die Gruppenbildung den Teilnehmer*innen, tendieren sie dazu, Arbeitsgruppen entweder mit bereits bekannten Personen oder in relativ homogener Zusammensetzung zu bilden. Um dem gegenzusteuern, können die Teilnehmer*innen in Kleingruppen eingeteilt werden, bei deren Zusammensetzung auf eine bunte Mischung von Gewerkschaftszugehörigkeiten, Frauen und Männern, Personen mit Migrationshintergrund etc. geachtet wird.

Ist der Wissensstand innerhalb einer Gruppe sehr breit gestreut, bieten sich Peer-Gruppen an, bei denen schwächeren Personen Teilnehmende zur Seite gestellt werden, die über mehr Vorwissen verfügen. In der Wiener BetriebsrätInnen-Akademie (BRAK) bilden wir seit Jahren sehr erfolgreich »IT-Buddies«: Die Teilnehmer*innen müssen im Rahmen der BRAK gewisse digitale Kompetenzen erwerben und entwickeln. Die Bandbreite des Vorwissens reicht dabei von völligen Anfänger*innen bis zu Personen, die in ihrem Arbeitsalltag täglich am Computer arbeiten. Die Teilnehmer*innen werden zu Beginn des Lehrgangs anhand ganz konkreter Fragen gebeten, ihre Kompetenz selbst auf einer Skala von 1 bis 4 einzuschätzen. Danach werden Paare mit der Punktesumme 5 gebildet. Während des gesamten dreimonatigen Lehrgangs ist es die Aufgabe der »Computerprofis«, ihre Kolleg*innen im Umgang mit Hard- und Software zu unterstützen. Auf diese Weise wird sichergestellt, dass die Teilnehmer*innen sich untereinander austauschen und voneinander lernen.

Um den beschriebenen didaktischen und methodischen Anforderungen gerecht werden zu können, verfügt die gewerkschaftliche Erwachsenenbildung über die Referent*innen-Akademie (Refak) – eine Train-the-Trainer-Akademie, die österreichweit allen Trainer*innen der gewerkschaftlichen Erwachsenenbildung kostenlos zugänglich ist und gezielt Aus- und Weiterbildung für die eigene Bildungstätigkeit anbietet.[3] Ein großer Teil der Trainer*innen in der gewerkschaftlichen Erwachsenenbildung üben diese Tätigkeit nicht hauptberuflich aus. Sie sind Fachexpert*innen für Arbeitsrecht, Wirtschafts- oder Gesundheitspolitik aus Gewerkschaften und Arbeiterkammern, hauptamtliche Gewerkschafter*innen, die normalerweise Betriebsrät*innen beraten und unterstützen, oder selbst erfahrene Betriebsrät*innen.

Öffentlich zugänglich ist der Blog der ReferentInnen-Akademie, der neben Seminardokumentationen auch bildungstheoretische Auseinandersetzungen, eine umfangreiche Methodensammlung sowie Toolboxen zu den Themen Gender und Antirassismus bietet.

Abbau sozialer Ungleichheit als Ziel der gewerkschaftlichen Erwachsenenbildung

Ein Schwerpunkt gewerkschaftlicher Erwachsenenbildung ist es, Handlungskompetenz zur Veränderung von Missständen in Arbeitswelt und Gesellschaft zu entwickeln und zu stärken. Betriebsrät*innen und Gewerkschafter*innen müssen sich für die Interessen und Anliegen ihrer Belegschaften beziehungsweise Mitglieder in Konflikten effektiv einsetzen. Dazu brauchen sie Durchsetzungsvermögen, Verhandlungsgeschick, strategisches Denken und selbstverständlich Fachwissen.

Betriebsrät*innen und Gewerkschafter*innen müssen aber nicht nur bestehende Rechte durchsetzen, sie müssen darüber hinaus

3 Vgl. https://blog.refak.at/lehrgaenge.

an der politischen Gestaltung von Arbeitswelt und Gesellschaft mitwirken. Dazu sind noch viel weitreichendere Kompetenzen notwendig: politische Analysefähigkeit, die Fähigkeit, gesellschaftliche Diskurse zu führen, unterschiedliche Bedürfnisse und Interessen zu verstehen und unter einen Hut zu bringen; Kreativität, um eine Vision einer Gesellschaft zu entwerfen, in der ein gutes Leben für alle möglich ist: sozial, ökonomisch und ökologisch gerecht und nachhaltig.

Darin liegt ein weiteres Charakteristikum gewerkschaftlicher Bildungsangebote: Das erklärte Ziel aller gewerkschaftlichen Lernprozesse ist eine solidarische Handlungsermächtigung. Teilnehmer*innen lernen primär nicht für den eigenen Vorteil, sondern für die Veränderung der Situation der Vielen. Gewerkschaftliche Bildungsarbeit unterstützt sie dabei, gemeinsame Interessenlagen zu erkennen und Strategien für ihre Verbesserung zu erarbeiten.

Der Abbau sozialer Ungleichheit steht im Zentrum gewerkschaftlichen Handelns und gewerkschaftlicher Bildungsarbeit. Der Fokus liegt auf einer gesellschaftlichen Solidarität, die stets das große Ganze im Blick haben muss. Dies gilt auch dann, wenn es eigenen Interessen oder Anliegen der eigenen Belegschaft auf den ersten Blick widerspricht – wie dies zum Beispiel immer wieder bei Diskussionen um die Erhaltung von Arbeitsplätzen versus globale Anliegen wie Klima- oder Umweltschutz der Fall ist.

Vom Beginn der Arbeiter*innenbewegung bis heute ist es der Auftrag an die gewerkschaftliche Bildungsarbeit, Bildung nie als Selbstzweck zu sehen, sondern die Arbeitnehmer*innenvertretung beim Kampf gegen soziale Ungleichheit und für soziale Gerechtigkeit auf allen Ebenen zu unterstützen.

ILKIM ERDOST

Emanzipatorische Bildungssettings in der Offenen Jugendarbeit

Offene Jugendarbeit widersetzt sich der Vereinnahmung, Verzweckung und pädagogischen Formalisierung. Sie entzieht sich dem Habitus von österreichischen Bildungsinstitutionen, einem engmaschigen Netz aus Konventionen, Zuschreibungen und Ritualen, in dem sich bildungsbenachteiligte Lernende verstricken.[1] Im Zentrum stehen Jugendliche, deren Beziehungen, Bedürfnisse und Erlebnisse. Sie nehmen Offene Jugendarbeit freiwillig und autonom in Anspruch. Ihre Motivation und Interessen stehen im Mittelpunkt. Alle können mitmachen, müssen jedoch nicht. So können auch wohlüberlegte Konzepte am Desinteresse der Zielgruppe oder am ungünstigen Timing scheitern. Offene Jugendarbeit findet im Jugendzentrum, im öffentlichen oder digitalen Raum statt und arbeitet mit den Mitteln, die situationsabhängig zur Verfügung stehen. Die bereitgestellten offenen Räume der Jugendarbeit sind freie Räume, die sich Jugendliche intuitiv aneignen. Auf diese Art werden sie weitestgehend zu ihren Räumen.[2] Jugendarbeiter*innen begleiten diese Aneignungsprozesse, in dem sie auf Basis von Prinzipien, wie Sozialraum- und Lebensweltorientierung, Partizipation, professionelle Beziehungsarbeit, kritische Parteilichkeit etc. agieren und deren Einhaltung im Rahmen von kontinuierlicher Professionalisierungsarbeit überprüfen.[3] Ziel der Offenen Jugendarbeit ist es, Jugendlichen zu ermöglichen, dieser Lebensphase den Raum und die Zeit und die Beziehungen zu

1 Vgl. Pierre Bourdieu, *Sozialer Sinn. Kritik der theoretischen Vernunft*, Frankfurt a.M. 1987.

2 Vgl. Richard Krisch/Wolfgang Schröer, *Entgrenzte Jugend – Offene Jugendarbeit. Jugend ermöglichen im 21. Jahrhundert*, Weinheim Basel 2020.

3 Vgl. Verein Wiener Jugendzentren (VJZ), *Wirkungskonzept. Qualität und Wirkung in der Offenen Jugendarbeit im Verein Wiener Jugendzentren*, 2. Auflage, Wien 2020.

geben, die sie benötigt.[4] Indem Offene Jugendarbeit jedoch Jugendlichen ihr fundamentales Recht auf Eigensinn, Selbstbehauptung und Subkultur einräumt[5] und wenn nötig dabei auch irritiert, ihre Wirklichkeitsordnungen infrage stellt, schafft sie auch pädagogische Settings. Lernprozesse in der Offenen Jugendarbeit respektieren den Eigensinn junger Menschen und eröffnen gleichzeitig Lernräume, indem sie ihre Perspektiven herausfordern und durch Irritation und Hinterfragen Anstöße für neue Sichtweisen geben.

Nicht die Verbesserung der persönlichen Erwerbschancen junger Menschen steht dabei im Vordergrund, sondern die Stärkung des jugendlichen Selbst.[6] Jugendzentren sind daher der einzige öffentlich bereitgestellte Raum, in dem Jugendliche sich aufhalten können und entlang von inklusiven, demokratischen Grundwerten gefordert werden.[7] Neben einer Freizeiteinrichtung sind Jugendzentren daher Orte der informellen Bildung. Was unterscheidet sie von anderen österreichischen Bildungsinstitutionen?

Trägheit und österreichische Bildungsinstitutionen – eine Beziehung fürs Leben

Strukturelle Gründe für die Reproduktion der Bildungsbenachteiligung an Österreichs Schulen sind hinlänglich bekannt. Darüber hinaus sind jedoch Inkorporationsprozesse (vgl. Bourdieu 1987)

4 Vgl. Böhnisch/Plakolm/Wächter 2015; Krisch/Schröer 2020; *Wirkungskonzept* Verein Wiener Jugendzentrum 2020; Lothar Böhnisch/Leonhard Plakolm/Natalia Waechter, *Jugend ermöglichen. Zur Geschichte der Jugendarbeit in Wien*, Wien 2015.

5 Vgl. Albert Scherr, *Subjektorientierte Offene Kinder- und Jugendarbeit*, in: Ulrich Deinet/Benedikt Sturzenhecker, *Handbuch Offene Kinder- und Jugendarbeit*, 4. überarbeitete und aktualisierte Auflage, Wiesbaden 2014, S. 297–310.

6 Vgl. Albert Scherr, *Jugendarbeit und gesellschaftspolitische Bildung in der Einwanderungsgesellschaft*, in: Verein Wiener Jugendzentren (VJZ), *Partizipation. Zur Theorie und Praxis politischer Bildung in der Jugendarbeit. Wissenschaftliche Reihe des Vereins Wiener Jugendzentren*, Band 5, Wien 2008, S. 32–40; vgl. Andreas Oehme, *Offene Jugendarbeit und die Bewältigung von Übergängen in Arbeit*, in: Richard Krisch/Wolfgang Schröer, *Entgrenzte Jugend – Offene Jugendarbeit. Jugend ermöglichen im 21. Jahrhundert*, Weinheim Basel 2020, S. 123–137.

7 Vgl. VJZ (Verein Wiener Jugendzentren), *Leitbild*, 2006, siehe: https://www.jugendzentren.at/publikationen-blog/publikationen (Abruf 15.12.2020).

bedeutsam, die Schüler*innen, aber auch Lehrende im Dialog mit dieser strukturellen Ungleichheit vollziehen. Die eingeübte Praxis früher Selektion, Monolingualität und Normierung, spiegelt sich im alltäglichen Verhalten aller Akteure im Bildungsbereich. So wird die soziale Ordnung in der täglichen schulischen Praxis vermittelt, eingeübt und schließlich als selbstverständlich erachtet. Kinder und Jugendliche erlernen in Schulen die gesellschaftlich erwünschten Verhaltensweisen, bestimmten Fähigkeitserwartungen zu entsprechen und ein curricular definiertes Wissen über sich und die Welt. Schulen leisten hier kontinuierliche »Einprägungsarbeit«, auf der die Trägheit, mit der das Bildungssystem sich gegen Veränderung sperrt, gelassen ruht – denn man lernt in der Schule, wie es schon immer war.

Scheinbar »naturgegebene Normen« (»Jungs sind besser in Naturwissenschaften als Mädchen«, »Es gibt in jeder Klasse die Schlimmen und die Braven«, »Ein Zeugnis ohne Noten ist nichts wert« usw.) prägen unsere Sozialisation. Jugendliche antworten darauf mit Bewältigungs- und Selbstbehauptungsstrategien (vgl. Krisch/Schröder 2020). Das ist für das jugendliche Selbst wichtig, um handlungsfähig zu sein und innerhalb des vorgelebten Rahmens Selbstwirksamkeit zu erleben. Im schlechten Fall lernen sie ihre Handlungsoptionen, soziale Interaktion und Erwartungshaltungen an die ihnen zugewiesene soziale Position anzupassen und die damit verbundenen Beschränkungen als gerechtfertigt oder selbstverständlich zu denken.

Schulen und Bildungsinstitutionen formaler Ordnung können daher nur eingeschränkt Vehikel für soziale Mobilität ihrer Schüler*innen sein. Letztlich werden sie durch die Outputorientierung und den Verwertbarkeitszwang von Abschlüssen daran gehindert, Lernenden eine emanzipatorische Persönlichkeitsentwicklung zu ermöglichen. Bildung verkommt so zur Vermittlung von Grundkompetenzen, wie Lesen, Schreiben und Rechnen sowie Allgemeinwissen und Coping-Strategien, also dem bewussten Einsatz von Handlungen, um an emotionalen Herausforderungen wie Stress, Frustration oder Angst nicht zu verzweifeln, sondern handlungsfähig zu bleiben. Absolvent*innen sollen also mit den Fähigkeiten ausgestattet sein, sich in den bestehenden Verhältnissen möglichst trittsicher bewegen zu können und diese weiter zu stabilisieren.

Selbstbestimmung, Eigensinn und Emanzipation

Es gibt verschiedene Perspektiven, sich der Bildungsarbeit in der Offenen Jugendarbeit zu nähern.[8] Besonders der subjektorientierte Zugang, also die Bildung des Selbst, Alltagsbildung beziehungsweise die Bildung der eigenen Konzeptualisierung der Welt und Sinnfindung, steht in Verbindung mit einem emanzipatorischen Bildungsanspruch (vgl. Scherr 2014, S. 300). Im Blick ist dabei die ganzheitliche Person, mit all ihren Haltungen, Fähigkeiten, inneren Konstruktionen und Ansichten.[9] Subjektorientierte Jugendarbeit unterstützt somit die Subjektwerdung junger Menschen, mit dem Ziel, im erwachsenen Leben selbstbestimmt Entscheidungen zu treffen und eigensinnige Haltungen einnehmen zu können. Es geht darum, persönliche Handlungsoptionen junger Menschen zu erweitern. Dafür ist es notwendig, sie selbst für die strukturellen Rahmenbedingungen, denen sie gegenüberstehen, zu sensibilisieren. Die Kenntnis über soziale Positionen, Zuschreibungen und den sozialen Druck, dem Jugendliche ausgesetzt sind, sowie Diskriminierung, Rassismus und ähnliche Ausschlüsse, die sie erleben, können in informellen Bildungsangeboten dabei ebenso Thema wie Ressource sein (vgl. Scherr 2008). Diskriminierungserfahrung oder auch selbst reproduzierte Vorurteile werden dann zur Ressource für Bildungsprozesse, wenn sie als Stichwort von Jugendarbeiter*innen genutzt werden, um einzuhaken und gemeinsam mit Jugendlichen über dahinterliegende Konstruktionen zu reflektieren.

Profundes Wissen über jugendliche Lebenswelten (subkulturell, sozialräumlich, cliquenbasiert), soziale Positionen und Ausschlüsse sowie professionelle Einordnung von jugendlichen Behauptungsstrategien sind dabei Voraussetzung und Bestandteil ständiger Professionalisierung.[10] Eigensinn und Selbstbehauptung werden als jugendliche Bewältigungsstrategien einerseits anerkannt, um

8 Vgl. Regina Rätz/Wolfgang Schröer/Mechthild Wolff, *Lehrbuch Kinder- und Jugendhilfe. Grundlagen, Handlungsfelder, Strukturen und Perspektiven*, 2. Auflage, Weinheim und Basel 2014, S. 114–118.

9 Stephan Sting, *Entgrenzte Bildung – Konsequenzen für die offene Jugendarbeit*, in: Krisch/Schröer, *Entgrenzte Jugend – Offene Jugendarbeit. Jugend ermöglichen im 21. Jahrhundert*, Weinheim und Basel 2020, S. 110–122.

10 Vgl. Verein Wiener Jugendzentren, *Wirkungskonzept 2.0*, 2. Auflage, Wien 2020, siehe: https://www.jugendzentren.at/publikationen-blog/publikationen (Abruf 15. 12. 2020).

mit Frustration, Entfremdung und beengenden Strukturen im sozialen Umfeld umzugehen, andererseits auch professionell und kritisch hinterfragt. Diese Strategien der Selbstbehauptung zielen vor allem darauf ab, gegen persönliche Ohnmacht anzukämpfen, selbstwirksam zu bleiben – auch in Situationen von sozialer Bedrängnis und emotionalem Stress. Abgrenzung, eine ablehnende Grundhaltung, Desinteresse, latente Angriffslustigkeit oder besonders raumeinnehmendes Verhalten, Dominanz etc. sind Beispiele dafür, wie junge Menschen sich trotz für sie unsicheren Terrains, trotz Ablehnung, Ausschlusses oder Sanktionierung weiterhin als selbstwirksam erleben können.

Jugendarbeiter*innen stehen den Jugendlichen als Partner*innen und Gegenüber zur Verfügung. Sie geben Rückmeldung, reflektieren gemeinsam, stärken, klären auf, ziehen aber auch Grenzen ein und stellen alternative Bewältigungsstrategien vor. Autonomieansprüche junger Menschen werden nicht unterlaufen, sondern als Triebfeder für die Entwicklung in ein eigenständiges Leben verstanden. Grenzüberschreitungen, abwertendes oder respektloses Verhalten können dabei ebenso authentisch wie ad hoc durch Jugendarbeiter*innen angesprochen und pädagogisch bearbeitet werden. Diese Prozesse verlaufen mitunter auch kämpferisch. Kleine bis gröbere Konflikte zwischen Peers beziehungsweise Jugendlichen und Jugendarbeiter*innen sind keine Seltenheit. Durch Kontinuität und belastbare Beziehungen wird es beiden Seiten ermöglicht, »an Themen dranzubleiben«. Konflikte können so ausgetragen, Unsicherheit ausgesprochen werden, ohne dass substanzielle Beziehungsbrüche entstehen müssen. Diese »Wir sind da«-Mentalität ermutigt Jugendliche, selbst Verantwortung für ihre Bildungsprozesse zu übernehmen. Jugendarbeiter*innen bedienen sich dabei dem Prinzip der *kritischen Parteilichkeit*. Dies impliziert einerseits, Haltungen und Verhalten der Jugendlichen kritisch zu reflektieren und authentisch Rückmeldung zu geben, andererseits jedoch auch für Jugendliche Partei zu ergreifen, für sie einzustehen, ihnen eine anerkennende Grundhaltung entgegenzubringen. Voraussetzung für professionelle Beziehungsarbeit ist es, ausreichend Raum und Zeit zur Verfügung zu haben.[11] Eine

11 Vgl. ebd.

transformative Auseinandersetzung mit eigenen Wirklichkeitskonstruktionen und gesellschaftlichen Normen wird durch derart belastbare Beziehungen zwischen Jugendlichen und pädagogischem Personal überhaupt erst ermöglicht.

Subjektorientierte Bildung in der Offenen Jugendarbeit soll Handlungsmöglichkeiten generieren, sich der Normierung zu entziehen, und Selbstbestimmung in emanzipatorischer Perspektive unterstützen. Dies kann jedoch nur gelingen, wenn die gesellschaftlichen Verhältnisse, Strukturen und ihr Einfluss auf das junge Selbst ebenfalls zur Disposition stehen. Insofern muss die eigene Fähigkeit geschärft werden, diese strukturellen Auswirkungen auf das Selbst zu analysieren und, damit verbunden, die Veränderbarkeit von Struktur und sozialen Verhältnissen zu erkennen. Darin wurzelt der emanzipatorische Anspruch der Offenen Jugendarbeit. Sie strebt danach, Jugendliche derart zu bestärken, dass sie ihre Kämpfe selbst ausfechten lernen. Inhärent ist ihr somit ein transformativer Anspruch, der die individuelle und die gesellschaftlich strukturelle Ebene vereint. Junge Menschen sollen wissen, dass sie sich gesellschaftlichen Normen, die sie klein oder mundtot machen, nicht unterwerfen müssen. Sie können sich selbst und die Welt verändern. Sie sollen sich in der Lage dazu fühlen und wissen, was es dafür braucht. Damit stemmt sich die Offene Jugendarbeit entschieden gegen die Trägheit formaler Bildungsinstitutionen im Bourdieu'schen Sinne. Ziel ist nicht die Stabilisierung sozialer Hierarchien und Positionierungen, sondern das Aufbrechen und Transformieren der gesellschaftlichen Verhältnisse.

Inhalte emanzipatorischer Jugendarbeit – Wie bildet sich das Selbst?

Im Folgenden werden anhand von drei Beispielen konkrete Anwendungen der oben beschriebenen Strategien und Grundhaltungen von emanzipatorischer Bildung in der Offenen Jugendarbeit umrissen und Bezüge zu diesem Anspruch hergestellt. Die Breite der thematischen Zugänge ist groß und reicht von queerfeministischer Auseinandersetzung mit tradierten, heteronormativen Rollenbildern über gelebte Partizipation im Alltag der Jugendarbeit, aber auch im Rahmen politischer Bildung, bis hin zum Aufgreifen aktueller jugendkultureller Arbeitsbereiche wie Sport und Ferienfahrten – um nur ein paar weitere zu nennen. Diese Breite an Zugängen und Themen bildet eine große Stärke der Offenen Jugendarbeit ab und ist Voraussetzung für einen ganzheitlich subjektorientierten Ansatz.

Erlebnispädagogik – vom Flying Fox zur Stärkung des Selbst

Spiel, Sport und Erlebnispädagogik sind häufig unterschätzte Bereiche der Jugendarbeit. Es geht dabei um Aktivitäten, die Spaß machen und Jugendliche aus gewohnten oder limitierten Freizeitmöglichkeiten herausbringen, um die damit verbundenen gemeinsamen Erlebnisse pädagogisch nutzbar zu machen. Gemeinsam Freude zu empfinden, aufzuatmen, sich zu bewegen, Neues zu erlernen, und »nebenbei« sich selbst und andere in ungewohnten, alternativen Settings und Umfeldern kennenzulernen, macht elementare Lernerfahrungen möglich, die das Erweitern von Handlungsoptionen fördern. Jugendliche erfahren sich selbst neu, können sich, ihren Körper kennenlernen und neue Fertigkeiten ausbilden. Erlebnispädagogik ist ein handlungsorientierter Ansatz, der darauf abzielt, körperliche, emotionale und ganzheitliche Erfahrungen zu ermöglichen. Ungewohnte Lernsettings, in der Natur, mit anderen Peers, sind hier besonders typisch. Neue Bewältigungsstrategien können so erlernt und als persönliche Ressource entdeckt werden.[12] Soziale Leitplanken relativieren sich, gewohnte Rollen können aufgebrochen, neue Perspektiven eröffnet werden. So wird die Selbstbehauptung junger Menschen mehrfach gestärkt: einerseits, indem sich der kulturelle Erfahrungshorizont erweitert und sie so Erfahrungen mit stärkenden Bewältigungsstrategien sammeln können, andererseits, indem sie eine gute Zeit mit ihren Freund*innen verbringen und Spaß haben.

Kritische Medienpädagogik, digital wie analog

Digitalisierung und Medienkonsum über soziale Netzwerke haben zu einer Ausdifferenzierung von zugänglichen Informationsquellen geführt. Fake News, Verschwörungstheorien zu aktuellen Krisen und der nahezu unbegrenzte Zugriff auf Bilder, Videos und

12 Vgl. Bernd Heckmair/Werner Michl, *Erleben und Erlernen. Einstieg in die Erlebnispädagogik*, Berlin 1994, S. 66.

Infos zu fast jedem Themenfeld stellen hohe Anforderungen an die Medienkompetenz des*der Einzelnen. Darüber hinaus treibt die Digitalisierung einen Strukturwandel in allen Lebensbereichen voran. Die Herangehensweise der Offenen Jugendarbeit ist dabei lebensweltorientiert und partizipativ und hebt sich klar von der eingegrenzten Medienpädagogik in der Schule ab. Dialogisch werden Lernräume eröffnet, in denen sich Jugendarbeiter*innen gemeinsam mit Jugendlichen über Erfahrungen und Beobachtungen austauschen und so Selbstbildungsprozesse in Gang bringen.

Häufig stoßen wir beziehungsweise die Jugendlichen dabei auf Grenzen struktureller Ungleichheit. *Digital Divide*, die Lücke in Bezug auf den Zugang zu Infrastruktur (Hardware, Software, stabiles WLAN etc.), und *Digital Literacy*, die Fähigkeit, sich im digitalen Raum kompetent und selbstbestimmt zu bewegen, sind Phänomene, die entlang sozialer Herkunft ungleich verteilt sind. Die Kluft zwischen jenen, die digitale Räume nutzen und gestalten können, und jenen, die nur als Zaungäste konsumieren dürfen, wird größer. Themen wie Datensicherheit und -schutz oder Schutz vor *Bullying* im Netz sind aktuell gesetzlich ungenügend ausgestaltet.

Nicht zuletzt durch die COVID-19-Pandemie im Jahr 2020 sind die teils erheblichen Vermittlungs- und Versorgungslücken im österreichischen Bildungssystem sichtbar geworden. Es fehlt an Infrastruktur und an der Möglichkeit, diese auch für sozial benachteiligte Menschen bereitzustellen. Es fehlt ebenso an medienpädagogischer Kompetenz, um Tools gezielt, kreativ und didaktisch durchdacht einsetzen zu können. Nur dann kann das Potenzial von digitalen Lernräumen eröffnet werden und *Distance Learning* nicht als reiner Lückenfüller abseits des »Normalfalls« eingesetzt werden. Der Ankauf von Infrastruktur ist dabei noch eine leicht zu bewältigende Hürde. Digitale Umwälzungen in Kommunikation wie Produktions- und Verwertungsprozessen müssten in Schulen jedoch als gestaltbar verstanden und vermittelt werden.

Nach dem terroristischen Angriff am 2. November 2020 in Wien hatten Jugendarbeiter*innen alle Hände voll zu tun, Jugendliche über unseriöse Informationsquellen aufzuklären und sie davon abzuhalten, sensible Videos und Fotomaterial zu verbreiten. Doch auch im alltäglichen Umgang mit Sozialen Medien sind ein kompetenter Umgang mit den eigenen Daten, das sichere Einordnen von vertrauenswürdigen Quellen und die Abgrenzung gegenüber Fake News und Verschwörungstheorien wichtige Fertigkeiten. Offene Jugendarbeit greift ad hoc Fragestellungen im kritischen Umgang mit Medien auf und bietet dafür Hilfestellung und Ressourcen an. Jugendliche sollen sich als Akteur*innen erleben, ausprobieren und sich selbst zu Wort melden können. Ressourcen der Offenen Jugendarbeit wie Schnittplätze, Kameras, Unterstützung durch Personal werden dabei zur Verfügung gestellt.

Wider die Ohnmacht – Jugendarbeit in Krisenzeiten

Gegenwärtig gewinnt die Rolle der Offenen Jugendarbeit für die Jugendlichen in Wien, die unter COVID-19-Regelungen und Einschränkungen eine dramatische Reduktion ihrer Handlungsräume und ihres Miteinanders erleben, an Bedeutung. Gleichzeitig werden grundlegende Prinzipien wie Niederschwelligkeit und Offenheit durch vorherrschende Restriktionen unterlaufen. Der Zutritt zu Jugendzentren ist auf Kleinstgruppen limitiert und Freizeitaktivitäten dürfen lediglich online stattfinden. Damit entfallen stärkende und entlastende Ressourcen für die Jugendlichen. Dennoch übernimmt Offene Jugendarbeit wichtige Unterstützungsleistungen für junge Menschen in der Bewältigung der Pandemie. Sie füllt damit eine Lücke besonders für junge Menschen, die Zugang zu Ressourcen benötigen, um die Krise zu überstehen. Denn sie schafft Zugang zu ruhigen Räumen zur Erledigung von *Distance Learning*-Aufgaben, Lernhilfe sowie Zugang zu bekannten Erwachsenen, die Jugendlichen Ängste nehmen, sie bestärken und ermutigen können. Viele junge Menschen sind verunsichert, schlagen sich mit existenziellen Fragen und ihren Zukunftschancen herum. Stabilisierung, Beratung und Online-Jugendarbeit sind wesentlich, um zu entlasten und an stärkenden Perspektiven zu arbeiten. Manche der Reglementierungen wie Maskenpflicht, Dokumentation der Kontakte, Abstands- und Hygieneregeln halten viele Jugendliche gänzlich davon ab, Einrichtungen der Offenen Jugendarbeit aufzusuchen. Ihr Bedarf, ihre Lebensverläufe und -situationen existieren weiter, sind jetzt jedoch noch weniger sichtbar. Anzunehmen ist daher, dass sich der jugendliche Bedarf in naher Zukunft deutlich verstärken wird.

Wie umfassend die Beziehungsarbeit und Qualität der Angebote nach Überwindung der unmittelbar gesundheitlichen Bedrohung durch das COVID-19-Virus wiederaufgenommen und angeboten werden kann, hängt von den verfügbaren Ressourcen ab. Darüber hinaus wirken sich selbstverständlich Perspektiven am Arbeitsmarkt und Job- sowie Ausbildungsperspektiven darauf aus, mit welchen Aussichten und Erwartungen junge Menschen in die Zukunft schauen. Zwei wichtige Faktoren werden für die direkte Arbeit mit jungen Menschen nach der Pandemie eine Schlüsselrolle spielen: erstens Partizipation und Einbindung der jugendlichen Perspektiven und zweitens die Möglichkeit, sozialen, geselligen Austausch und gemeinsame, entlastende Erfahrungen zu machen.

Noch sind soziale Langzeitfolgen nicht absehbar oder eingrenzbar. Wir müssen jedoch davon ausgehen, dass wiederholte Lockdowns, minimierte soziale Kontakte und Freizeitmöglichkeiten, getrübte Zukunftsperspektiven im Bildungs-, Ausbildungs- und Arbeitsmarktbereich Prägungen bei jungen Menschen hinterlassen. Ihren Stimmen und Ansichten muss Gehör geschenkt werden! Einerseits, um ihnen selbst eine Aufarbeitung des Erlebten zu erleichtern, indem sie ihre Erlebnisse in Worte fassen, ihre Gefühle und Gedanken zum Ausdruck bringen. Andererseits, um Antworten von Verantwortungsträger*innen, den Erwachsenen, einzufordern – und einzumahnen, dass Maßnahmen partizipativ gestaltet werden. Die Offene Jugendarbeit kann hier eine Schlüsselrolle übernehmen. Wenn man sie lässt.

Wider die Einengung und Verzweckung

Informelle, emanzipatorische Bildungsprozesse charakterisieren die Offene Jugendarbeit. Auf der Basis von Freiwilligkeit und Selbstbestimmung werden Bildungsprozesse angestoßen, die auf das ganzheitliche Selbst der Jugendlichen abzielen und die den eigenen politischen Subjektwerdungsprozess stärken. So werden Jugendliche in ihrer Selbstbestimmung und Selbstäußerung sowie in ihrem gesellschaftlichen Gestaltungswillen ermutigt. Damit widersetzt sich die Offene Jugendarbeit der Trägheit des Habitus. Die ganzheitliche emanzipatorische Subjektbildung ermöglicht es, dem transformativen Anspruch, Gesellschaft zu verändern, gerecht zu werden. Gesellschaftliche Ungleichheit, Ausgrenzung und Diskriminierung werden als Stichwortgeber verstanden, pädagogisch ad hoc einzuhaken, und können im Idealfall zu pädagogischen Ressourcen umfunktioniert werden. Umgekehrt läuft bei der Einengung auf sozialarbeiterische Krisenintervention, Hilfe in persönlichen Notlagen, Beratung und Ähnliches Offene Jugendarbeit Gefahr, ihren transformativen Anspruch auszuhöhlen und sich damit der zentralen Wirkungen zu berauben. Denn diese entstehen oft unspektakulär in den alltäglichen Interaktionen des »gemeinsamen Tuns«.

Dem emanzipatorischen Anspruch zu genügen, kann nur gelingen, wenn sich die Bildungsprozesse der reinen Verzweckung entziehen. Umgedeutet auf formale Bildungssettings würde dies bedeuten, die Vermittlung von Fähigkeiten, Wissen und Fertigkeiten in den Dienst des Subjekts zu stellen. Lebensweltorientierung, Authentizität der Lehrenden, vielfältige pädagogische Zugänge, ganzheitliche Bildungsansprüche sowie die Einbeziehung gesellschaftlicher Normierungsansprüche und sozialer Hierarchien können auch in formalen Bildungsprozessen nutzbar gemacht werden. Grundlage muss jedoch sein, Beziehung professionell bereitzustellen, und dazu braucht es ausreichend Raum und Zeit. Indem jedoch verzweckte Prozesse und unmittelbar verwertbare Ziele im Mittelpunkt stehen, treten Lernende und Lehrende mit Zeugnissen und Abschlüssen in Beziehung anstatt mit Menschen, die sich gemeinsam auf einen Erfahrungsweg begeben, gegenseitig stärken und ihren Anspruch auf Veränderung nähren.

STEFAN BARTL, ARMINA PRAMENKOVIC

Emanzipatorische Bildung im dualen Lehrausbildungssystem

»Was macht ihr beruflich? Habt ihr auch studiert oder *nur* eine Lehre gemacht?«[1] Diese Frage, gestellt von TV-Moderatorin Barbara Karlich in der gleichnamigen Show, steht symptomatisch für den Umgang mit dem Thema Lehre in unserer Gesellschaft. Und das, obwohl sich diese Talkrunde am 2. September 2020 sogar einzig und allein dem Thema Lehre widmete. Klar wird dabei: Wer »nur« eine Lehre macht, erscheint defizitär. Die »Aufwertung der Lehre« findet sich vermutlich in allen Koalitionspapieren der letzten Jahrzehnte und wird gerne in Sonntagsreden zum Besten gegeben. Es handelt sich dabei leider in der Regel um bloße Absichtserklärungen – denn realpolitisch bleibt von den schönen Worten wenig übrig.

Junge Menschen beginnen in Österreich sehr früh in Betrieben zu arbeiten und ihren Beruf in der Praxis zu erlernen. Bereits nach Abschluss des neunten Pflichtschuljahres geht es für viele junge Menschen in den Betrieben an die Maschinen, Werkzeuge und zu Besprechungen in Teammeetings, um möglichst rasch »produktiv« zu werden. »Produktiv« im Sinne der Betriebe bedeutet: Mehr Profit erwirtschaften, als man dem Unternehmen an Lehrlingsentschädigung und Abgaben kostet. Im folgenden Essay werden wir zwei unterschiedliche Formen der Lehrausbildung betrachten: Auf der einen Seite die »klassische Lehre«, die das Rückgrat der österreichischen Facharbeiter*innenausbildung darstellt, und auf der anderen Seite die »überbetriebliche Lehrausbildung«, die im Jahr 2008 die Maßnahmen des damaligen »Jugendausbildungs-Sicherungsgesetz« von 1998 ablöste[2] und auf einheitliche rechtliche Beine stellte.

1 Barbara Karlich Show, *Hat Handwerk noch goldenen Boden?*, in: ORF 2, 2.9.2020, https://www.youtube.com/watch?v=AFuLxEG6kzY (Abruf 10.12.2020).

2 Vgl. *Newsletter Berufsinformation* Nr. 04/2014, Bildungs-ABC: Ü – Überbetriebliche Lehrausbildung, https://www.bic.at/downloads/de/archiv/bildungs_abc/ueberberiebliche_lehrausbildung.pdf (Abruf 10.12.2020).

Die »duale« Lehrausbildung (Betrieb und Berufsschule) ist international hoch angesehen,[3] heimische Lehrlinge belegen bei internationalen Berufswettbewerben regelmäßig die ersten Plätze.[4] Dem zum Trotz zeigen sich auch Schattenseiten des Lehrausbildungssystems: Für die Jugendlichen ist es oft sehr schwer, nach erfolgreicher Lehrausbildung in den Genuss einer Hochschulausbildung zu kommen. In Österreich wird Bildung laut dem OECD-Bericht »Chancengleichheit in der Bildung« von 2018 überdurchschnittlich stark vererbt, die »Hürden für Kinder aus ›bildungsfernen Schichten‹ sind vergleichsweise hoch und die soziale Mobilität gering.«[5] Dies führt dazu, dass es nur wenige ehemalige Lehrlinge an den Hochschulen gibt. Welche bildungspolitischen Hürden gilt es also zu überwinden, welche Vorurteile bestehen gegenüber den Facharbeiter*innen und welche Verbesserungen sind nötig?

Die Lehrausbildung als bildungspolitische Baustelle
Stefan Bartl

Die erste große Aussiebung: Hauptschule/Neue Mittelschule

In meiner Zeit als Sporthauptschüler in einer kleinen dörflichen Gemeinde im Zentralraum Niederösterreichs in den 2000er Jahren war klar: Will man »es schaffen« und erfolgreich sein, sollte man am besten in eine weiterführende Schule mit Matura gehen, denn nur mit Matura öffnet sich die Welt der universitären Ausbildung, die Einfluss, Geld und vorauseilende Wertschätzung aufgrund der gerade in Österreich herrschenden Titelverliebtheit ermöglicht. Ist die Matura aber aufgrund verschiedener Umstände (vor allem Noten oder Interesse an einem Lehrberuf, dem Wunsch oder gar der Notwendigkeit, rasch Geld zu verdienen) für jemand

3 Ute Brühl/Uwe Mauch, *Duale Ausbildung wird international bewundert*, 14. 10. 2014, https://kurier.at/leben/lehre-lehrlinge-duale-ausbildung-wird-international-bewundert/91.015.626 (Abruf 10. 12. 2020).

4 *Talenteakademie der WKO, Starke Leistung von Kärntens Talenten bei den WorldSkills in Kazan*, http://www.talenteakademie.at/worldskills-22-27-august-2019 (Abruf 10. 12. 2020).

5 Vgl. Katharina Mittelstaedt, *Bildung wird in Österreich überdurchschnittlich vererbt*, 23. 10. 2018, https://www.derstandard.at/story/2000089915701/bildung-wird-laut-oecd-in-oesterreich-weiter-ueberdurchschnittlich-vererbt (Abruf 10. 12. 2020).

kein gangbarer Weg, dann – und nur dann – kommt eine Lehrausbildung infrage. Mehrmals hörte ich den prägenden Satz: »Wenn du nicht in die Schule gehen willst, dann kannst du ja immer noch am Bau arbeiten gehen.« Sind in der Hauptschule – heute Mittelschule (MS) – am Land noch durchwegs breitere soziale Schichten gemischt, so beginnt »der große Aussiebprozess« mit Erhalt des Pflichtschulabschlusszeugnisses. Mit 14 Jahren steht fest, wer künftig maturieren und studieren wird und welche Jugendlichen eine Lehre beginnen werden. Die PIAAC[6]-Erhebungen zeigen klar auf:

> »Hierzulande schaffen nur zehn Prozent jener [Schüler*innen], deren Eltern keinen Pflichtschulabschluss aufweisen, ein Studium. (…) Ebenfalls im Rahmen von PIAAC wurden die 26- bis 65-Jährigen über ihre Bildungsabschlüsse befragt: In Österreich gaben nur 29 Prozent an, eine höhere Stufe als ihre Eltern erreicht zu haben. Der Schnitt der Teilnehmerländer lag dagegen bei 41 Prozent.«[7]

Diese Erhebungen machen deutlich: Welchen Bildungsweg jemand in Österreich einschlägt, bestimmt vor allem die soziale Herkunft.

Die zweite Aussiebung: Polytechnische Schule

Bevor man eine Lehrausbildung beginnen kann, muss im Regelfall noch ein Jahr in einer Polytechnischen Schule (kurz: »Poly«) absolviert werden. Aller bemühten Lehrkräfte zum Trotz findet auch im Poly ein gnadenloser »Aussiebprozess« statt: Mit den dort erhaltenen Noten entscheidet sich, welche Jugendlichen eine gute Chance auf einen Lehrplatz haben und welche entweder arbeitslos werden, Aussichten auf einen Hilfsarbeitsjob haben oder im noch besten Fall einen der viel zu wenigen Plätze in einer überbetrieblichen Lehrwerkstatt ergattern können.

Eigentlich soll die Polytechnische Schule jene Vorbereitung auf die Arbeitswelt leisten, welche in den Mittelschulen nicht oder kaum

6 Das »Programme for the International Assessment of Adult Competencies« – kurz PIAAC – ist ein im Rahmen der OECD entwickeltes, umfassendes und fortlaufendes Programm zur empirischen Erfassung und Analyse von Schlüsselkompetenzen im Erwachsenenalter (für 16- bis 65-Jährige).

7 Vgl. ebd., https://www.derstandard.at/story/2000089915701/bildung-wird-laut-oecd-in-oesterreich-weiter-ueberdurchschnittlich-vererbt (Abruf 10.12.2020).

stattfindet. Zu Beginn wählt man einen Zweig, wie Holztechnik, Metall oder Büro, und bekommt dann in einigen Fächern spezialisierten Unterricht. Schnell wird einem jedoch bewusst, dass es sich beim Poly um eine Schulform handelt, in der jene Schüler*innen aus den umliegenden regionalen Hauptschulen zusammengefasst werden, die es nicht in eine weiterführende Schule geschafft haben. Das Bildungs- und Deutschniveau ist deutlich unter jenem der letzten Hauptschul- beziehungsweise MS-Klasse. War beispielsweise für mich selbst in der Hauptschule in den Hauptfächern nur eine mittelmäßige Note der zweiten Leistungsgruppe zu schaffen, so erreichte ich im Poly spielend sehr gute Noten in den ersten Leistungsgruppen. Viel wichtiger als Deutsch und Englisch sind jedoch die spezialisierten Fächer wie technisches Werken, Holztechnik, Metalltechnik usw. In meinen Bewerbungsgesprächen für eine geeignete Lehrstelle wurde deutlich, dass sich die Personalchefs der Baufirmen ausschließlich für die Noten interessierten.

Die Verteilung der Lehrberufe auf die Geschlechter zeigt sich bereits in der Auswahl der Schwerpunkte im Poly: Während männliche Jugendliche überwiegend in die Zweige Metall, Holz oder Mechatronik drängen, bevorzugen weibliche Jugendliche fast ausschließlich die Zweige Tourismus, Handel und Büro sowie Gesundheit, Schönheit und Soziales.

Wenn ich mir etwas für die Polytechnische Schule wünschen könnte, dann wäre es, diese Schulform mindestens zweijährig zu führen. Ein Jahr ist schlicht zu wenig für die Schüler*innen mit (teils großem) Nachholbedarf, um auf ein ausreichendes Niveau zu kommen und am ersten Arbeitsmarkt[8] mit den besseren Schüler*innen konkurrieren zu können. Auch fortgeschrittene Schüler*innen hätten dann mehr Zeit, um sich mit der richtigen Berufswahl auseinanderzusetzen. Nach meinen Erfahrungen wurde einigen Schüler*innen erst in ihrem Poly-Zweig bewusst, dass sie eigent-

8 Als erster Arbeitsmarkt wird der reguläre Arbeitsmarkt bezeichnet. Auf diesem Arbeitsmarkt bestehen Arbeits- und Beschäftigungsverhältnisse ohne Zuschüsse oder sonstige Maßnahmen der aktiven Arbeitsmarktpolitik auf Basis der freien Wirtschaft. Es werden keine staatlichen Leistungen seitens der Arbeitgeber oder Arbeitnehmer empfangen. Vgl.: https://de.wikipedia.org/wiki/Erster_Arbeitsmarkt#:~:text=Als%20erster%20Arbeitsmarkt%20wird%20oder,auf%20Basis%20oder%20freien%20Wirtschaft (Abruf 10.12.2020).

lich gern etwas anderes machen würden, ein Wechsel in einen anderen Zweig ist jedoch kaum mehr möglich. Wie wichtig die richtige Wahl des Lehrberufes für die Jugendlichen ist, sollte keinesfalls unterschätzt werden, denn davon hängt maßgeblich die Motivation ab, mit der sie den Lehrberuf ausüben. Etwa ein Drittel aller Lehrlinge wird laut Lehrlingsmonitor, einer Studie unter ca. 8000 Lehrlingen, den erlernten Lehrberuf nach Ende der Lehrabschlussprüfung nicht länger ausüben und stattdessen einer anderen Tätigkeit nachgehen.[9]

Lehre und Berufsschule

Ich entschied mich bewusst für einen Beruf am Bau, da ich die Vorzüge einer Maurerlehre enorm verlockend fand: körperliche Arbeit, die großteils im Freien stattfindet und sehr gut bezahlt wird.[10] In der Regel werden in diesem Beruf die konkreten Aufgaben erklärt, es wird unter Aufsicht gearbeitet, die einzelnen Arbeitsschritte werden selbstständig ausgeführt. Anschließend wird besprochen, was man hätte besser machen können. Es gibt eine klare und strikte Hierarchie. Als Lehrling lernt man, sich erst einmal unterzuordnen und nicht zu widersprechen. Erst wenn man »etwas erreicht« hat, die Lehrabschlussprüfung oder anderweitige Abschlüsse, oder wenn man älter ist, wird man als vollwertige*r Arbeitskollege oder Arbeitskollegin akzeptiert. Mitbestimmung zählt gerade in der Lehrzeit nicht zu den Grundfesten des Arbeitsmarktes. Die Lehrlinge fügen sich in der Regel der Hierarchie, um Probleme zu vermeiden. So zeigt der Lehrlingsmonitor etwa auch, dass 73 Prozent der Lehrlinge im Laufe ihrer Lehrausbildung zumindest einmal krank zur Arbeit gegangen sind, aus hohem Pflichtgefühl gegenüber dem Team (48 Prozent), dem Ausweichen von

9 Vgl. ÖGB/ÖGJ/AK, *Wie geht's unseren Lehrlingen?, Lehrlingsmonitor*, 3. Ausgabe, Wien 2020, S. 45, https://www.oegj.at/cs/Satellite?blobcol=urldata&blobheadername1=content-type&blobheadername2=content-disposition&blobheadervalue1=application%2Fpdf&blobheadervalue2=inline%3B+filename%3D%22Download_Lehrlingsmonitor_3._Auflage.pdf%22&blobkey=id&blobnocache=false&blobtable=MungoBlobs&blobwhere=1342708497529&ssbinary=true&site=S01 (Abruf 10. 12. 2020).

10 Hier zeigt sich auch die Positivwirkung einer Erhöhung des Lehrlingseinkommens. Bei den Maurer*innen hat dies zu einer größeren Anzahl an Lehrlingen in diesem Lehrberuf beigetragen.

Unannehmlichkeiten (44 Prozent) oder gar Angst vor dem Verlust der Lehrstelle (10 Prozent).[11]

Die fehlende demokratische Kultur und die beschriebenen autoritären Mechanismen wirken sich stark auf die persönliche Entwicklung der Lehrlinge aus und haben politische Folgen: Zwei Drittel der Lehrlinge wählten bei der Bundespräsidentschaftswahl 2016 den FPÖ-Kandidaten Norbert Hofer, in etwa die Hälfte aller Lehrlinge sehnt sich nach »einem starken Mann an der Spitze des Staates«.[12] Dass die Lehrlinge ihre Lebensrealität auf die Politik projizieren, kann man ihnen nicht zum Vorwurf machen. Für ein verändertes politisches Bewusstsein braucht es ein Ausbildungssystem, das mehr auf Inklusion statt auf Autorität setzt. Zudem sollte der politischen Bildung, an den Berufsschulen immerhin ein eigenständiges Unterrichtsfach, mehr Zeit und Raum gegeben werden.

Die Berufsschulzeit – immerhin ein Viertel der gesamten Ausbildungszeit einer Lehre – orientiert sich stark am öffentlichen Schulsystem. Frontalunterricht ist in den theoretischen Unterrichtsgegenständen die Regel. In den praktisch orientierten Unterrichtsgegenständen hingegen werden die Tätigkeiten geübt, die man später in den Betrieben beherrschen muss. Da in einer relativ kurzen Schulzeit weitreichende Inhalte vermittelt und überprüft werden müssen, ist der Berufsschulalltag stark durchgeplant. Der Großteil der Berufsschullehrer*innen ist daran interessiert, dass die Lehrlinge die Berufsschule schaffen. Dies habe ich auch in meiner Zeit als Gewerkschaftsjugendsekretär so erlebt: In der Berufsschule geht es darum, den Beruf zu erlernen. Keineswegs jedoch um die Vermittlung von Allgemeinbildung. Der Auftrag, die Lehrlinge politisch zu bilden und einen Beitrag dazu zu leisten, dass sie kritisch denkende Bürger*innen werden, bleibt auf der Strecke. Die Berufsschulzeit müsste stark ausgebaut werden, um auch Themen wie Ethik, Geschichte oder Politik zu behandeln. Immerhin ist die Berufsschule für einen großen Teil der Bevölkerung die letzte Schule, die besucht wird.

11 Vgl. *Lehrlingsmonitor* 2020, S. 22f.

12 Vgl. András Szigetvari, *Österreichs Lehrlinge und ihre Sehnsüchte nach dem starken Mann*, 22.1.2017, https://www.derstandard.at/story/2000051259110/warum-sich-lehrlinge-nach-dem-starken-mann-sehnen (Abruf 10.12.2020).

Die sich schon im Poly abzeichnenden starken Unterschiede zwischen Männern und Frauen verschärfen sich noch einmal, wie ein Blick auf die Geschlechterverhältnisse in den einzelnen Sparten zeigt: Beträgt der Männeranteil in Industrie sowie Gewerbe und Handwerk jeweils über 80 Prozent, sind im Handel Frauen mit über 60 Prozent überrepräsentiert.[13] Im 15-Jahres-Vergleich zeigen sich dabei übrigens keine nennenswerten Veränderungen. Schon 2004 lag der jeweilige Männeranteil bei den genannten Sparten bei über 80 Prozent, der Frauenanteil im Handel bei über 60 Prozent. Deutliche Unterschiede in der Geschlechterverteilung zeigt auch ein Blick auf die Top-3-Lehrberufe: Bei jungen Frauen dominieren die Lehrberufe Einzelhandel, Bürokauffrau, Friseurin/Stylistin, bei jungen Männern Metalltechnik, Elektrotechnik und Kraftfahrzeugtechnik.[14] Auch hier zeigt ein Blick auf die Statistik vor 15 Jahren, dass es nur wenig Veränderung gibt. Ein klarer Auftrag an die Berufsorientierung in den Mittelschulen (aber auch an jene in den Gymnasien, wo Berufsorientierung derzeit kaum Thema ist), traditionelle Rollenbilder in der Berufswahl zu überwinden und sich stärker an Neigungen und Interessen der Jugendlichen zu orientieren.

*Schüler*innenvertretung vs. Lehrlingsvertretung*

Zwar gibt es gewählte Schüler*innenvertreter*innen in den Berufsschulen, diese sind jedoch pro Schuljahr nur drei Monate in den Berufsschulen und danach wieder in den Betrieben. Schon allein deshalb ist der Drang nach Veränderung seitens der Berufsschüler*innenvertretung nicht zu vergleichen mit ihren Kolleg*innen aus den AHS/BHS. Auch die politischen Organisationen, welche die Schüler*innenvertretungen politisch begleiten, kümmern sich kaum um den Berufsschulzweig. Dies führt dazu, dass Bestrebungen zur Verbesserung der Berufsschule seitens der politischen Jugend- und Schüler*innenorganisationen de facto kaum

13 *Lehrlingsstatistik*, Hauptergebnisse der WKO-Lehrlingsstatistik: https://www.wko.at/service/zahlen-daten-fakten/daten-lehrlingsstatistik.html (Abruf 8. 12. 2020).

14 Wirtschaftskammer Österreich, *Lehrlinge in Österreich 2019*, Jänner 2020, http://wko.at/statistik/jahrbuch/lehrlinge19.pdf?_ga=2.137147568.105051955.1607446298-563508683.1545323199 (Abruf 8. 12. 2020).

bestehen. Zudem sind Lehrlinge dort stark in der Minderzahl. Auch der politische Diskurs zu Lehrlingen in den politischen Parteien ist symptomatisch: In der Regel wird dort »über« Lehrlinge, nicht »mit« Lehrlingen gesprochen.

Lehrausbildung als bildungspolitische Einbahnstraße oder Brücke zur Hochschulbildung?

Die Lehrausbildung hat Qualitäten, die nur unzureichend gewürdigt werden: Eine Lehre befähigt zu praktischem Denken und handwerklichen Fähigkeiten, die jungen Menschen ohne Lehrausbildung oftmals fehlen. Wenn es aber um weiterführende Hochschulbildung geht, wird der entscheidende Schritt, Facharbeiter*innen mit abgeschlossener Lehrabschlussprüfung zu einem Studium zuzulassen, in der Öffentlichkeit kaum diskutiert. Warum denn eigentlich nicht? Was soll passieren, außer dass einem großen Teil der Bevölkerung ermöglicht wird, sich universitäre Bildung anzueignen? Fürchtet sich die Öffentlichkeit vor Arbeiter*innen an den Universitäten? Jedenfalls führt die Politik seit Jahren eine Scheindiskussion um die »Aufwertung der Lehre«. Bis jetzt gibt es nur die »Lehre mit Matura« – also Maturakurse für jene, die eine Lehre machen oder schon abgeschlossen haben. Schaffen es dann junge Menschen mit Lehrabschluss auf dem zweiten Bildungsweg an die Hochschulen, werden sie mit weiteren Schwierigkeiten konfrontiert: Im Gegensatz zu vielen Studierenden, die eine höhere Schule besucht haben, müssen viele ehemalige Lehrlinge nebenbei arbeiten, um sich ein Studium leisten zu können. Zudem ist für viele Studierende mit Arbeiter*inneneltern die Struktur der Universitäten eine große Herausforderung, sind doch die Curricula, sowie das verwendete Fachvokabular und die Lehrmethoden eher auf Absolvent*innen höherer Schulen ausgerichtet. Eine Sensibilisierung des Hochschulpersonals sowie ein inklusiver Zugang zur Hochschulbildung könnten hier entgegenwirken. Andernfalls bleibt die Hochschule für die meisten Arbeiter*innenkinder nicht zugänglich und die Bildungssegregation setzt sich Generation für Generation fort.

Mein Weg durch die überbetriebliche Ausbildung

Armina Pramenkovic

Die Überbetriebliche Ausbildung (ÜBA), in Österreich 2008 etabliert und durch Ausbildungsträger wie Jugend am Werk, BFI oder Ibis Acam angeboten, ist eine vom Arbeitsmarktservice geförderte Maßnahme mit dem Ziel, junge Menschen in den Arbeitsmarkt zu integrieren. Der Einstieg in das Berufsleben soll durch Unterstützung bei der Bewerbung, das Nachholen von schulischen Inhalten sowie Praktika in Unternehmen gelingen. Bestehen bei den Lehrlingen Vermittlungshemmnisse, können diese ihre duale Berufsausbildung bis zum Lehrabschluss im Rahmen der überbetrieblichen Lehrausbildung absolvieren. 2019 besuchten 7,4 Prozent der Lehrlinge eine ÜBA.[15]

Konkret funktioniert das System so: Jugendliche zwischen 15 und 24 Jahren, die keine Lehrstelle gefunden haben, wenden sich an das Arbeitsmarktservice. Dieses kann den Lehrstellensuchenden einen Platz in einer überbetrieblichen Maßnahme zuweisen. Junge Menschen können auch über Projekte des Netzwerks für berufliche Assistenz (NEBA) in eine überbetriebliche Berufsausbildung gelangen. Diese NEBA-Projekte beraten und begleiten vor allem junge Personen, die am ersten Arbeitsmarkt keine Aussichten auf eine Ausbildung haben. Neben der dreijährigen überbetrieblichen Lehrausbildung steht den Lehrlingen je nach ihren Bedürfnissen eine verlängerte Lehre mit bis zu vier Jahren Ausbildung oder die zweijährige Teilqualifizierung zur Verfügung. Die Jugendlichen legen ihre Lehrabschlussprüfung vor einer Prüfungskommission ab, die sich nicht von jener in klassischen Lehrbetrieben unterscheidet.

Aber nicht nur für Berufseinsteiger*innen besteht die Möglichkeit der überbetrieblichen Lehre, sondern auch für all jene, die bereits in einer betrieblichen Ausbildung waren und ihren Lehrplatz verloren haben. Diesen Lehrlingen ermöglichen die überbetrieblichen Lehrwerkstätten, ihre berufliche Ausbildung fortzusetzen und diese mit einem qualifizierten Abschluss zu beenden.

Ich selbst habe eine ÜBA zur Industriekauffrau absolviert. Nach der Mittelschule war für mich klar, dass ich so rasch wie mög-

15 Vgl. *Lehrlingsmonitor* 2020, S. 59.

lich finanziell unabhängig werden und damit auch meine Eltern entlasten wollte. Dafür musste ich eine Arbeit finden. Nach Abschluss des neunten Schuljahres im Gymnasium entschied ich mich für eine Lehre – im Gymnasium sah ich mich einfach nicht. Als 15-jähriges Mädchen ging ich zum »AMS für Jugendliche« in der Gumpendorfer Straße und erhielt einen Beratungstermin. Ich sprach Deutsch, aber eben nicht perfekt – was zu meiner Unsicherheit beitrug, die ich während der Beratung unbedingt verbergen wollte. Diese endete mit der Aussicht auf eine Lehre als Industriekauffrau – ich war überglücklich, trotzdem ich gar keine Vorstellungen davon hatte, was eine Industriekauffrau überhaupt macht. Wenn ich heute zurückblicke, kann ich gut nachempfinden, wie eingeschüchtert viele Jugendliche auf Arbeits- und Lehrstellensuche sind – und auch die Freude, die sich auftut, wenn endlich eine konkrete Perspektive feststeht. Von der Einschüchterung zur Selbstbestimmung dauerte es bei mir zum Glück nicht allzu lange, da ich als Jugendvertrauensrätin, also Vertreterin der Lehrlinge im Betrieb, gefördert wurde: Seminare, Coachings, Exkursionen – durch mein politisches Engagement in der Gewerkschaft eröffnete sich in der Folge auch eine erweiterte berufliche Perspektive.

Wie ich in meiner Lehrzeit erfahren musste, haben überbetriebliche Lehrlinge mit starken Vorurteilen zu kämpfen. Viele Lehrlinge fühlten sich »weniger wert«, weil die Lehre, die sie machten, nicht in der Privatwirtschaft stattfand, sondern durch das AMS gefördert war. Zusätzlich zu der in der Gesellschaft empfundenen Geringschätzung der Lehre leidet die Ausbildung in den überbetrieblichen Lehrwerkstätten unter einem Imageproblem. Doch tatsächlich bietet sie vielen jungen Menschen eine gute Vorbereitung auf das Berufsleben, etwa durch das Bearbeiten realitätsnaher Fallbeispiele und die Unterstützung durch Ausbildner*innen. Um besser auf die individuellen Bedürfnisse der Lehrlinge eingehen zu können, muss die ÜBA aber in wesentlich kleineren Gruppen stattfinden. Genauso wichtig wäre ein verstärkter Einsatz von Sozialpädagog*innen, Arbeitsassistenz und Berufsausbildungsassistenz. Dies würde einen Wechsel vieler Lehrlinge auf den ersten Arbeitsmarkt ermöglichen und monatelange Arbeitslosigkeit oder vorzeitige Lehrabbrüche zu verhindern helfen.

Es gibt aber noch etwas, das mein Leben in Österreich begleitet hat. Immer wieder wurde mir die Frage gestellt: »Aber woher kommst du wirklich?« Den immer wiederkehrenden Hinweis auf meine »eigentliche« Herkunft wurde und werde ich nicht los. Dies berichten auch Kolleg*innen mit ähnlichen Biografien. Vorurteile, Diskriminierung und Rassismus sind Realitäten, die uns seit der Kindheit begleiten und die zur schwierigeren sozialen Ausgangsbedingung noch verschärfend hinzukommen. Viele haben sich damit abgefunden, immer und immer wieder auf ihre Migrationsgeschichte angesprochen zu werden, und setzen sich damit auch nicht mehr auseinander. Die Erfahrung, dass andere stets beurteilen, wie sehr man selbst »integriert« ist, ist demütigend und führt einem*r vor Augen, dass man »eigentlich« nicht dazugehört. Es reicht anscheinend nicht, dass man hier zur Schule geht, arbeitet, seine Abgaben zahlt und ein normales Leben führt. Ich habe mich persönlich immer wieder gefragt: »Ja, wer bin ich jetzt überhaupt? Wo gehöre ich hin?« Diese Fragen habe ich für mich schon beantwortet. Wieso entscheiden, wenn ich eben beides sein kann. Ich bin ein »Sandwich-Land-Kind« aus zwei wunderbaren Ländern.

Conclusio

Um der sozialen Ungleichheit entgegenzutreten und das Gefälle zwischen Personen mit Lehre und Personen mit akademischem Abschluss zu überwinden, bedarf es eines Kulturwandels. Den Berufen ohne akademischen Abschluss muss gesellschaftliche Wertschätzung zukommen, denn ihre Bedeutung ist zentral: Unsere Gesellschaft könnte ohne diese Erwerbsarbeit nicht funktionieren und ein modernes Leben wäre ohne sie nicht denkbar. Ob es der Maurer ist, der Häuser und Wohnungen baut, die KFZ-Mechanikerin, die Autos repariert, der Gebäudereiniger, der Büros und öffentliche Plätze instand hält, die Installateurin, die ein kaputtes WC repariert, die Pflegerin, der Berufsfahrer, die Regalbetreuerin, der Lieferpaketbote etc. Ohne die Nicht-Akademiker*innen würde kaum etwas funktionieren. Diesen gesellschaftlichen Stellenwert könnte die Politik mit entsprechenden Maßnahmen forcieren: höhere Löhne, bessere Rahmenbedingungen (Urlaub, Arbeitszeit usw.), aber auch durch eine formelle Gleichstellung der Abschlüsse unseres Bildungssystems: gemeinsame Schule für alle, dann Berufsoberstufe oder allgemeinbildende Oberstufe sowie ein ebenbürtiger Abschluss, der eine Durchlässigkeit zwischen Studium und Berufsausbildung ermöglicht.

Um Geschlechterklischees aufzubrechen, aber auch um die Interessen der Jugendlichen stärker in die Berufswahl einfließen lassen zu können, muss die Berufsorientierung in den Pflichtschulen deutlich ausgebaut werden. An Berufsschulen selbst müssen nichtfachbezogene Unterrichtsfächer ausgebaut werden, um soziale und sprachliche Kompetenzen zu fördern. Gerade für Jugendliche aus bildungsfernen Haushalten oder mit Deutsch als Zweitsprache ist es schwierig, sich im mehrstufigen Auswahlverfahren namhafter Ausbildungsbetriebe durchzusetzen. Oftmals sind diese gezwungen, sich bei Betrieben oder in Sparten zu bewerben, die vermehrt Lehrlinge suchen, weil dort der Andrang angehender Lehrlinge geringer ist. Hierbei handelt es sich oft um Lehrberufe, die aufgrund der Höhe des Entgelts, des Prestiges oder der Arbeitszeiten weniger attraktiv sind. Benachteiligte Jugendliche finden sich verstärkt in (Lehr-)Berufen wieder, die auch nach der Lehrabschlussprüfung nicht für einen finanziellen oder sozialen Aufstieg sorgen. Lehrlinge und Absolvent*innen von Lehrausbildungen müssen von ihrer beruflichen Tätigkeit leben können – dies sollte sich in Form von höheren Löhnen und einer Mindestlehrlingsentschädigung von 850 Euro auch in den Kollektivverträgen entsprechend abbilden.

Immerhin 16 Prozent der Lehrlinge beenden die Lehre vorzeitig oder treten nicht zur Lehrabschlussprüfung an.[16] Um diese Zahl zu verringern, bedarf es einer Reihe an Maßnahmen: Von einem Ausbau des Jahresunterrichts an der Berufsschule, der ausreichend Zeit zum Lernen bietet, profitieren vor allem lernschwächere Lehrlinge. Eine Wiederholung von Semestern sollte ermöglicht werden, und bei drohenden Wiederholungen des Berufsschuljahres sollte die Berufsausbildungsassistenz herangezogen werden, um die Betriebe zur möglichen Verlängerung der Lehre zu beraten. Ein Ausbau des Jobcoachings, begleitendes Lehrpersonal an Berufsschulen oder bessere Ausbildung der Lehrausbildner*innen in

16 Helmut Dornmayr/Sabine Nowak, *Lehrlingsausbildung im Überblick 2018*, Ibw-Forschungsbericht Nr. 193, Wien 2018, S. 56, siehe: https://ibw.at/bibliothek/id/481 (Abruf 10.12.2020).

den Betrieben – all das würde insbesondere sozial benachteiligten Schüler*innen zugutekommen.

Reformierungsbedürftig ist allerdings auch die Lehrabschlussprüfung (LAP) als solche: Diese muss kostenlos sein, wie auch die Matura. Lehrlinge sollten automatisch zur LAP angemeldet werden und diese sollte zeitnah zum Berufsschulbesuch und in der vertrauten Umgebung am Berufsschulstandort stattfinden. All das ist derzeit nicht gegeben. Um Transparenz und Nachvollziehbarkeit der LAP sicherzustellen, sollte diese öffentlich zugänglich gemacht werden. Eine Weiterentwicklung der LAP in Richtung mehrerer kleinerer Prüfungen, bestehend aus verschiedenen Teilleistungen, wäre auch großer ein Schritt in die richtige Richtung. Um Lehre mit Matura zu stärken, braucht es einen Rechtsanspruch, diese in der Arbeitszeit beziehungsweise mit Anrechnung auf die Arbeitszeit durchführen zu können.

Zu guter Letzt sei auch auf die Idee der »trialen Lehrausbildung« verwiesen, also auf die Schaffung eines dritten Ausbildungsortes parallel zu Berufsschule und Betrieb. Dort könnten übergeordnete Fähigkeiten und Qualifikationen erworben werden (z. B. digitale Grundkenntnisse), was die Berufsschule als einzigen »theoretischen« Ausbildungsort entlasten und somit mehr Raum für demokratiepolitisch-emanzipatorische Bildung schaffen würde.

GÜNTHER SANDNER

Soziale und politische Ungleichheit an Österreichs Hochschulen

Hochschule und Elite

Hochschulen spielen eine zentrale Rolle bei der Reproduktion von Eliten. Wirtschaftliche und politische Führungspersönlichkeiten sind häufig Absolvent*innen höherer Schulen, und den Universitäten und Hochschulen obliegt auch die Ausbildung von Multiplikator*innen (wie zum Beispiel Lehrer*innen oder häufig auch Journalist*innen), die auf die Meinungsbildung in demokratischen Gesellschaften Einfluss nehmen. An Hochschulen ausgebildete Forscher*innen definieren politisch relevante Fragestellungen, identifizieren und definieren Probleme und sie beraten Entscheidungsträger*innen. Von der Auftrags- bis zur Grundlagenforschung erstreckt sich dabei ein weites Feld. Die Klimakrise oder die COVID-19-Krise sind aktuelle Beispiele für Interventionen durch an Universitäten ausgebildete Forscher*innen in die Politik. Diese muss oder sollte sich zumindest in ihrem Handeln auf wissenschaftliche Evidenz stützen.

Die Frage, aus welchen gesellschaftlichen Bereichen, aus welchen sozialen Klassen, sich die Studierenden und Absolvent*innen der Hochschulen rekrutieren, ist daher gesellschafts- und demokratiepolitisch relevant. Dabei zeigt sich: Der Hochschulzugang ist sozial selektiv. Studierende bilden keinen repräsentativen Querschnitt der Gesellschaft, sondern rekrutieren sich überproportional aus urbanen und wohlhabenderen Familien mit überdurchschnittlichem elterlichem Bildungsniveau. Doch auch für jene, die ein Studium an einer staatlichen oder privaten Universität, einer Pädagogischen Hochschule oder einer Fachhochschule beginnen, existiert keine Chancengleichheit. Denn ein beträchtlicher Teil der Studierenden muss neben dem Studium arbeiten und häufig handelt es sich dabei um fachfremde Arbeiten, das heißt um Jobs, die ausschließlich zum Geldverdienen angenommen werden, nicht um studienbegleitende Praktika oder Pflichtpraktika – die ja meistens unbezahlt oder kaum bezahlt sind.[1] Die damit verbundenen (zeitlichen) Belastungen wirken sich negativ auf den Studienverlauf aus oder führen mitunter auch zum Studienabbruch. Beides, Studienabbruch wie spätere Studienabschlüsse, können wiederum zu schlechteren Chancen am Arbeitsmarkt führen.

Ungleichheit an Hochschulen ist aber nicht nur ein soziales, sondern auch ein politisches Thema. So haben Studierende, die neben dem Studium arbeiten müssen, in der Regel weniger zeitliche Ressourcen, um sich politisch zu engagieren. Seit den 1990er Jahren ist zudem ein Prozess der Entdemokratisierung der Hochschulen festzustellen, der auch mit einer Zurückdrängung der politischen Mitbestimmung von Studierenden einhergeht. Die an den Hochschulen existierende Hierarchie wird also nicht verflacht, sondern verstärkt und verfestigt sich zunehmend zu Lasten der unteren Ebene.

Entwicklungsphasen des österreichischen Hochschulwesens

In Österreich ist der Hochschulbereich in Gesetzgebung und Vollziehung Bundessache (Art. 14 B-VG). Im Gegensatz zu stärker föderal organisierten Ländern wie Deutschland gibt es also keine Hochschulpolitik der Länder. Hochschulpolitik ist hierzulande daher immer eng mit den politischen Machtverhältnissen und der Regierungskonstellation auf gesamtstaatlicher Ebene verknüpft. Vor diesem Hintergrund lassen sich vier Entwicklungsphasen des österreichischen Hochschulwesens in der Zweiten Republik unterscheiden.[2]

Nach einer Phase der Stagnation und Rekonstruktion in den Nachkriegsjahren, folgte eine Phase der Expansion ab den 1960er

1 Zu Details siehe die Studie von Patrick Mathä und Sarah Zaussinger, *Praktikumserfahrungen von Studierenden. Sonderauswertung der Studierenden-Sozialerhebung 2019 für die AK Wien*, Wien 2020. Der Studie zufolge wurde etwa ein Drittel der Studierenden, die in Österreich ein Pflichtpraktikum absolviert haben, dafür bezahlt (S. 6).

2 Vgl. Hans-Joachim Bodenhöfer, *Bildungspolitik*, in: Herbert Dachs et al. (Hg.), *Politik in Österreich. Das Handbuch*, Wien 2006, S. 652–662, S. 656–660.

Jahren. Diese wurde in den 1980er Jahren von einer Konsolidierungsphase abgelöst. In den 1990er Jahren setzt eine vierte Phase ein, die mit so unterschiedlichen Schlagworten wie Managerialismus, Europäisierung und Entdemokratisierung beschrieben werden kann. Sie dauert bis heute an.

Das Hochschul-Organisationsgesetz (HOG) von 1955 verwob die Hochschulen eng mit dem durch die konservative ÖVP geführten Unterrichtsministerium und fixierte eine »Ordinarienuniversität« in der universitären Binnenstruktur.[3] Ordentliche Professoren standen weitgehend unangefochten an der Spitze eines strikt hierarchisch organisierten Systems. Diese Phase war durch eine relativ geringe Anzahl von Studierenden, einen sozial äußerst selektiven Zugang zum Studium und einen nur wenig demokratischen inneruniversitären Betrieb gekennzeichnet.

Die anschließende Expansionsphase erstreckte sich über die 1960er und 1970er Jahre. In ihr kam es zu einer deutlichen Steigerung der Zahl der Studierenden, zur Gründung neuer Hochschulen (Linz 1966, Klagenfurt 1970) und zu einer Zentralisierung der hochschulpolitischen und hochschulorganisatorischen Agenden durch ein nun erstmals eigenständiges Wissenschaftsministerium. Dieses wurde im Jahr 1970, am Beginn der Ära einer sozialistischen Alleinregierung unter Bundeskanzler Bruno Kreisky (1970–1983), gebildet und bis 1982 von der sozialistischen Politikerin und Historikerin Hertha Firnberg geführt.

Das Universitäts-Organisationsgesetz (UOG) 1975 setzte neue hochschulpolitische Schwerpunkte, die sich mit Begriffen wie Entfeudalisierung, Demokratisierung, Zentralisierung und freier Hochschulzugang zusammenfassen lassen. Eine drittelparitätische Mitbestimmung (Professor*innen-Mittelbau-Studierende) in universitären Gremien und die bereits 1972 erfolgte Abschaffung von Studiengebühren waren Eckpunkte einer neuen sozialistischen Hochschulpolitik. Von einem freien Hochschulzugang sollten vor allem Kinder aus sozial schwächeren Familien profitieren, die bis-

3 Vgl. Thomas König, *Die Entstehung eines Gesetzes: Österreichische Hochschulpolitik in den 1950er Jahren*, in: Österreichische Zeitschrift für Geschichtswissenschaften 23, 2, 2012, S. 57–81, hier S. 72.

her kaum ein Universitätsstudium begonnen oder abgeschlossen hatten.[4]

Das UOG 1993, beschlossen zur Zeit einer Koalitionsregierung von SPÖ und ÖVP unter Bundeskanzler Franz Vranitzky (SPÖ) und dem ressortverantwortlichen Wissenschaftsminister Erhard Busek (ÖVP), leitete eine vierte Phase der Hochschulentwicklung ein. Sie brachte eine erweiterte Autonomie der Universitäten, Dezentralisierung und Deregulierung; Effizienz und Effektivität sollten gefördert und inneruniversitäre Entscheidungsabläufe gestrafft werden. Dabei kam es unter anderem zu einer Stärkung des Rektorats und einer Schwächung der studentischen Mitbestimmung. Das Gesetz war ein wichtiger Schritt für die Schaffung der angestrebten »autonomen Universität mit modernen Managementstrukturen«, ein Meilenstein auf dem Weg der »Umgestaltung von der Demokratisierung 1975 zur Ökonomisierung 2002«.[5]

Ein zentrales Thema in dieser Phase war die Europäisierung des Hochschulwesens. Die von den europäischen Bildungsminister*innen unterzeichnete politisch-programmatische Bologna-Erklärung von 1999 verfolgte das Ziel eines einheitlichen europäischen Hochschulraums. Zentrale Elemente sind ein dreistufiges Studiensystem der europäischen Universitäten (Bakkalaureat, Master, Doktorat) und die Einführung eines ECTS (European Credit Transfer System). Damit sollten Studienabschlüsse auf europäischer Ebene harmonisiert und die Mobilität von Lehrenden und Studierenden gefördert werden.[6]

Ab den 1990er Jahren differenzierte sich der Hochschulbereich in Österreich weiter aus. Das Fachhochschulstudiengesetz (FHStG) des

4 Ein kritisches Zwischenresümee der Hochschulpolitik der Ära Kreisky bieten einige Beiträge im Schwerpunktheft »Universität und Gesellschaft« der *Österreichischen Zeitschrift für Politikwissenschaft* (Jg. 9, 1980, H. 3).

5 Vgl. Jürgen Pichler, *Die »Zeitenwende« an den österreichischen Universitäten. Umbrüche, Neuerungen und Folgewirkungen des UOG 1993*, in: Elmar Schübl und Harald Heppner (Hg.), *Universitäten in Zeiten des Umbruchs. Fallstudien über das mittlere und östliche Europa im 20. Jahrhundert*, Wien, Berlin 2011, S. 107–120, hier S. 118.

6 Zur Kritik am Bologna-Prozess vgl. u. a.: Martin Konecny und Hanna Lichtenberger, *Der Bologna-Prozess als Verdichtung gesellschaftlicher Verhältnisse*, in: Stefan Heissenberger et al. (Hg.), *Uni brennt. Grundsätzliches – Kritisches – Atmosphärisches*, 2., erweiterte Auflage, Wien 2010, S. 101–107; Konrad Paul Liessmann, *Der Prozess*, in: ebd., S. 108–111.

Jahres 1993 leitete die Gründungsphase zahlreicher nichtstaatlicher Hochschulen ein, deren Trägerschaft von Vereinen, Gebietskörperschaften, gemeinnützigen Privatstiftungen, Kirchen oder Verbänden wahrgenommen werden konnte. Fachhochschulen unterscheiden sich von Universitäten nicht nur durch eine kürzere Studiendauer, sondern auch durch eine stärkere Praxisorientierung und Strukturierung des Studiums (»Verschulung«). Die Zugangsmöglichkeit zum Fachhochschulstudium wurde erleichtert (im Unterschied zur Universität ist keine Matura erforderlich), gleichzeitig fehlt die Möglichkeit, das Studium mit einem Doktorat abzuschließen.

Das Universitäts-Akkreditierungsgesetz (UniAkkG) von 1999 ermöglichte schließlich die Gründung von Privatuniversitäten, und das Hochschulgesetz von 2005 schuf die rechtliche Grundlage für Pädagogische Hochschulen, die Lehreraus-, fort- und -weiterbildung anbieten, und zwar in der Sekundarstufe im Verbund mit Universitäten. Ende 2020 existieren in Österreich 21 staatliche Universitäten sowie die durch ein eigenes Gesetz eingerichtete Universität für Weiterbildung in Krems, 21 Fachhochschulen beziehungsweise Erhalter von Fachhochschulstudiengängen, 16 Privatuniversitäten sowie neun staatliche und fünf private Pädagogische Hochschulen.

Die rechtlichen Grundlagen der verschiedenen Hochschultypen und die daraus resultierenden Handlungsoptionen sind unterschiedlich: Während Fachhochschulen und Privatuniversitäten etwa die Möglichkeit haben, die Auswahl ihrer Studierenden selbstständig vorzunehmen (oder zu begrenzen) und Studiengebühren autonom festzulegen, fehlt den staatlichen Universitäten trotz erweiterter Autonomie diese Möglichkeit. Die privaten Hochschulen handhaben die Gebührenfrage dabei höchst unterschiedlich. Das Spektrum reicht von Beiträgen von 10 000 Euro und mehr pro Semester bis zum gebührenfreien Zugang. Das bedeutet aber nicht, dass nichtstaatliche Hochschulen sich ausschließlich privat finanzieren, sie erhalten ebenso öffentliche Förderung.[7] Und es bedeutet auch nicht, dass auf staatlichen Universitäten der freie

7 Zur Kritik des konkreten Einsatzes von öffentlichen Mitteln für Privatuniversitäten vgl. den Bericht des Rechnungshofs, *Akkreditierung und öffentliche Finanzierung von Privatuniversitäten* (Wien 2020).

Hochschulzugang uneingeschränkt ist. Längst bestimmen in gewissen Studienrichtungen Aufnahmetests oder Knock-out-Prüfungen am Studienbeginn, wer für das jeweilige Studium zugelassen wird und wer nicht.

Die 2000er Jahre

Die ÖVP/FPÖ- Bundesregierung unter Bundeskanzler Wolfgang Schüssel (ÖVP) von 2000 bis 2006 setzte eine Reihe von gesetzlichen Maßnahmen zur Neuorganisation des Hochschulbereichs. Unmittelbar betroffen waren Studierende zunächst durch die ab dem Wintersemester 2001/2002 erfolgte Einführung von Studienbeiträgen, die es nun erstmals seit deren Abschaffung in den 1970er Jahren wieder gab. Nach sieben Jahren wurde diese Regelung allerdings im September 2008 im Nationalrat mit den Stimmen von SPÖ, Grünen und FPÖ de facto wieder abgeschafft. Im Regierungsprogramm der neuerlichen ÖVP/FPÖ-Regierung (2017–2019) wurden Studienbeiträge dann wieder verankert, jedoch nicht mehr eingeführt.[8] Gebührenbefreit sind daher bis heute (Ende 2020) alle Studierenden aus der EU, die innerhalb einer Mindeststudiendauer plus Toleranzzeit ihr Studium abschließen. Die Anzahl von Studierenden, die Gebühren bezahlen (die also aus Nicht-EU-Staaten kommen oder die festgelegte Studiendauer überziehen), ist relativ gering.

Die Universitätsreform der 2000er Jahre veränderte auch die Personalpolitik. Das 2001 verabschiedete Universitätslehrerdienstrecht schaffte Beamtendienstverhältnisse ab (die Universitäten lösten damit das Ministerium gewissermaßen als Dienstgeber ab) und schuf befristete Assistenzstellen. Die Auswirkungen dieser Maßnahme auf wissenschaftliche Laufbahnen von österreichischen Forscher*innen sind zumindest umstritten. Das zentrale Gesetz zur Universitätsreform war aber das Universitäts-Organisationsgesetz (UOG) von 2002, das die Autonomie der Universitäten in Gesetzesform goss. Leistungsvereinbarungen und mehrjährige »Globalbudgets« bestimmten nun das Verhältnis zwischen Staat und Universitäten. Durch diese Form der Mittelzuteilung verschärfte sich auch die Konkurrenz der Universitäten untereinander. Mit-

8 Vgl. Sandner, *Hochschulpolitik*, S. 358.

bestimmungsrechte des akademischen Mittelbaus und der Studierenden wurden eingeschränkt. Zu den Neuerungen der UOG 2002 zählte auch die Einführung sogenannter Universitätsräte. Zu den Kompetenzen des nun an jeder österreichischen Universität existierenden Universitätsrats zählt die Wahl des Rektorats auf Basis eines Dreiervorschlags des Senats. Die Mitglieder des Universitätsrats werden dabei zur Hälfte von der Regierung nominiert, was zu einer Vergabe der Posten nach politischen Kriterien führte. Besonders auffallend war dies im Falle der FPÖ, die sich als Regierungspartei mehrfach für rechtsextreme Burschenschaftler entschied.[9] Im Senat, der neben dem Rektorat und dem Universitätsrat das oberste Leitungsorgan der Universität ist, wurde die Rolle der Professor*innen gestärkt, die darin nun über eine absolute Stimmenmehrheit verfügen. Studierende verfügen hingegen nur mehr über weniger als ein Viertel der Stimmen.[10]

Im Jahr 2004 kam es zudem zu einer Novelle des Hochschülerschaftsgesetzes (HSG), und zwar durch einen Initiativantrag der Regierungsfraktionen von ÖVP und FPÖ. Dieser bezweckte im Wesentlichen eine Schwächung der damals rot-grün dominierten Bundesvertretung der Hochschülerschaft, deren Direktwahl abgeschafft wurde (sie wurde dann allerdings trotz des veränderten Wahlrechts bei den ÖH-Wahlen 2005 wieder ins Amt gewählt). Das am 1. Oktober 2014 in Kraft getretene Hochschülerinnen- und Hochschülerschaftsgesetz führte jedoch zur Wiedereinführung der Direktwahl der studentischen Bundesvertretung.[11]

Die Zurückdrängung des staatlichen Einflusses war ein zentrales Ziel der Universitätsreform, der kirchliche Einfluss im Hinblick auf die Theologischen Fakultäten blieb hingegen unangetastet. Zum Geist einer neuen Hochschulpolitik passte auch die Betonung von Elite beziehungsweise das Bekenntnis zu einer akademischen Elitenförderung. Die Eröffnung einer explizit unter dem Namen

9 Vgl. Günther Sandner, *Paradigmenwechsel? Hochschulpolitik seit dem Jahr 2000*, in: Emmerich Tálos (Hg.), *Schwarz-Blau. Eine Bilanz des »Neu-Regierens«*, Wien, Münster 2006, S. 279–294, S. 286–287; Günther Sandner, Hochschulpolitik, in: Emmerich Tálos (Hg.), *Die Schwarz-Blaue Wende in Österreich. Eine Bilanz*, Wien 2019, S. 346–365, S. 354 und 361.

10 Vgl. UnivG 2002, § 25 Abs. 3.

11 Vgl. Günther Sandner, *Hochschulpolitik*, S. 355.

»Elite-Universität« ins Spiel gebrachten Hochschule in Maria Gugging bei Klosterneuburg sorgte für kontroverse Diskussionen, die vom Standort über den Namen bis hin zu grundsätzlichen Fragen der Hochschulpolitik reichten. Das »Institute of Science and Technology – Austria« wurden schließlich im Juni 2009 eröffnet.[12]

Insgesamt wurde in den 2000er Jahren der Übergang vom Mitbestimmungs- zum Managementmodell[13] vollzogen, was aber keineswegs mit Entpolitisierung einherging. Problembereiche der österreichischen Universitäten blieben – mit und ohne Studiengebühren – bestehen, etwa das äußerst ungünstige Verhältnis von Lehrenden zu Studierenden und die damit verbundenen, fortlaufend schlechten Platzierungen in internationalen Rankings. Auch aus diesen Gründen formierten sich immer wieder Proteste. Gegen die Einführung des Bologna-Systems und der Zugangsbeschränkungen zum Studium setzte ab dem Oktober 2009 eine Welle von Studierendenprotesten unter dem Schlagwort »Uni brennt« ein, der sich auch Teile der Lehrenden anschlossen. Symbolträchtiger Höhepunkt war die Besetzung des Audimax an der Universität Wien, es wurden aber auch weitere Hörsäle an anderen österreichischen Universitäten besetzt. Zu den zentralen Kritikpunkten der protestierenden Studierenden an der Hochschulentwicklung zählten vor allem die Ökonomisierung von Wissenschaft und Bildung sowie die Entdemokratisierung zu Lasten der Studierenden.[14]

Soziale Struktur der Studierenden – Mythos Chancengleichheit

Vom Ideal eines auf dem Prinzip der Chancengleichheit basierenden Hochschulzugangs ist die Situation in Österreich nach wie vor relativ weit entfernt. Der isolierte Blick auf Universitäten, Pädagogische Hochschulen und Fachhochschulen vermittelt aber nur einen Teilaspekt des Problems eines sozial selektiven Bildungssystems. Zu den wichtigsten Ergebnissen der aktuellen Studie zur sozialen Lage der Studierenden zählt nämlich der Befund, dass in Österreich die Selektion *innerhalb* des Schulsystems stärker ist als

12 Vgl. ebd., S. 358.

13 Vgl. Hans Pechar, *Expansion und Reform. Studien zur Hochschulpolitik der 1990er Jahre*, Habilitationsschrift, Universität Wien, S. 42–47.

14 Vgl. Heissenberger, *Uni brennt.*

jene am Übergang von der Schule zur Hochschule.[15] Das bedeutet, dass unter jenen Kindern, die eine Hauptschule besuchen, deutlich weniger eine Matura machen als unter jenen, die von der Volksschule ins Gymnasium wechseln. Herkunft ist dabei ein entscheidendes Kriterium, und zwar sowohl in sozialer als auch in regionaler Hinsicht.

Nur 4 Prozent der in Österreich Studierenden haben laut eigenen Angaben Eltern mit maximal Pflichtschulabschluss, 31 Prozent Eltern mit einem darüber hinausgehenden Bildungsabschluss ohne Matura, 26 Prozent Eltern mit Matura und 39 Prozent Eltern mit einem Studienabschluss.[16] Diese Ungleichheit differiert zudem nach den unterschiedlichen Hochschultypen: Am niedrigsten ist der Anteil von Studierenden mit Eltern ohne Matura in Privatuniversitäten.[17] Der soziale Hintergrund wirkt sich aber nicht nur darauf aus, ob ein Studium begonnen wird, sondern auch darauf, *wann* der Studienbeginn erfolgt. Studieren Kinder von niedriger gebildeten Eltern, dann beginnen sie ihr Studium nämlich später. Der Studienbeginn von Studierenden mit Eltern, die maximal über einen Pflichtschulabschluss verfügen, ist im Schnitt sogar um knappe fünf Jahre später als bei Studierenden, deren Eltern ihr Studium mit einem Doktorat abgeschlossen haben.[18]

Im internationalen Vergleich gibt es in Österreich zwar relativ viele »Frist Generation«-Studierende, also Kinder, bei denen kein Elternteil einen akademischen Titel beziehungsweise universitären Abschluss hat. Dennoch setzt sich ein Trend auch hier durch: Je höher das formale Bildungsniveau der Eltern, desto höher die Chance, dass ein Studium begonnen wird, und vor allem: dass ein Studium an einer öffentlichen Universität begonnen wird und nicht an einer Fachhochschule, wo dieser Zusammenhang weniger stark ausgeprägt ist.[19]

Ein weiterer Faktor der Ungleichheit im Hochschulwesen ist Migration. Obwohl die Anzahl junger Menschen mit Migrations-

15 Vgl. Bundesministerium für Bildung, Wissenschaft und Forschung (BMBWF) (Hg.), *Materialien zur sozialen Lage der Studierenden*, Wien 2020, S. 46.
16 Vgl. ebd., S. 47.
17 Vgl. ebd.
18 Vgl. ebd.
19 Vgl. ebd., S. 49.

hintergrund in der Wohnbevölkerung beständig zunimmt, geht ihr Anteil an der Gruppe der Studierenden tendenziell zurück. Besonders gering ist der Anteil von Studierenden mit Migrationshintergrund an Pädagogischen Hochschulen, Privatuniversitäten und an Vollzeit-FH-Studiengängen.[20]

Auch das Mobilitätsverhalten von Studierenden variiert in Österreich herkunftsbedingt. Je höher das Bildungsniveau der Eltern, desto mobiler sind die Studierenden. Geringer, aber dennoch deutlich sichtbar ist auch hier der Einfluss der Vermögensverhältnisse der Eltern: Eine Herkunft aus wohlhabenderen Familien scheint die Mobilität von Studierenden zu fördern.[21] Herkunft ist aber noch in anderer Hinsicht entscheidend: Der Anteil der Studierenden ist in Bundesländern mit hoher Hochschulquote deutlich höher als in solchen mit niedriger. Besonders der Unterschied zwischen Vorarlberg und Wien sticht dabei ins Auge. Während im westlichsten Bundesland die Hochschulzugangsquote bei 33 Prozent liegt, erreicht die Bundeshauptstadt mit 66 Prozent einen doppelt so hohen Wert.[22]

Im Hochschulbereich existieren also gravierende Defizite im Hinblick auf Chancengleichheit. Politisch gegenzusteuern wäre etwa hinsichtlich der niedrigen Quote von Studienanfänger*innen aus Elternhäusern mit niedriger formaler Bildung oder von Studierenden mit Migrationshintergrund. Zudem müssten regionale Unterschiede im Hochschulzugang abgebaut werden. Ein weiteres Problem stellen gravierende Asymmetrien nach Geschlecht bei der Studienwahl dar. Um nur zwei Beispiele von extrem unausgewogenen Geschlechterverhältnissen unter Studierenden herauszugreifen: Im Wintersemester 2018/19 lag der Männeranteil beim Studium Pflanzenbau und Tierzucht an der Veterinärmedizinischen Universität Wien bei 4,1 Prozent, der Frauenanteil beim Studium Elektronik und Automation an der Fachhochschule Wiener Neustadt bei genau null Prozent.[23]

20 Vgl. ebd., S. 44.

21 Vgl. Judith Engleder und Martin Unger, *Internationale Mobilität. Zusatzbericht zur Studierenden-Sozialerhebung 2019*, Wien 2020, S. 20.

22 Vgl. BMBWF, *Materialien*, S. 53.

23 Vgl. ebd., S. 115.

Was bei Studienanfänger*innen gilt, ist klarerweise auch beim Universitätspersonal zu erkennen. Für Deutschland wurde erst kürzlich festgestellt, dass ein Arbeiterkind als Universitätsprofessor*in nach wie vor die Ausnahme ist.[24] Dass zu dieser Frage für Österreich keine empirische Studie vorliegt, ist bedauerlich. Es aber nicht anzunehmen, dass sich die Situation grundlegend von der in Deutschland unterscheidet.

Die Novelle des UOG

Gegen Ende des Jahres 2020 startete der Prozess einer Novellierung des UOG, die aus mehreren Gründen interessant ist. Zum einen ist ein verstärkter Druck auf die Universitäten zu bemerken, zeitlich effiziente und folglich auch hochgradig prüfungsaktive Studierende zu haben – ein Druck, den die Universitäten an ihre Hörer*innen weitergeben. Die Präsidentin der österreichischen Universitätenkonferenz (uniko) Sabine Seidler sorgte in diesem Zusammenhang in einem Interview mit der Tageszeitung *Der Standard* bereits am 22. Oktober 2020 für ein gewisses Aufsehen. Ein neues Studienrecht sollte ihrer Meinung nach Mehrfachinskriptionen erschweren, um zu verhindern, »dass viele Studierende zu lange im System bleiben«.[25]

Nach einer kurzen öffentlichen Diskussion über verschiedene Modelle verlautbarte die Regierung schließlich, dass zumindest neu inskribierende Studierende künftig 24 ECTS-Punkte in zwei Jahren (also sechs pro Semester) erbringen müssten, andernfalls sollte deren Zulassung zu diesem Studium für zehn Jahre erlöschen. Die Kritik an solchen und ähnlichen Regelungen lautet, dass vor allem Studierende, die erwerbstätig sind, davon getroffen werden. Deren Anteil beträgt beinahe zwei Drittel. Es wird daher eine weitere »soziale Schließung« der Hochschulen befürchtet,[26] eine

24 Julia Reuter/Markus Gamper/Christina Möller/Frerk Blomen (Hg.), *Vom Arbeiterkind zur Professur. Sozialer Aufstieg in der Wissenschaft. Autobiographische Notizen und soziobiographische Analysen*, in: ebd., Bielefeld 2020, S. 9–63.

25 https://www.derstandard.at/story/2000121106860/uniko-chefin-studieren-nur-um-des-studierens-willen-geht-nicht (Abruf 25. 10. 2020).

26 Markus Tumeltshammer, *Die neuen »Normalstudierenden«*, https://www.derstandard.at/story/2000121698974/die-neuen-normstudierenden (Abruf 18. 11. 2020).

selektive Wirkung, die von den Verantwortlichen für die Novelle allerdings explizit ausgeschlossen wird. Durch eine Änderung der schon bisher umstrittenen Kettenvertragsregelung droht Lehrbeauftragten und Forscher*innen mit Drittmittelprojekten de facto ein Beschäftigungsverbot an ihrer Universität.[27]

Zum anderen sieht die geplante Novelle eine Schwächung der Rolle des Senats bei der Wiederwahl von Rektor*innen vor, dessen Zustimmung nun nicht mehr erforderlich sein soll. Da im Gegensatz zum Universitätsrat, der nun allein über eine Wiederwahl bestimmen könnte, im Senat auch Vertreter*innen der Studierenden sitzen, wird auf diese Weise deren (freilich ohnedies bescheidene) Mitbestimmungsmöglichkeit bei der Wiederwahl des Rektors/der Rektorin beseitigt.[28] Die Novelle war zum Zeitpunkt der Fertigstellung des Beitrags in Begutachtung.

Ausblick

Zwischen Ungleichheit und Demokratie existiert ein nur schwer aufzulösender Widerspruch. Gerade aber Bildung hat die Aufgabe, Demokratie mit Leben zu erfüllen: An den Hochschulen – sie sind gewissermaßen die Spitze des Bildungssystems – sollten nicht nur Lehre und Forschung demokratischen Prinzipien zu folgen, also etwa einen offenen, transparenten und an Rationalität geknüpften Diskurs führen, sich an Menschenrechten orientieren und zur politischen Beteiligung befähigen. Auch in ihrer Binnenorganisation sollten Hochschulen demokratischer strukturiert sein.

Doch Demokratisierung und Öffnung sind heute mit Sicherheit keine leitenden Begriffe der Hochschulpolitik mehr. Bereits in den 1990er Jahren setzte eine Entwicklung ein, die einerseits im Sinne eines Managementmodells vorrangig ökonomische Zielvorstellungen für diesen Politikbereich formuliert, andererseits mit Verweis auf Effizienz und Effektivität hierarchische und weniger demokratisch strukturierte Entscheidungsprozesse implementiert. Soziale und politische Ungleichheit an den Hochschulen geraten unter diesen Direktiven oft erst gar nicht in den Blick.

27 Vgl. https://orf.at/stories/3191931 (Abruf 1. 12. 2020).

28 Vgl. https://www.derstandard.at/story/2000121945933/studierende-verlieren-macht-bei-erneuter-kuer-der-rektoren (Abruf 18. 11. 2020); https://orf.at/stories/3191931 (Abruf 1. 12. 2020).

PHILIPP SCHNELL, BARBARA ROTHMÜLLER

Bildungsungleichheiten: Reproduktionsmechanismen und illegitimes kulturelles Kapital in der Schule

Bildungsgerechtigkeit – Was bedeutet das eigentlich?

Bildungsprozesse sollen alle jungen Erwachsenen zu einem guten Leben und kultureller Partizipation in der Gesellschaft befähigen. Der Bildung und dem Bildungssystem kommt eine Schlüsselstellung hinsichtlich der gerechten Verteilung von Lebens- und Zugangschancen zu. Was unter Bildungsgerechtigkeit verstanden wird, hängt von den jeweiligen bildungspolitischen Grundhaltungen ab. Während aus liberal-konservativer Perspektive vor allem Startchancengleichheit und Leistungsgerechtigkeit angestrebt werden, wird aus sozialdemokratischer Perspektive eine stärkere Betonung auf gleiche gesellschaftliche Teilhabe gelegt. Diese historisch ausgeprägten Differenzen sind in den letzten Jahren zunehmend verschwommen. Als minimaler Grundkonsens kann heute aber gelten, dass Geschlecht, Klasse, nationale Herkunft, Ethnizität, Hautfarbe oder sexuelle Orientierung keinen nachteiligen Einfluss auf die Bildungsprozesse von Schüler*innen nehmen sollen. Dieses grundlegende Versprechen der Chancengleichheit im Bildungssystem wird in Österreich auch in der Bundesverfassung als klares Ziel festgehalten.[1] Eine Vielzahl an Studien belegt jedoch seit Jahrzehnten, dass vor allem die *soziale Herkunft* eine entscheidende Rolle dafür spielt, welche Bildungsabschlüsse Kinder und junge Erwachsene erreichen (siehe Abschnitt I). Schulische Bildungsprozesse wurden und werden stark von der Herkunftsfamilie und ihrem ökonomischen, sozialen und kulturellen Kapital geprägt. In der Schule werden sozioökonomische Vor- und Nachteile in Bildungschancen »konvertiert«. Bildungsinstitutionen set-

1 Art. 14, B-VG i. d. g. F.

zen Wissensformen, Fähigkeiten und Haltungen der Eltern voraus, die in der Mittelschicht vorherrschen, und diese schulkonforme Bildung der Eltern bestimmt maßgeblich das kulturelle Kapital von Heranwachsenden.

Die Annahme, dass Startchancengleichheit bereits verwirklicht und auch ausreichend wäre, trägt dazu bei, bestehende Bildungsungleichheiten zu rechtfertigen. Ein über Chancengleichheit hinausgehendes und nicht nur auf Defizite benachteiligter Bevölkerungsgruppen fokussiertes Verständnis emanzipatorischer Bildungsprozesse ist auch in der Bildungsforschung nicht selbstverständlich.[2] Die Schule erscheint als faires Wettrennen, in dem sich die Besten und Klügsten durchsetzen. Dass dies eine Illusion der Chancengleichheit darstellt, hat der französische Soziologe Pierre Bourdieu bereits in den 1970er Jahren herausgearbeitet.[3] Worauf die stabilen Bildungsungleichheiten zurückgeführt werden können, ist Gegenstand aktueller bildungssoziologischer Auseinandersetzungen (siehe Abschnitt II). Zentrale Ursachen werden in individuellen Handlungsmustern sowie im Bildungswesen selbst gesehen, die durch eine ungleichheitsfördernde Schulkultur vermittelt werden (siehe Abschnitt III). Erklärungsbedürftig bleibt auch, warum trotz aller Bemühungen der letzten Jahrzehnte kaum Erfolge in der Gleichstellung aller Kinder erzielt worden sind (siehe Abschnitt IV). Wie stark Bildungsungleichheiten als Teil der Gesellschaft verstanden werden müssen, zeigen die spezifischen Muster der Bildungsbenachteiligung in der COVID-19-Pandemie, die benachteiligte Familien massiv belastet (siehe Abschnitt IV).

Ungleiche Bildungschancen

Nach einer umfassenden Bildungsexpansion seit den 1970er Jahren, die große Hoffnungen auf einen Ausgleich von Bildungsbenachteiligung weckte, zeigen sich auch heute noch umfassende Bildungsungleichheiten in der Bevölkerung. Im bildungspolitischen Diskurs hat sich die Aufmerksamkeit von der Benachteiligung von

2 Vgl. Barbara Rothmüller, *Bildungspolitische Theorieeffekte und ihre Komplizenschaft mit Ungleichheiten*, in: Jens Kastner/Ruth Sonderegger (Hg.): *Pierre Bourdieu und Jacques Rancière. Emanzipatorische Praxis denken*, Wien 2021, S. 147–181.

3 Pierre Bourdieu, *Bildung. Schriften zur Kultursoziologie 2*, Berlin 2018.

Mädchen auf dem Land zu migrantischen Jugendlichen in der Stadt verschoben.[4] Unterlegt sind diese Verschiebungen von stabilen herkunftsspezifischen Ungleichheiten. Die deskriptiven empirischen Ergebnisse in Abbildung 1 verdeutlichen diesen Befund.[5] 57 Prozent der Kinder, deren Eltern einen Universitätsabschluss haben, erreichen in Österreich ebenfalls einen Hochschulabschluss. Haben die Eltern maximal Pflichtschulabschluss, gelingt es nur rund 7 Prozent der Nachkommen, in ihrer Bildungsbiografie einen akademischen Abschluss zu erreichen. Im Generationenvergleich hat sich an dieser familiären Prägung der Bildungschancen wider alle Erwartungen kaum etwas verändert. Zwar hat sich insgesamt das Bildungsniveau in der Bevölkerung erhöht, doch ist die Prägung durch die Herkunft weiterhin sehr stark. Der Vergleich der Alterskohorten (25- bis 44-Jährige versus 45- bis 64-Jährige) in Abbildung 1 macht deutlich, dass sich die Benachteiligung lediglich im mittleren Bildungsspektrum im Zeitverlauf verändert hat. Die Chance auf ein Hochschulstudium hingegen betrug schon vor zwanzig Jahren ebenfalls rund 57 Prozent, wenn die Eltern über einen Universitätsabschluss verfügten, und lediglich rund 6 Prozent, wenn die Eltern maximal einen Pflichtschulabschluss besaßen. Die Verteilung von Bildungsabschlüssen ist in Österreich nicht proportional zwischen den Gruppen verteilt, und diese Ungleichverteilung lässt vermuten, dass es im Bildungssystem systematisch zu einer Benachteiligung nach sozialer Herkunft kommt.

Dem Leistungsprinzip und Gleichbehandlungsgeboten folgend müssten im Bildungsbereich die Chancen für Heranwachsende bei gleicher Leistung (Kompetenzen und Noten) unabhängig von der Herkunft gleich sein. Ergebnisse aus den Bildungsstandardüberprüfungen, welche ausgewählte Kompetenzen aller Schüler*innen am Ende der vierten und achten Schulstufe in Österreich ermitteln, zeigen allerdings, dass der Abstand zwischen sozioökonomisch privilegierten und benachteiligten Kindern in Österreich enorm ist. Der durchschnittliche Unterschied zwischen Kindern von

4 Vgl. Rothmüller, *Bildungspolitische Theorieeffekte.*

5 Vgl. Statistik Austria. *Bildung in Zahlen 2018/19 – Schlüsselindikatoren und Analysen*, Wien 2020, S. 103.

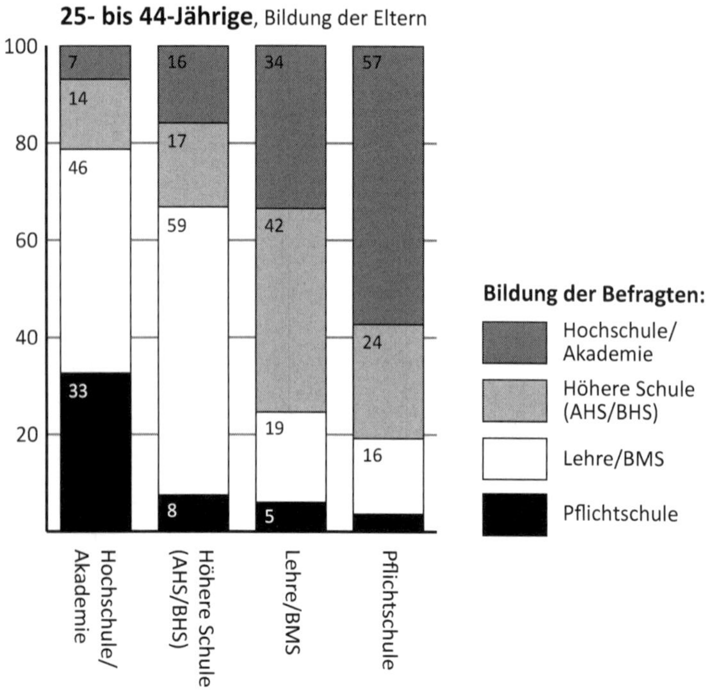

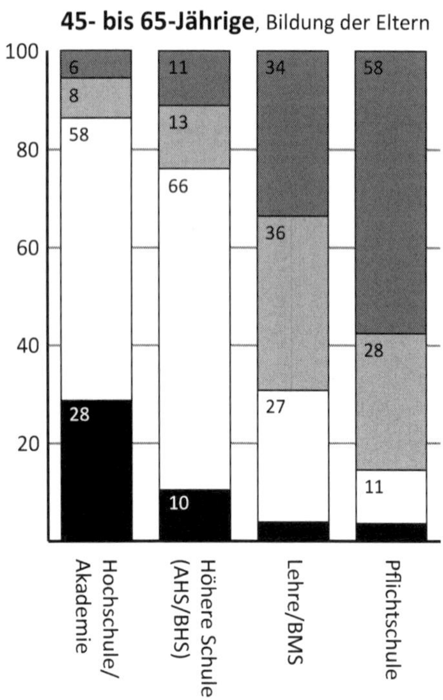

Abbildung 1: Intergenerationaler Bildungsvergleich
Quelle: Statistik Austria, *Bildung in Zahlen 2018/19*, S. 103.

Eltern mit einem akademischen Bildungshintergrund und Kindern von Eltern mit maximal Pflichtschulabschluss beträgt in der Lesekompetenz im Schulfach Deutsch beispielsweise 126 Testpunkte am Ende der Volksschule. Das entspricht im Alter von neun Jahren bereits ungefähr drei Schuljahren, die das Kind aufholen müsste, um mit Kindern aus Akademiker*innen-Familien gleichzuziehen.

Auch im Bereich der Mathematikkompetenz in der vierten Schulstufe unterscheidet sich der durchschnittliche Punktestand bei den Testungen je nach Bildungsstand der Eltern (vgl. Abbildung 2). Ergänzende Analysen zeigen zudem, dass dieser Abstand bis zum Ende der Pflichtschulzeit bestehen bleibt.[6] Damit wird deutlich, dass Kinder aus sozioökonomisch benachteiligten Familien nicht nur wesentlich geringere Bildungschancen haben, sondern auch durchschnittlich niedrigere Kompetenzen aufweisen.[7]

Erklären diese Leistungsunterschiede nach sozialer Herkunft, warum Kinder von Akademiker*innen bessere Bildungschancen haben? Die Antwort auf diese Frage lässt sich aus Abbildung 3 ablesen. Sie zeigt die Wahrscheinlichkeit von Schüler*innen je nach sozialer Herkunft und nach durchschnittlicher Lesekompetenz (Leistung), am Ende der Volksschule in die AHS-Unterstufe zu wechseln. Gemäß dem Leistungsprinzip wäre es zu erwarten, dass Kinder, die gleich gut lesen können, auch die gleichen Chancen auf eine gymnasiale Bildungslaufbahn haben, und es keine Rolle spielt, welche Merkmale die Herkunftsfamilie hat. In Österreich greift dieses Leistungsprinzip allerdings nicht. Von den Kindern, die so gut lesen können wie der Altersdurchschnitt, gehen 60 Prozent auf ein Gymnasium, wenn sie aus Akademiker*innenfamilien kommen. Haben die Eltern hingegen maximal Pflichtschulabschluss, gehen nur 28 Prozent im Anschluss an die Volksschule in eine AHS-Unterstufe – bei gleicher Leseleistung.

6 Simone Breit/Claudia Schreiner, *Ausgangslage in Österreich – Fakten zur Bildungsgerechtigkeit*, in: schulheft, 168, 2017, S. 7–16.

7 Kinder mit Migrationshintergrund beziehungsweise mehrsprachige Schüler*innen schneiden bei dieser Art von Kompetenzerhebung im Durchschnitt ebenfalls schlechter ab. Dieses vorläufige Bild ändert sich allerdings grundlegend, wenn die soziale Herkunft (insbesondere der Bildungsstand der Eltern) kontrolliert wird. Im Hinblick auf den schulischen Kompetenzerwerb ist die soziale Herkunft entscheidend (vgl. Gert Valchers/Judith Kohlenberger, in diesem Band).

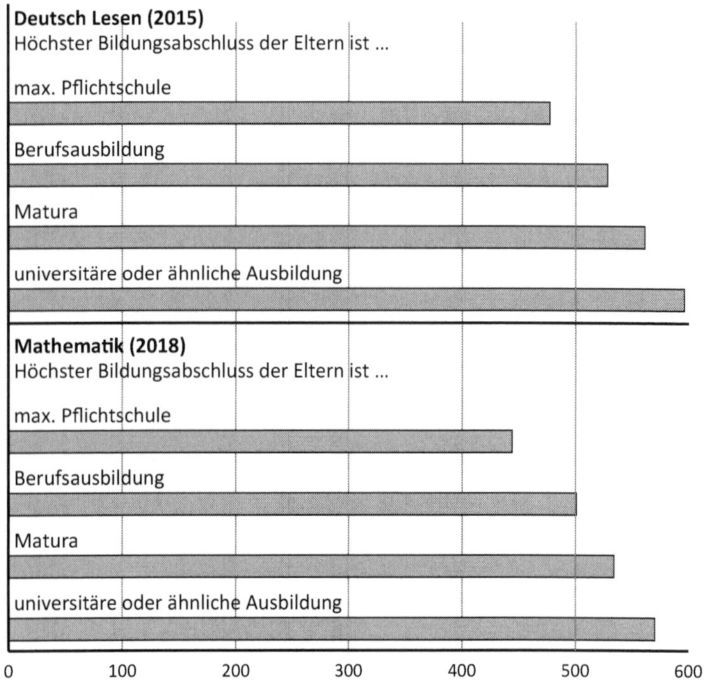

Abbildung 2: Deutsch-Lesekompetenz und Mathematik-Kompetenz nach Bildungsabschluss der Eltern, vierte Schulstufe (Mittelwerte, Kompetenzskala)

Angaben für 2015, vgl.: Simone Breit/Michael Bruneforth/Claudia Schreiner, *Standardüberprüfung 2015. Deutsch, 4. Schulstufe. Bundesergebnisbericht*, Salzburg 2016, S. 79.
Angaben für 2018, vgl.: Bundesinstitut BIFIE, *Standardüberprüfung 2018, Mathematik, 4. Schulstufe. Bundesergebnisbericht*. Salzburg 2019, S. 28.

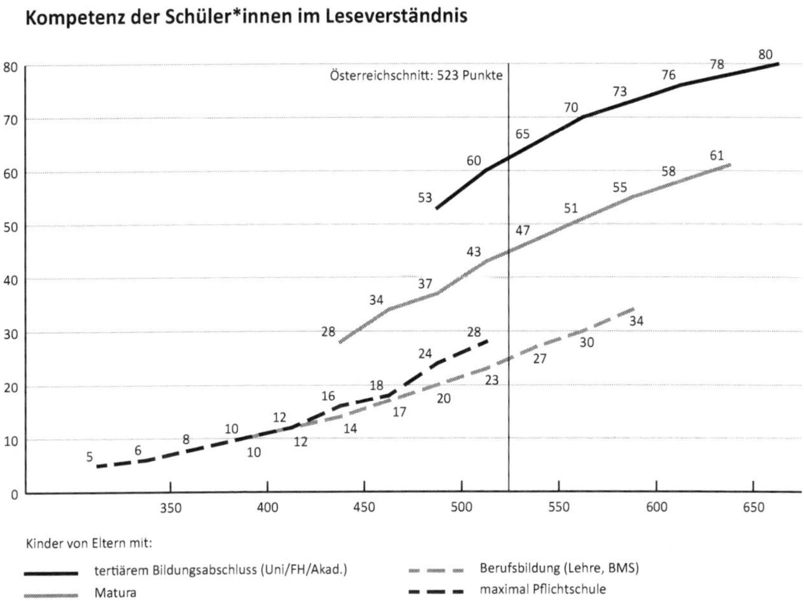

Abbildung 3: AHS-Übertrittquoten nach Bildung der Eltern und Leseverständnis (2015)

Quelle: Lisa Mayrhofer/Konrad Oberwimmer/Bettina Toferer/Maria Neubacher/Roman Freunberger/Stefan Vogtenhuber/David Baumegger, *Indikatoren C: Prozesse des Schulsystems*, in: Konrad Oberwimmer/Stefan Vogtenhuber/Lorenz Lassnigg/Claudia Schreiner (Hg.), *Nationaler Bildungsbericht Österreich 2018. Das Schulsystem im Spiegel von Daten und Indikatoren*, Salzburg 2019, S. 147.

Auf individueller Ebene zeigt sich Bildungsbenachteiligung also nicht nur in geringeren Schulleistungen, sondern auch in Schulwegentscheidungen, die wenig mit der Leistung zu tun haben. Aber wie lässt sich dieser starke Einfluss der Herkunftsfamilie erklären?

Wie entstehen Bildungsungleichheiten?

Um die Ursachen von Bildungsbenachteiligung im Kompetenzerwerb (Leistung) und im Bildungserfolg (Abschlüsse) zu identifizieren und zu verstehen, müssen vielschichtige Mechanismen berücksichtigt werden. Die Erklärungen für Bildungsbenachteiligungen nach sozialer Herkunft lassen sich auf drei Ebenen einordnen: Erstens spielt die Art und Weise, wie Kinder und ihre Eltern sich im Bildungswesen bewegen (können) eine Rolle. Zweitens, wie das Bildungssystem gestaltet ist. Die dritte und wahrscheinlich entscheidendste Ebene zur Erklärung von Bildungsungleichheiten liegt *zwischen* den Familien und den institutionellen Rahmenbedingungen des Bildungssystems. Sie umfasst die Schule als Organisation mit einer spezifischen (Mittelschichts-) Kultur, die maßgeblich von Lehrer*innen und den lokalen Schulkontexten geprägt wird.

Individuelle Ebene: ungleiche Startbedingungen

Die zuvor skizzierten empirischen Ergebnisse belegen, dass die soziale Herkunft – und insbesondere der Bildungshintergrund der Eltern – einen entscheidenden Faktor für den Bildungserfolg der eigenen Nachkommen darstellt. Die Bildungsnähe der Eltern kann sowohl über das »inhaltliche Wissen« als auch über das »strategische Wissen« als Erfolgsressource wirken.[8] Höher gebildete Eltern sind häufiger in der Lage, ihre Kinder im Lernprozess zu unterstützen. Dies kann entweder durch direkte Hilfe (Hausaufgaben- oder Lernhilfe) oder durch die Bereitstellung von bildungsrelevanten Materialien (Bücher etc.) erfolgen. Höher gebildete Eltern haben selbst viele Nahtstellen im Bildungssystem überwunden und mehrere Qualifikationsprüfungen abgelegt. Die

8 Vgl. Fabian T. Pfeffer, *Persistent Inequality in Educational Attainment and Its Institutional Context*, in: European Sociological Review, 24, 5, 2008, S. 543–565.

Bildungsgeschichte der Eltern bietet Kindern neben dem inhaltlich wichtigen Wissen auch ein besonderes Maß an strategischem Wissen über die Funktionsweise des Bildungssystems.

Neben diesem kulturellen Kapital variiert auch das sogenannte ökonomische Kapital, also Einkommen und Vermögen, erheblich in den Herkunftsfamilien.[9] Eine geringere Verfügbarkeit von ökonomischem Kapital prägt Bildungsprozesse dadurch, dass Lernbedingungen materiell eingeschränkt sind (Schulsachen, technische Ausstattung), es kaum schulkompatible Freizeitförderung gibt (z. B. Klavierunterricht, rhythmische Sportgymnastik), keine direkten Unterstützungen (Hausübungshilfe, Nachhilfe oder Sommerschulen) finanziert werden können und beengte, gesundheitsgefährdende oder unsichere Wohnverhältnisse vorherrschen, die Kindern nicht die nötige Ruhe zum Lernen bieten. Ökonomisches und kulturelles Kapital sind eng miteinander verknüpft und wirken häufig verstärkend auf Bildungsbenachteiligungen. Die ungleichen Startbedingungen in den Herkunftsfamilien, das heißt die unterschiedliche Verfügbarkeit und Qualität von bildungsrelevanten Kapitalien zur Förderung des Kindes, führen zu Disparitäten in der schulischen Leistung (vgl. Abbildung 2). Dieser Zusammenhang wird in der Bildungssoziologie unter dem Begriff »primärer Herkunftseffekt« zusammengefasst.[10]

Das Vorhandensein von bildungsrelevanten Ressourcen in der Herkunftsfamilie wirkt sich aber nicht nur auf die schulische Performanz, sondern auch auf Bildungswegentscheidungen aus (sogenannte »sekundäre Herkunftseffekte«). Selbst wenn Kinder die entsprechenden schulischen Leistungen (Noten, Testergebnisse) erbringen, müssen Eltern abschätzen, ob sie sich den Besuch ihres Kindes einer weiterführenden Schule finanziell leisten können. Bildungswegentscheidungen hängen zudem davon ab, ob Eltern ausreichend über das zuvor beschriebene »inhaltliche« und »strategische« Wissen verfügen, um ihre Kinder erfolgreich zum Bildungsabschluss zu begleiten. Nicht zuletzt spielen auch eigene

9 Statistik Austria, *Statistic Briefs. Vererbung von Teilhabechancen*, Wien 2018.

10 Michelle Jackson, *Introduction. How is Inequality of Educational Opportunity Generated? The Case for Primary and Secondary Effects*, in: Michelle Jackson (Hg.), *Determined to Succeed? Performance versus Choice in Educational Attainment*, Stanford 2013, S. 1–33.

Erfahrungen mit Bildungseinrichtungen eine entscheidende Rolle in diesem Bewertungsprozess. Die Ergebnisse in Abbildung 3 verdeutlichen, dass die sekundären Herkunftseffekte in Österreich stark ausgeprägt sind. Ungleiche Startbedingungen von Schüler*innen wirken sich demnach nicht nur auf Leistungs- und Kompetenzunterschiede aus, sondern tragen durch ihren Einfluss auf die Wahl von Bildungswegen auch zur Chancenungleichheit im Hinblick auf Bildungsabschlüsse bei.

Institutionelle Ebene: die frühe Trennung der Kinder

Der starke Einfluss der sozialen Herkunft auf den Bildungs(miss-)erfolg von Schüler*innen wird maßgeblich durch die Struktur des Bildungssystems mitgeprägt und verstärkt. Das österreichische Bildungssystem ist durch selektive Mehrgliedrigkeit gekennzeichnet: Es lenkt Schüler*innen am Ende der Volksschule in zwei unterschiedliche weiterführende Bildungswege: das Gymnasium (AHS) mit seinen langfristigen Lern- und Studienperspektiven und die Mittelschule mit ihrem berufsvorbereitenden Bildungsauftrag. Diese selektive Struktur der Sekundarstufe I gilt als Schlüsselproblem[11] des österreichischen Bildungssystems, da dieses frühe Selektionsmoment großen Einfluss auf den Bildungserfolg von Schüler*innen hat. In Österreich erfolgt diese Trennung der Kinder sehr früh. Das ist problematisch, weil im Alter von zehn Jahren der Einfluss der Eltern und ihrer Bildungsbiografie noch sehr groß ist. Die vier gemeinsamen Volksschuljahre aller Kinder vor dem ersten Selektionszeitpunkt scheinen nicht auszureichen, um die unterschiedlichen familiären Startbedingungen, die Schüler*innen bei Schuleintritt mitbringen, in der Schule auszugleichen. Wie zuvor gezeigt, bestehen am Ende der Volksschule enorme Leistungsunterschiede nach sozialer Herkunft. Fehlen die entsprechenden Noten, bleibt der Übergang ins Gymnasium verwehrt. Zwar besteht im späteren Bildungsverlauf theoretisch noch die Chance eines Schulwechsels hin zum Gymnasium – in der Realität kommt ein solcher Wechsel

11 Karl Heinz Gruber, *Gesamtschule – ein Nachruf. Warum die Demokratisierung der österreichischen Schulstruktur bisher gescheitert ist*, in: Günther Sandner/Boris Ginner (Hg.), *Warum Demokratie Bildung braucht*, Wien/Berlin 2019, S. 103–114.

allerdings selten vor.[12] Leistungsunterschiede sind oft nicht der einzige Grund. Die frühe Selektion bedingt, dass Eltern maßgeblich über den weiteren Bildungsweg ihrer Kinder mitbestimmen, wobei sich sozioökonomisch schwächere Familien seltener für das Gymnasium entscheiden. Mit der frühen Selektion und der Bildungspanik der Mittelschichtseltern lässt es sich daher auch erklären, warum Österreich unter den OECD-Ländern ein relativ hohes Ausmaß an sozioökonomischer Segregation zwischen Schulstandorten aufweist[13] – sozioökonomisch unterprivilegierte Kinder konzentrieren sich in dem einen Schultyp, privilegierte Kinder in dem anderen. Dadurch entstehen auch unterschiedliche Lernumfelder.

Auf institutioneller Ebene entscheidend ist auch der zeitliche Umfang der schulischen Betreuung. Aufgrund des vorherrschenden Halbtagssystems müssen Schüler*innen verhältnismäßig viel Lernzeit außerhalb der Schule verbringen. Dadurch werden familiär bedingte Ungleichheiten verstärkt.

Die Schulebene: kulturelle Dimensionen von Ungleichheit

Warum wird die soziale Position der Herkunftsfamilie überhaupt so wichtig im alltäglichen Bildungsprozess von Kindern? Zur Beantwortung dieser Frage lohnt ein Blick auf die Schule als Organisation und die Art und Weise, wie in Bildungseinrichtungen gehandelt wird – und wie nicht. Der traditionelle Schulunterricht ist nicht darauf vorbereitet, unterschiedliche Kinder zu unterrichten. Im Gegenteil: Kinder mit hohem Förderbedarf verhindern, dass die Schule mit ihren eingeschränkten Ressourcen so arbeiten kann, wie sie es gewohnt ist. Im Schulsystem rechnet man damit, dass erziehungsverantwortliche Erwachsene in einem hohen Maß »mitarbeiten«. Schulen weisen somit eine bestimmte Schulkultur auf, die bestimmte Denk- und Handlungsweisen von Schüler*innen und ihren Eltern voraussetzt und belohnt, während andere mehr

12 Philipp Schnell, *Educational Mobility of Second-Generation Turks. Cross-national Perspectives*, Amsterdam 2014.

13 Vgl. Oliver Gruber, *Ungleichheit und ethnisch-sprachliche Diversität im österreichischen Schulsystem*, in: Mathias Czaika/Lydia Rössl/Friedrich Altenburg/Anna Faustmann/Thomas Pfeffer (Hg.), *Migration & Integration 7 – Dialog zwischen Politik, Wissenschaft und Praxis*, Krems 2019, S. 147–164.

oder weniger subtil ausgegrenzt werden. In der Schule herrschen Normen der Respektabilität, wie sie in der Mittelschicht üblich sind. Das heißt, dass die Schule von Kindern, indirekt und ohne es auszusprechen, eine Anpassung an die Werte und Sprache der Mittelschicht verlangt.[14] Diese Schulkultur wird maßgeblich von häufig aus der aufsteigenden Mittelschicht stammenden Lehrpersonen geprägt. Der Habitus der Kinder passt je nach Herkunft besser oder schlechter zu den Erwartungen der Pädagog*innen und Lehrpersonen in Bildungseinrichtungen, was dazu führt, dass sich habituell anders sozialisierte Kinder in der Schule oft nicht zuhause fühlen, ihre Herkunft teilweise verleugnen und auf diese Schwierigkeiten mit Schweigen oder besonders auffälliger Selbstinszenierung reagieren.

Die traditionelle Schulkultur entwertet systematisch Kenntnisse, Sprachen beziehungsweise Sprechweisen und Fähigkeiten von Kindern, deren Lebensumstände von materiellem Mangel oder migrationsbedingter Mehrsprachigkeit[15] gekennzeichnet sind. Sozial benachteiligte oder mehrsprachige Familien können durchaus über kulturelles Kapital verfügen, was allerdings von der Schule und ihrer Mittelschichtsorientierung nicht wertgeschätzt wird. In Anlehnung an Pierre Bourdieu[16] sprechen wir deshalb von »illegitimem kulturellem Kapital« dieser Familien, weil ihre Fähigkeiten zur Bewältigung eines Alltags in Armut in der Schule ebenso wenig zählen wie ihre Sprechweisen und Mehrsprachigkeit sowie ihre Alltags- und Jugendkultur.

Es ist deshalb kein Wunder, dass ein defizitorientiertes Schulwesen auf Kinder, die nicht der mittleren oder oberen Schicht angehören, oft wenig ermutigend wirkt. Beschämende und bevormundende Erfahrungen tragen dazu bei, dass formale Bildungssettings im Lebenslauf gemieden werden. Dabei zeigt die Forschung zu Bildungsaufstiegen, dass gerade ermutigende Lehrpersonen, die

14 Vgl. Barbara Rothmüller, *Der kleinbürgerliche Habitus: Sozialer Aufstieg und Abstiegsängste als »signature fantasies« der Mittelklassen*, in: Roland Verwiebe/Laura Wiesböck (Hg.): *Die Mittelschicht unter Druck. Dynamiken in der österreichischen Mitte*, Wiesbaden 2021.

15 Vgl. İnci Dirim/Paul Mecheril et al., *Heterogenität, Sprache(n), Bildung*, Stuttgart 2018.

16 Vgl. Bourdieu, *Bildung*.

an die Fähigkeiten eines Kindes glauben und eine Brücke zwischen Bildungsinstitutionen und schulfernen Herkunftsmilieus bauen, oft den entscheidenden Unterschied für die Bildungslaufbahn eines Kindes machen.[17] Eine systematische Auseinandersetzung mit Klassismus in der Schule sowie der Verbindung von Klassismus mit Rassismus, etwa in der Lehrer*innenbildung, würde zumindest die kulturelle Dimension von Benachteiligungen stärker ins Bewusstsein heben.[18] Klassismus bezeichnet die strukturelle Diskriminierung von Menschen aufgrund ihres sozioökonomischen Status, und zwar nicht nur bezogen auf ökonomische Ausbeutung, sondern Klassismus adressiert auch die soziale, kulturelle und politische Dimension von Entwertung und Beschämung in individuellen Begegnungen sowie in Institutionen wie dem Bildungswesen.[19]

Fazit: Bildungsungleichheiten im gesamtgesellschaftlichen Zusammenhang verorten

Die Stabilität von Bildungsungleichheiten in Österreich lässt sich auf die Trägheit von Schulstrukturen und -kulturen zurückführen, in denen Kinder mit bestimmten Dispositionen auf habituelle Anforderungen der Lehrpersonen treffen. Die Bildungsreformen der letzten Jahrzehnte kratzten eher an der Oberfläche, als dass sie die Tiefenstruktur von Bildungsinstitutionen veränderten. Sie fokussierten eher auf die Schulqualität oder eine erweiterte Autonomie der Schulen, also Veränderungen der Schulgovernance, anstatt die institutionelle Struktur des Systems – frühe Selektion oder Halbtagsschule – grundlegend und im Hinblick auf mehr Bildungsgerechtigkeit zu reformieren. Es fehlt insgesamt an einem »durchkomponierten Bildungsgesamtplan«, resümierte der emeritierte Bildungswissenschaftler Karl Heinz Gruber vor wenigen Jahren, welcher notwendig sei, um Österreich stimmig aus der

17 Vgl. Aladin El-Mafalaani, *BildungsaufsteigerInnen aus benachteiligten Milieus. Habitustransformation und soziale Mobilität bei Einheimischen und Türkeistämmigen*, Wiesbaden 2012.

18 Vgl. bell hooks, *Confronting Class in the Classroom*, in: bell hooks (Hg.) *Teaching to Transgress*, New York 1994, S. 177–190.

19 Vgl. Leah Czollek/Gudrun Perko/Max Czollek/Corrine Kaszner, *Praxishandbuch Social Justice and Diversity*, Weinheim 2019, S. 123f.; Andreas Kemper/Heike Weinbach, *Klassismus. Eine Einführung*, Münster 2009, S. 13.

»Reformresistenz« herauszuführen.[20] Hinzu kommt, dass nicht alle Gruppen und Akteur*innen ein Interesse an Bildungsreformen haben. So wird die Einführung einer Gesamtschule beispielsweise von Gymnasiallehrer*innen häufig abgelehnt, weil eine Gesamtschule nicht nur zu mehr Gleichheit unter Schüler*innen, sondern auch unter Lehrer*innen führen würde, die aktuell noch je nach Schultyp unterschiedlichen Ausbildungs- und Entlohnungssystemen angehören.[21]

Neben dem Fehlen grundlegender struktureller Veränderungen des Bildungssystems ließen sich zuletzt Reformdynamiken identifizieren, die sogar zu einer Verstärkung von Bildungsungleichheiten in Österreich führen werden. Unter der ÖVP/FPÖ-Regierung (2017–2019) wurde etwa der Beginn der Selektion von Schüler*innen zeitlich vorverlegt, indem erste Schultyp-entscheidende Testungen bereits im Alter von neun Jahren beziehungsweise in der dritten Schulstufe erfolgen.[22] Die geplanten standardisierten Tests, die den weiteren Bildungsweg der Kinder vorhersagen sollen, machen zwar unterschiedliche Leistungen sichtbar, die Ursachen dieser Unterschiede aber nicht.[23] Benachteiligte Kinder haben durchschnittlich schlechtere Schulleistungen als sozioökonomisch und kulturell privilegierte Kinder. Im Kindesalter sind jedoch kaum zuverlässige Prognosen über den weiteren Bildungsweg zu treffen. Außerdem sagen die neuen Kompetenzmessungen nichts darüber aus, welche anderen kulturellen Kompetenzen Kinder erworben haben (»illegitimes kulturelles Kapital«). Dadurch verfestigt sich jedoch der klassistische Eindruck, dass Kinder aus formal niedrig gebildeten Familien grundsätzlich ungebildet und faul wären.[24] Vor diesem Hintergrund scheint es nur logisch, dass diese Kinder

20 Gruber, *Gesamtschule – ein Nachruf*, S. 103.

21 Vgl. Andreas Hadjar/Barbara Rothmüller, *Chancengleichheit und Leistungsmotiv in der Bildungspolitik: Die Debatten um die Gesamtschule am Beispiel Luxemburgs*, in: Österreichische Zeitschrift für Politikwissenschaft, 45, 1, 2016, S. 51–64.

22 Barbara Rothmüller/Philipp Schnell, *Bildungspolitik unter Schwarz-Blau*, in: Emmerich Tálos (Hg.), *Die Schwarz-Blaue Wende in Österreich. Eine Bilanz*, Münster 2019, S. 325–342.

23 Barbara Rothmüller/Philipp Schnell, *Bildung: Sprungbrett aus der Armut?*, in: Stimme – Zeitschrift der Initiative Minderheiten 114/2020, S. 16–17.

24 Ebd., vgl. Kemper/Weinbach. *Klassismus*.

und ihre Familien mit Druck und Kontrolle auf mehr Bildung verpflichtet werden müssen.

Wie stark Bildungsungleichheiten mit gesamtgesellschaftlichen Veränderungen verbunden sind, zeigt auch die COVID-19-Pandemie mit ihren Konsequenzen für Schüler*innen und ihre Familien zur Verfestigung von Bildungsungleichheiten (vgl. dazu auch den Beitrag von Gabriele Pessl und Mario Steiner in diesem Band). Österreich hat, wie viele andere Länder auch, im Frühjahr und Herbst 2020 mit Schließungen von Schulen auf die Corona-Pandemie reagiert. Zwischen dem Beginn des ersten Lockdowns Mitte März und dem Ende der zweiten Schulschließungen Anfang Dezember 2020 haben Schüler*innen in Österreich fast genauso viele Tage im Home-Schooling wie im schulischen Präsenzunterricht verbracht. Während manche Eltern die Möglichkeiten hatten, zu Hause Ersatz für die Schule zu organisieren, war es für andere Familien aufgrund fehlender Ressourcen unmöglich, das schulische Lernen zu Hause zu ersetzen. Die fachliche Unterstützung beim Lernen im Heimunterricht durch die Eltern variierte stark nach sozialer Herkunft. So waren formal gering gebildete Eltern beispielweise weniger häufig in der Lage, ihre Kinder beim Lernen inhaltlich zu unterstützen,[25] was zu einer sich weiter öffnenden »Bildungsschere« nach sozialer Herkunft führte: Nach den ersten Schulschließungen traten Lernprobleme überproportional häufig bei Kindern aus armutsgefährdeten Familien auf[26] und auch das Kompetenzniveau hatte sich nach Einschätzung von Lehrer*innen insbesondere bei benachteiligten Schüler*innen verschlechtert.[27] Solche Lernlücken können nachträglich nur schwer und langsam wieder geschlossen werden. Nicht übersehen werden sollte dabei auch der psychosoziale Druck, der auf benachteiligten Kindern und Eltern in Bezug auf die Schließung der Schulen lastet. Sozioökonomisch benachteiligte Eltern hatten bereits im Frühjahr 2020 größere Ängste, dass das Bildungswesen zusammenbricht, als pri-

25 Vgl. Philipp Schnell/Elke Larcher, *Bildungsgerechtigkeit locked-down*, A&W Blog 2020.

26 Vgl. ebd.

27 Mario Steiner/Maria Köpping/Andrea Leitner/Gabriele Pessl, *COVID-19 LehrerInnenbefragung – Zwischenergebnisse. Was tun, damit aus der Gesundheitskrise nicht auch eine Bildungskrise wird?*, IHS, Wien 2020.

vilegierte Familien.[28] Menschen, die in den nächsten Monaten mit Zahlungsschwierigkeiten rechneten, hatten Angst, dass staatliche Bildungsangebote wegfallen, weil sie den Ausfall der öffentlich finanzierten Bildung nicht privat kompensieren könnten. Dass benachteiligte Kinder dennoch in den Fernunterricht eingebunden wurden, ist dem lokalen und teilweise privaten Engagement von Lehrpersonen und Schulleitungen zu verdanken. Forschungen zeigen jedoch, dass das nicht in jedem Fall gelungen ist. Es zeichnet sich bereits eine weitere Zunahme von Bildungsungleichheiten ab.

28 Barbara Rothmüller, *Intimität und soziale Beziehungen in der Zeit physischer Distanzierung. Ausgewählte Zwischenergebnisse zur COVID-19 Pandemie*, Wien 2020.

VERENA HOHENGASSER, SIMONE PESCHEK, FELIX STADLER

Soziale Ungleichheit im Klassenzimmer

Der Status quo – Wo stehen wir?

»Sag mir, welche Bildung deine Eltern haben, und ich sage dir, wie deine Schullaufbahn aussehen wird«, könnte man einem Kindergartenkind in Österreich sagen. Mit einer großen Wahrscheinlichkeit würde diese Prognose auch stimmen, denn Bildung wird vererbt. Schon seit Jahren zeigen nationale und internationale Studien, dass Intelligenz, Talent und Fleiß in Österreich nicht unbedingt zu einer erfolgreichen Schullaufbahn führen. Vielmehr ist der Bildungsgrad der Eltern für die eigene Zukunft entscheidend. Soziale Ungleichheit im Klassenzimmer beginnt demnach schon bei der Geburt.

Insgesamt 66 Prozent der Schüler*innen, deren Eltern als höchste Schulbildung einen Pflichtschulabschluss erreicht oder eine Berufsausbildung (Lehre, BMS) absolviert haben, gehen nach der Volksschule weiter in eine Mittelschule.[1] Im Gegensatz dazu entschließen sich 71 Prozent der Schüler*innen, deren Eltern Matura oder einen tertiären Bildungsabschluss haben, nach der Volksschule für das Gymnasium. Schon im Alter von zehn Jahren werden Schüler*innen in Österreich also nach dem Bildungsabschluss der Eltern segregiert. Diese soziale Segregation in der Sekundarstufe I ist im städtischen Raum noch wesentlich deutlicher zu sehen als in ländlichen Gebieten.[2]

Ein zweiter wichtiger Indikator für den Übertritt in die Sekundarstufe I ist die im Alltag gesprochene Sprache der Schüler*innen. Während 39 Prozent der Schüler*innen mit deutscher Alltagssprache mit zehn Jahren ins Gymnasium gehen, sind es bei Schüler*innen

1 Vgl. Konrad Oberwimmer/Stefan Vogtenhuber/Lorenz Lassnigg/Claudia Schreiner, *Das Schulsystem im Spiegel von Daten und Indikatoren*, in: *Nationaler Bildungsbericht Österreich 2018, Band 1*, Graz 2019, S. 145, https://www.bifie.at/wp-content/uploads/2019/03/NBB_2018_Band1_v2_final.pdf (Abruf am 15.11.2020).

2 Vgl. ebd., S. 115.

mit nichtdeutscher Alltagssprache lediglich 31 Prozent.[3] Auch hier scheint der Unterschied zwischen Stadt und Land gravierend zu sein, da im städtischen Raum insgesamt mehr Schüler*innen mit nichtdeutscher Alltagssprache wohnen.

Die Schulbildung der Eltern und die Alltagssprache haben in Österreich also eine große Auswirkung darauf, ob ein Kind mit zehn Jahren in eine Mittelschule oder ein Gymnasium gehen wird. Anders gesagt: Schüler*innen, deren Eltern weniger bildungsaffin sind und/oder einen Migrationshintergrund haben, haben in Österreich geringere Chancen auf einen Bildungsaufstieg. Nun könnte man meinen, dass diese Schüler*innen in der Mittelschule besser aufgehoben wären, da sie dort mehr Unterstützung bekommen. Tatsächlich variieren die durchschnittlichen Kosten pro Schüler*in je nach Schultyp. Für Schüler*innen der AHS-Unterstufe wurden im Schuljahr 2015/16 pro Kopf 8246 Euro ausgegeben, während der Betrag für die Mittelschule (damals noch Neue Mittelschule) 12 417 Euro betrug.[4] Vergleicht man diese Beträge nun mit dem Bildungserfolg, also den erreichten Kompetenzen nach der achten Schulstufe, so kann man sich nur wundern. Die Zahlen zeigen deutlich, dass Schüler*innen der Mittelschule die Bildungsstandards in Lesen und Mathematik seltener erreichen als jene der AHS-Unterstufe.[5]

Die Gründe dafür sind vielschichtig. Die Mittelschule ist vor allem in Städten meistens eine sogenannte »Restschule«. Schüler*innen mit sprachlichen Schwierigkeiten, Schüler*innen mit sonderpädagogischem Förderbedarf, außerordentliche Schüler*innen, Schüler*innen, die im Gymnasium durchfallen – sie alle finden in der Mittelschule einen Platz. Die Mittelschule hat also eine wesentlich heterogenere Schüler*innenschaft und kann auch nicht wie das Gymnasium aussortieren (und will es auch nicht!). Um dieser Herausforderung gerecht zu werden, sind Unterstützungspersonal, kleinere Klassen und generell eine bessere Ausstattung nötig.

Das haben Mittelschulen aber trotz der höheren Kosten pro Kind meist nur unzureichend zur Verfügung. Während in der überwiegenden Mehrheit der Gymnasien administrative Tätigkeiten von

3 Vgl. ebd., S. 143.
4 Vgl. ebd., S. 55.
5 Vgl. ebd., S. 233ff.

Sekretär*innen übernommen werden, müssen Lehrer*innen und Direktor*innen der Mittelschulen diese Arbeiten oft selbst erledigen. Außerdem fehlt es an Sozialarbeiter*innen, Psycholog*innen, Lehrer*innen zur Förderung von Kindern und Jugendlichen mit Deutsch als Zweit- oder Fremdsprache, Legasthenietrainer*innen und vielem mehr. Darüber hinaus repräsentiert der Lehrkörper die Heterogenität der Schüler*innen meist nicht. Der Großteil des Lehrkörpers an österreichischen Pflichtschulen besteht aus Frauen, wenige haben selbst einen Migrationshintergrund. Durch die fehlende Diversität fällt es Lehrer*innen oft schwerer, eine Vorbildwirkung zu erzeugen oder sich in die Lebensrealitäten der Schüler*innen hineinzuversetzen.

Zusammengefasst kann man sagen, dass das österreichische Bildungssystem auf die Unterstützung der Eltern angewiesen ist. Es kompensiert kaum, wenn diese nicht vorhanden ist. Schüler*innen der Mittelschule haben überdurchschnittlich oft Eltern, die aus verschiedenen Gründen nicht in der Lage sind, die notwendige Unterstützung zu leisten. Deshalb haben diese Schüler*innen von Anfang an kaum Chancen auf einen Bildungsaufstieg.

»Ich bin dumm« –
Was bewirkt soziale Ungleichheit im Klassenzimmer?

»Wir können das nicht, das ist doch was
für die im Gymnasium!«
»Ich glaub, ich bin zu dumm dafür.«
»Ich geh später sowieso zum AMS.«

Solche und ähnliche Aussagen hört man als Lehrer*in in einer Mittelschule im städtischen Raum regelmäßig. Von der ersten Klasse an versuchen wir die Kinder zu stärken, zu motivieren, zu inspirieren. Doch sie wissen ganz genau: Sie sind Schüler*innen »zweiter Klasse«. Denn die »Guten«, die gehen ins Gymnasium. Die soziale Ungleichheit in unserem Schulsystem führt schon bei Zehnjährigen zu geringem Selbstvertrauen. Verstärkt wird dieses Gefühl noch, wenn die Schüler*innen in den Klassenzimmern, statt Stärkung zu erfahren, Diskriminierung ausgesetzt sind. Vor allem Rassismus ist an den Schulen ein großes Problem. Schüler*innen werden von vielen Lehrer*innen nicht ernst genommen, ihnen wird oft mit Vorurteilen und geringer Wertschätzung begegnet. Der Fokus auf Deutschkenntnissen führt dazu, dass andere Sprachen abgewertet werden. Oftmals werden Konflikte innerhalb der Klasse nicht angesprochen oder geklärt. Im Klassenzimmer kommt somit zur strukturellen Ungleichheit, die im österreichischen Bildungssystem herrscht, individuelle Diskriminierung hinzu. In der Lehrer*innenausbildung wird der Umgang mit Mehrsprachigkeit oder kultureller Vielfalt kaum bis gar nicht thematisiert – Lehrkräfte fühlen sich mit den Herausforderungen überlastet. Hilfsangebote wie Supervision sind nur begrenzt verfügbar.

Auch die Eltern werden an den Schulen oftmals mit Rassismus konfrontiert, etwa wenn Elterngespräche nicht auf Augenhöhe geführt werden und vorgefertigte Meinungen sich verfestigen. Der vermeintlich fehlende Kooperationswille der Eltern stößt wiederum bei den Lehrer*innen auf Frust. Darüber hinaus entstehen schnell Missverständnisse, da Informationen in anderen Sprachen oder Übersetzer*innen bei Gesprächen rar sind.

Die Segregation nach Bildungsstand der Eltern führt auch dazu, dass an Mittelschulen seitens der Eltern meist weniger finanzielle Ressourcen zur Verfügung stehen. Schon ein Elternvereinsbeitrag von 20 Euro pro Kind ist für manche sehr hoch. Somit sind Projektwochen, Auslandsreisen oder Skikurse an vielen Schulen kaum möglich.

In einem segregierten Schulsystem werden viele Schüler*innen weniger gefordert und haben nicht so viele Möglichkeiten, voneinander zu lernen. An den Mittelschulen, die eine größere Heterogenität aufweisen als die AHS-Unterstufe, erlangen die Schüler*innen zwar hohe soziale Kompetenzen, aber die Überprüfung der Bildungsstandards in der achten Schulstufe zeigt, dass nur wenige mit den Lese- oder Mathematikkompetenzen von AHS-Schüler*innen mithalten können. Entgegen der öffentlichen Meinung zeigen Studien allerdings, dass eine bessere soziale Durchmischung keinesfalls zu einer allgemeinen Verschlechterung des akademischen Niveaus führt.[6] Vielmehr würden alle Schüler*innen von ihr profitieren.

6 Vgl. Simone Breit/Ferdinand Eder/Konrad Kainer/Claudia Schreiner/Andrea Seel/Christiane Spiel, *Fokussierte Analysen und Zukunftsperspektiven für das*

Was wird gegen soziale Ungleichheit unternommen?

Der sozioökonomische und sprachliche Hintergrund von Kindern und Jugendlichen führt zu ungleichen und unfairen Startbedingungen, weshalb ein dringender Handlungsbedarf besteht. Vereinzelte politische Veränderungen und private Initiativen nehmen sich dieser Problematik an, bis jedoch Veränderungen beim einzelnen Kind ankommen, vergeht oft zu viel Zeit. Zeit, in der eine große Anzahl von Schüler*innen die Schule verlässt, ohne dass diese Maßnahmen zu ihnen durchdringen. Wer über soziale Benachteiligung im Klassenzimmer spricht, meint nicht selten soziale und kulturelle Vielfalt im Klassenzimmer. Die teils synonyme Verwendung dieser Begrifflichkeiten führt dazu, dass Vielfalt als Nachteil betrachtet wird. Sie verwandelt Kompetenzen und Fähigkeiten in Defizite. So werden Kinder, die zwei bis drei Sprachen fließend sprechen, auf die eine Sprache reduziert, die sie oftmals erst mangelhaft beherrschen: Deutsch. Dieser Nachteil, der durch ausreichend Zeit und gut geschultes pädagogisches Personal ausgeglichen werden könnte, führt für die betroffenen Kinder zu signifikant schlechteren Chancen am Bildungs- und Arbeitsmarkt. Sprachliche und kulturelle Vielfalt werden durch diese Art der Kommunikation abgewertet, obwohl sie in einer Gesellschaft, die immer diverser wird, als eine Ressource wahrgenommen und als solche wertgeschätzt und gefördert werden müsste.

Sozioökonomisch benachteiligte Familien müssen mit geringen finanziellen Ressourcen auskommen. Das hat großen Einfluss auf die Bildung von Kindern. Mit Kindern ins Museum oder ins Theater zu gehen ist für viele Familien nicht selbstverständlich. Genauso übersteigen Musik-, Tanz- oder Sportkurse oft ihre finanziellen Möglichkeiten. Neben alltäglich notwendigen Schulmaterialien und eventuellem Schulessen fällt es insbesondere Familien mit mehreren Kindern schwer, das Geld für teure Schulausflüge, Projekt- und Sportwochen aufzubringen. Doch gerade diese Aktivitäten sind es, die einen wesentlichen Beitrag zur Erweiterung des kulturellen und gesellschaftlichen Horizonts der Kinder leisten

Bildungswesen, in: *Nationaler Bildungsbericht Österreich 2018*, Band 2, Graz 2019, https://www.bifie.at/wp-content/uploads/2019/03/NBB_2018_Band2_final.pdf (Abruf: 15. 11. 2020), S. 26.

und dabei helfen können, ungleiche Startbedingungen auszugleichen. Sie tragen dazu bei, eigene Fähigkeiten und Interessen zu erkennen und zu vertiefen sowie soziale Kontakte zu knüpfen, die einen bereichernden Einfluss auf die Entwicklung der Kinder nehmen können.

Elternvereine an Schulen und vereinzelte staatliche Stellen bieten darum finanzielle Hilfen für diese Familien. Dadurch wird vielen Kindern die Teilhabe an horizonterweiternden Aktivitäten ermöglicht. Dennoch kann jede*r Lehrer*in, die schon einmal kleine Summen aus eigener Tasche bezahlt oder an Schüler*innen Geld verliehen hat, bestätigen, dass hier eine unbürokratische Unterstützung notwendig wäre. Denn viele scheitern daran, herauszufinden, wie und wo man sich finanzielle Unterstützung holen kann oder wie die dafür notwendigen Formulare und Bestätigungen zu verstehen und auszufüllen sind. So bleiben manche dieser Unterstützungsangebote für betroffene Familien aufgrund fehlender Information oder Sprachbarrieren unerreichbar. Darüber hinaus ist das Ansuchen um finanzielle Unterstützung für manche Eltern auch schambehaftet. Sie vermeiden es daher, wenn es nicht unbedingt notwendig ist. Aus diesem Grund wäre es wichtig, Unterstützungen anzubieten, die keines aktiven Ansuchens bedürfen. Auch aufseiten der Lehrkräfte ist hier Sensibilität gefragt. Schulveranstaltungen und Exkursionen müssen so gewählt werden, dass sie keine überdurchschnittliche finanzielle Belastung für die Familien darstellen. Schulfonds für Projekt- oder Sportwochen könnten dazu beitragen, allen Kindern diese Erfahrungen zu ermöglichen, ohne ihre Familien dabei zusätzlich unter Druck zu setzen.

In den letzten Jahren nahm die Zahl der Ganztagsschulen zu. Diese bieten einerseits zusätzliche Lernunterstützung am Nachmittag, die Eltern sozioökonomisch benachteiligter Familien oftmals nicht in gleichem Ausmaß leisten können wie ökonomisch bessergestellte Eltern. Das liegt auch daran, dass Erstere öfter untertags, aber auch abends arbeiten müssen, wenn ihre Kinder Unterstützung bräuchten, oder dass ihnen selbst die entsprechenden sprachlichen Kompetenzen fehlen. Eine ganztägige Schule kann hier ausgleichend wirken. Gerade verschränkte Ganztagsschulen, in denen sich Unterrichts-, Lern- und Freizeitphasen abwechseln und die Kultur- und Sportangebote setzen, sind eine gute Möglichkeit für die Schüler*innen, neue Erfahrungen zu sammeln und ihre Interessen zu vertiefen. Dadurch werden die kulturellen und sozialen Kompetenzen benachteiligter Kinder gestärkt. Gleichzeitig nimmt es den Druck und die Verantwortung von Eltern, die meist ohnehin schon damit zu kämpfen haben, die Familie über die Runden zu bringen. Leider gibt es derzeit noch nicht ausreichend kostenlose Plätze an Ganztagsschulen. Deren Ausweitung muss politische Priorität haben. Allen Kindern, die einen Ganztagsschulplatz benötigen, sollte ein solcher zur Verfügung gestellt werden.

Neben Ganztagsschulen und ganztägigen Betreuungsangeboten gibt es auch kostenlose Nachhilfe-Angebote (in Wien z. B. die *Förderung 2.0* der Volkshochschule). Oftmals finden diese in städtischen Büchereien oder nach Unterrichtsschluss an Schulen statt. Diese Angebote ermöglichen es Kindern, die zu Hause nicht entsprechend beim Lernen unterstützt werden können oder in beengten Wohnverhältnissen leben, in Ruhe ihre Aufgaben zu erledigen und zu lernen.

Eine Reihe an Bildungsinitiativen nimmt sich darüber hinaus ganz gezielt der Bekämpfung sozialer Ungleichheiten an. Die Herangehensweisen sind unterschiedlich, das Ziel jedoch in der Regel dasselbe: allen Kindern eine gute Zukunft zu ermöglichen. Eine Auswahl dieser Initiativen soll hier beispielhaft genannt werden. Die Initiative *Teach for Austria* schickt hochmotivierte Akademiker*innen für eine gewisse Zeit an herausfordernde Schulen, während Vereine wie *Sindbad* oder *Big Brothers Big Sisters* Kinder und Jugendliche durch individuelle Mentoring-Programme unterstützen. Sinnvolle und hochwertige Freizeitgestaltung ist nach wie vor ein Privileg, das viele Familien ihren Kindern nicht bieten können. Initiativen wie der *Verein Wiener Jugendzentren* oder die *Vienna Hobby Lobby* haben es sich zur Aufgabe gemacht, Freizeitangebote zu schaffen, die allen Kindern, unabhängig vom Einkommen ihrer Eltern, zur Verfügung stehen. *Superar* bietet kostenlose Musikförderung für jedes Kind an und das *Science Center Netzwerk* ermutigt Kinder, Wissenschaft und Technik zu erforschen.

Wo müssen wir hin?

Das Bildungssystem ist nur einer von vielen Bereichen, die zu einer sozial gerechteren Gesellschaft beitragen können. Bildung allein kann keine sozial gerechte Gesellschaft herstellen. Dazu braucht es neben einem gerechteren Bildungssystem immer noch Sozial-, Wirtschafts- und Wohnungspolitiken, die soziale Ungerechtigkeiten reduzieren. Darüber hinaus stellt sich die Frage, ob ein gerechtes Bildungssystem, das soziale und ökonomische Mobilität forciert, in einer Gesellschaft und einem Wirtschaftssystem, die genau dies nicht tun, überhaupt möglich ist. Braucht es nicht zuerst eine gerechtere Gesellschaft, die ein gerechtes Bildungssystem ermöglicht? Es gibt jedoch Maßnahmen im Schul- und Bildungssystem, sowohl auf pädagogischer Ebene im Klassenzimmer als auch auf bildungspolitischer Ebene, die umsetzbar und dringend notwendig wären.

Kleine Schritte – pädagogische Veränderungen im Klassenzimmer

Differenzierung und Potenzialfokussierung. Soziale Ungerechtigkeiten können im Unterricht ausgeglichen werden, indem jedes Kind als Individuum gesehen wird. Das bedeutet, dass nicht alle Schüler*innen immer gleichzeitig das Gleiche lernen, sondern dass im Unterricht auf die Stärken und Schwächen, aber auch auf unterschiedliche Lerntypen, Lerngeschwindigkeiten und Interessen eingegangen wird. Das bedarf freilich einer starken Differenzierung des Unterrichts auf mehreren Ebenen. Erstens sollte der Unterricht nach dem Vorwissen der Schüler*innen differenziert werden. Damit jedes Kind gesehen wird und die Chance bekommt zu lernen, muss auf die verschiedenen Startbedingungen eingegangen werden. Zweitens sollte der Unterricht den Interessen entsprechend differenziert sein, damit jedes Kind in jenen Feldern am meisten lernen kann, die es am meisten interessieren. Drittens bedarf es einer Differenzierung nach Leistung beziehungsweise Leistungsmotivation. Nicht jede*r Schüler*in muss in Mathematik die gleichen Aufgaben machen. Manche wollen und können schwierigere Aufgaben machen, andere nicht.

Von der Differenzierung des Unterrichts profitieren vor allem Schüler*innen aus sozioökonomisch ärmeren Familien, da auf jedes Vorwissen und Leistungsniveau eingegangen werden kann und so Leistungsunterschiede bearbeitet werden können. Außerdem soll Unterricht nicht nur differenziert sein, sondern auch auf die Potenziale der einzelnen Schüler*innen fokussieren. Gerade für

Kinder aus ökonomisch schwächeren Milieus ist es enorm wichtig, dass sie in der Schule ihr Potenzial entdecken und entfalten können. Dazu gehören asynchrones und projektorientiertes Arbeiten ebenso wie das Setzen und Reflektieren von individuellen Zielen. Einige Schulen in Österreich zeigen, dass diese Form des Lernens, asynchron, differenziert, auf die Interessen der Schüler*innen ausgerichtet, möglich ist. So lernen Schüler*innen beispielsweise in offenen Settings wie Lernbüros im eigenen Tempo an unterschiedlichen Aufgabenstellungen verschiedener Fächer zu arbeiten.

Was dieser Differenzierung und Individualisierung derzeit noch im Weg steht, ist, dass Lehrkräfte vielerorts Einzelkämpfer*innen sind. An vielen Schulen findet nur wenig Austausch und Zusammenarbeit statt, was die Belastungen und den Mehraufwand für Lehrer*innen verstärkt. Die Schaffung eines differenzierten Lernangebots ist nicht nur mit hoher Kompetenz der Lehrkraft, sondern auch mit enorm viel Vorbereitungsarbeit verbunden. Neben der klassischen Vor- und Nachbereitung, der Elternarbeit und unzähligen administrativen und bürokratischen Aufgaben von Lehrkräften fehlen mitunter Zeit und Energie, um dieses so notwendige differenzierte Lernangebot zu schaffen. Qualitativ hochwertige Differenzierung muss bewältigbar sein und differenzierte Unterstützung – insbesondere an Schnittstellen – gewährleistet werden. Dafür bedarf es politischer Maßnahmen und Strukturen, die ein kooperierendes System fördern und den Druck und die Mehrfachbelastung von einzelnen Lehrer*innen nehmen.

Mitsprachemöglichkeiten schaffen. Eine weitere Möglichkeit, soziale Ungerechtigkeiten im alltäglichen Schulalltag auszugleichen, bietet das Schaffen von Mitsprachemöglichkeiten und -rechten für die Schüler*innen. Das kann ein Klassenrat in jeder Klasse sein, der mitbestimmt, was in der Klasse passiert. Das kann aber auch eine Schulvollversammlung sein, also eine Art Parlament, in dem Schüler*innen über Gestaltungsmöglichkeiten ihrer Schule diskutieren und Entscheidungen treffen können. Vor allem Kinder aus ärmeren Milieus können so auf ihre Anliegen aufmerksam machen, ihre Stimme erheben und den Unterricht und ihre Schule gerechter gestalten.

Thematisieren im Unterricht. Um soziale Ungerechtigkeiten in der Schule ausgleichen zu können, müssen Aspekte wie Vielfalt,

Herkunft, Armut und Gerechtigkeit im Unterricht thematisiert werden. Viele Schulen zeigen vor, wie man diese Themen sowohl im Unterricht als auch über Workshops besprechen, diskutieren und bearbeiten kann. So können Workshops oder Projekte über Menschenrechte und Vielfalt dabei helfen, dass die Thematik den Schüler*innen bewusster wird und die Ergebnisse in der Klasse wertgeschätzt werden.

Die beschriebenen Vorschläge zur Reduktion von sozialen Ungerechtigkeiten mögen zwar nur kleine Schritte sein, sie können aber eine große Wirkung auf einzelne Schüler*innen haben. Zudem sind sie wohl einfacher und kostengünstiger umzusetzen als die in der Folge beschriebenen strukturellen und politischen Veränderungen.

Große Schritte – bildungspolitische Veränderungen

Gemeinsame Schule. Auf bildungspolitischer Ebene existiert eine Vielzahl von Strukturen, die soziale Ungleichheiten festigen. Das größte Problem ist in diesem Zusammenhang die Segregation. Unglücklicherweise findet man trennende Maßnahmen im österreichischen Schulsystem auf vielen verschiedenen Ebenen. Die wohl auffälligste dieser Trennungen erfolgt bereits mit zehn Jahren durch die Aufteilung in Gymnasium und Mittelschule. Übertrittsentscheidungen nach der Volksschule basieren nur zu einem kleinen Teil auf tatsächlichen Leistungen und dem Potenzial eines Kindes. Entscheidend ist vielmehr die soziale Herkunft. In der Mittelschule setzt sich die Separierung schließlich fort: Die Leistungen der Schüler*innen werden in die Kategorien »Standard« und »Standard AHS« eingeteilt. Diese Bezeichnungen klingen verhöhnend, denn einmal mehr wird den Kindern suggeriert, dass der »AHS-Standard« der höhere, bessere und damit erstrebenswerte ist. »Warum heißt das so? Die Kinder sind in der Mittelschule, warum muss man sie wieder daran erinnern, dass die AHS die bessere Schule ist?«, empört sich die Mutter eines Schülers aus der vierten Klasse Mittelschule völlig zurecht.[7]

Weiters werden in den von der ÖVP/FPÖ-Regierung eingeführten Deutschförderklassen jene Kinder, die Deutsch un-

7 Mutter eines Schülers an einer MS in Wien Simmering.

zureichend beherrschen, von ihren Stammklassen getrennt – ein oftmals stigmatisierendes Erlebnis. Damit wird jenen, die ohnehin schon wissen, dass sie in der Schule für weniger leistungsstarke Kinder gelandet sind, einmal mehr klargemacht, dass sie nicht einmal dafür gut genug sind. Gleichzeitig nimmt man den Kindern durch die Aussortierung den gerade für den Spracherwerb so wichtigen Kontakt zu gleichaltrigen Schulkolleg*innen, die bereits gut Deutsch sprechen.

Zusammengefasst kann man sagen, dass der eigene Bildungsweg und Bildungsgrad in Österreich stark von der formalen Bildung der Eltern bestimmt wird. Kinder aus sozioökonomisch ärmeren Milieus haben insbesondere aufgrund des segregierenden Schulsystems nicht die gleichen Chancen und Möglichkeiten wie Kinder aus reicheren Schichten. Wir brauchen daher eine gemeinsame Schule der Zehn- bis Vierzehnjährigen, die für eine bessere sozioökonomische Durchmischung der Schüler*innen und gerechtere Chancen für alle sorgt.

Finanzierung. Da es aber auch nach der Einführung einer gemeinsamen Schule Standorte geben wird, die größere Herausforderungen zu bewältigen haben als andere, muss die Finanzierung des gesamten Bildungssystems neu aufgestellt werden. Jene Standorte, die größere Herausforderungen und Probleme haben, sollten mehr Geld und mehr Ressourcen in Form von Personal bekommen. Dieser oft genannte Chancenindex würde vor allem Kindern aus ökonomisch schwächeren Familien zugutekommen. Darüber hinaus wäre es sinnvoll, mehr Geld in Kindergärten und Volksschulbildung zu investieren. Derzeit fließt das meiste Geld in die Altersgruppe der Zehn- bis Vierzehnjährigen. Je mehr in frühkindliche und elementare Bildung investiert wird, desto besser können Herkunftseffekte durch soziale Ungerechtigkeiten ausgeglichen werden.

Beurteilung. Verschiedene Untersuchungen zeigen, dass Kinder mit Migrationshintergrund strenger beurteilt werden als autochthone Kinder.[8] Ganz generell ist die Vergleichbarkeit von Ziffernnoten stark zu hinterfragen, da sich Lehrkräfte bei der Beurteilung

8 Vgl. Aladin El-Mafaalani, *Mythos Bildung: Die ungerechte Gesellschaft, ihr Bildungssystem und seine Zukunft*, Köln 2020, S. 81.

an klasseninternen Bezugsrahmen orientieren.[9] Dieselbe Leistung kann demnach in einer leistungsschwachen Klasse zu einem »Gut« führen, während sie in einer leistungsstarken Klasse nur für ein »Genügend« reicht. Damit verlieren Ziffernnoten ihre ohnehin beschränkte Aussagekraft. Im Gegensatz dazu kann eine lernzielorientierte differenzierte Leistungsrückmeldung einen positiven Einfluss auf den Lernprozess nehmen. Indem klar aufgezeigt wird, welche Ziele bereits erreicht wurden und an welchen noch gearbeitet werden muss, beinhalten solche Rückmeldungen – anders als eine Ziffernnote – konkrete und bewältigbare Handlungsaufforderungen. Für das Kind selbst wird ersichtlich, was es bereits geschafft hat, und der Lernprozess selbst wird in den Mittelpunkt gerückt. Dagegen haben Ziffernnoten endgültigen und wenig motivierenden Charakter, der nur das Produkt eines Lernprozesses statt den Prozess selbst hervorhebt. Darum wäre eine Ablösung des veralteten Systems der Ziffernnoten durch verbale, lernzielorientierte Leistungsbeurteilungen ein weiterer Schritt, um soziale Gerechtigkeit im Schulsystem zu stärken.

Ausbildung und Auswahl von Pädagog*innen. Frühkindliche Förderung braucht nicht nur gut finanzierte, sondern vor allem auf hohem Qualitätsniveau arbeitende Kindergärten. Dazu müssen die Gruppengröße reduziert, die Ausbildung der Kindergartenpädagog*innen ausgebaut und verbessert, aber auch das Ansehen des Berufs gestärkt werden. Auch sprachliche Förderung ist im Kindergartenalter enorm wichtig. Es braucht daher mehr Sprachpädagog*innen, die mit den Kindern Deutsch, aber auch ihre eigenen Muttersprachen lernen. Der Ausbau des muttersprachlichen Unterrichts ist nicht nur eine Frage des Spracherwerbs, sondern kann auch zu einem gestärkten Selbstwertgefühl und der Wahrnehmung von Wertschätzung bei Kindern führen, die sonst oftmals benachteiligt werden. Eine weitere notwendige systemische Veränderung ist eine Reform der Lehrer*innenausbildung. Diese sollte nicht nur Praxiserfahrung und einen stärkeren Fokus auf Pädagogik beziehungsweise Didaktik beinhalten, sondern auch auf

9 Vgl. Anna Südkamp/Jens Möller, *Referenzgruppeneffekte im Simulierten Klassenraum: Direkte und indirekte Einschätzungen von Schülerleistungen*, in: Zeitschrift für Pädagogische Psychologie 23, 2009, S. 161–174, https://doi.org/10.1024/1010-0652.23.34.161 (Abruf 15. 11. 2020).

die Arbeit in einem diversen Klassenzimmer vorbereiten. Divers im Sinne von Sprache und Migrationsbiografien, aber auch im Sinne von ökonomischen Schichten und Klassen. Derzeit findet die Vorbereitung auf das Unterrichten von Kindern aus sozioökonomisch ärmeren oder auch Migrant*innenfamilien viel zu wenig Raum in der Lehrer*innenausbildung. Zusätzlich repräsentiert die Zusammensetzung der Lehrer*innen vor allem an Mittelschulen nicht annähernd die Schüler*innenschaft. Wir brauchen einen viel diverseren Lehrkörper, um soziale Ungerechtigkeiten beseitigen zu können.

Ein faires Bildungssystem, in dem pädagogisch, aber auch systemisch daran gearbeitet wird, soziale Ungleichheiten zu reduzieren, kann zu einer gerechteren Gesellschaft beitragen. Wir müssen die Ungerechtigkeiten des Systems weiterhin ansprechen und auf allen Ebenen daran arbeiten, diese zu überwinden, um eine gerechtere Gesellschaft zu ermöglichen!

GERD VALCHARS, JUDITH KOHLENBERGER

Vom Bildungs- zum Wahl(rechts)ausschluss: das Spannungsfeld Bildungsmobilität, demokratische Partizipation und Migration

Die Wien-Wahl im Herbst 2020 hat uns einmal mehr eine beunruhigende Entwicklung der letzten Jahre deutlich vor Augen geführt, die weit über die Stadtgrenzen hinaus für ganz Österreich ernstzunehmende Bedeutung hat: Die Mehrheit aller Wiener*innen im Wahlalter hat an der Wahl gar nicht mitgewirkt. Nur knapp 46 Prozent der Einwohner*innen über 16 Jahre haben bei der Wahl eine Stimme abgegeben, die Mehrheit aber blieb an diesem Sonntag zu Hause. Knapp 30 Prozent waren schlichtweg nicht wahlberechtigt, weitere 25 Prozent enthielten sich als Wahlberechtigte der Stimmabgabe. Die SPÖ als stärkste Partei dieser Wahl kam mit knapp unter 19 Prozent erst an dritter Stelle. Ihren rund 302 000 Stimmen stehen 394 000 Stimmenthaltungen und 482 000 Nichtstimmberechtigte gegenüber. Und die spätere Regierungskoalition aus SPÖ und NEOS, im Gemeinderat mit einer absoluten Mehrheit an Mandaten ausgestattet, kam in der Bevölkerung im Wahlalter zusammen auf gerade mal 22 Prozent.

Für das politische System bedeuten diese Zahlen ein wachsendes Problem auf mehreren Ebenen: Durch die sinkende Zahl der Wähler*innen und Wahlberechtigten erodiert der Demokratie zusehends die legitimatorische Basis. Die ungleichen rechtlichen Möglichkeiten zur politischen Beteiligung und deren ungleiche tatsächliche Inanspruchnahme verzerren die Repräsentation der Bevölkerung im politischen Gefüge. Soziale Ungleichheit übersetzt sich dabei in politische Ungleichheit, die im Ergebnis wiederum soziale Ungleichheit verstärkt – ein demokratiepolitischer Teufelskreis.

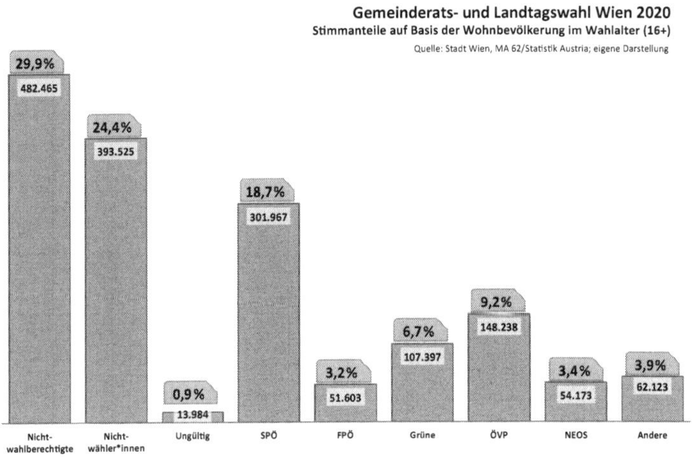

(Soziale) Ungleichheit und politische Partizipation: Wahlenthaltung und Wahlrechtsausschluss

Demokratie lebt von Beteiligung. Die Art der Beteiligung kann dabei ganz unterschiedlich aussehen. Nicht bloß die Teilnahme an Wahlen ist damit gemeint, wenngleich Wählen oft das Erste ist, das einem als Beispiel für politische Partizipation in den Sinn kommt. Politische Partizipation umfasst vielmehr alle Aktivitäten von Einzelnen oder vielen gemeinsam, die darauf abzielen, Einfluss auf politische Entscheidungen zu nehmen. Damit sind selbstverständlich auch jene weniger formalen, »unkonventionellen« Formen des politischen Aktivismus gemeint wie Unterschriftenaktionen, Demonstrationen und Produktboykotte oder öffentlichkeitswirksame Skandalisierung und Kritik in Sozialen Medien. Sie alle sind schon lange zum festen Bestandteil des allgemeinen Partizipationsrepertoires geworden.[1] Politische Partizipation erfüllt wesentliche Funktionen für die Demokratiequalität. Sie dient der Legitimation politischer Entscheidungen, der Wahrung und Durchsetzung von Interessen und der Selbstentfaltung der Menschen.[2] »Where few take part in decisions there is little democracy;

1 Jan W. van Deth, *Politische Partizipation*, in: Viktoria Kaina/Andrea Römmele (Hg.), *Politische Soziologie. Ein Studienbuch*, Wiesbaden 2009. S. 141.
2 Florian Walter, *Von Teilhabe ausgeschlossen? Soziale Ungleichheit und politische Partizipation in Österreich*, in: *Kurswechsel* 3/2012, S. 40–48, hier S. 40.

the more participation there is in decisions, the more democracy there is«,[3] oder, auf den Punkt gebracht: »Wer Demokratie sagt, meint Partizipation.«[4]

Gleichzeitig wissen wir aber, dass sich politische Partizipation höchst ungleich verteilt. Ihre Abnahme, erkennbar beispielsweise an einem Sinken der Wahlbeteiligung, stellt ab einem gewissen Ausmaß ein Problem dar. Wirklich gefährlich für die Demokratie ist aber nicht die politische Abstinenz per se, sondern vor allem ihre ungleiche Verteilung in der Gesellschaft.[5] Und dabei spielt die soziale Situation eine ganz entscheidende Rolle. Einkommen und formale Bildung sind Schlüsselfaktoren, wenn es darum geht, die Wahrscheinlichkeit zur Teilnahme an Wahlen zu erklären. Höheres Einkommen und höherer Bildungsabschluss bedeuten höhere Wahlbeteiligung – ein Zusammenhang, der schon früh festgestellt wurde[6] und mittlerweile auch für Deutschland und Österreich durch zahlreiche empirische Studien gut belegt ist.[7] Für die politische Meinungsbildung und die Teilnahme an Wahlen braucht es Zeit und Energie, Ressourcen und das Vertrauen in die eigene politische Selbstwirksamkeit – also das Vertrauen, sich am politischen Prozess sinnvoll beteiligen und mit der eigenen Stimme etwas bewirken zu können.[8] Prekäre Lebens- und Arbeitsbedingungen oder

3 Sidney Verba/Norman Nie, *Participation in America. Political Democracy and Social Equality*, New York 1972. S. 1.

4 Van Deth, *Politische Partizipation*, S. 141.

5 Arend Lijphart, *Unequal Participation: Democracy's Unresolved Dilemma*, in: *American Political Science Review* 91, 1 (1997), S. 1–14.

6 Gabriel A. Almond/Sidney Verba, *The civic culture. Political attitudes and democracy in five nations*. Princeton 1963; Verba/Nie, *Participation in America*; Lijphart, *Unequal Participation*.

7 Armin Schäfer/Robert Vehrkamp/Jérémie Felix Gagné, *Prekäre Wahlen. Milieus und soziale Selektivität der Wahlbeteiligung bei der Bundestagswahl 2013*, Bertelsmann Stiftung, Gütersloh 2013; Petra Böhnke, *Ungleiche Verteilung politischer Partizipation*, in: *Aus Politik und Zeitgeschichte* 1–2/2011, S. 18–25; Martina Zandonella/Evelyn Hacker, *Schadet Ungleichheit der Demokratie? Die Auswirkungen von lokaler Einkommensungleichheit auf das Nichtwählen in Österreich am Beispiel der Nationalratswahl 2013*, in: *Wirtschaft und Gesellschaft* 42, 2 (2016), S. 303–323.; Walter, *Von Teilhabe ausgeschlossen?*; Eva Zeglovits, *NichtwählerInnen in Österreich*. Dissertation, Wien 2011. Weitere Literaturhinweise bei van Deth, *Politische Partizipation*, S. 153.

8 Sidney Verba/Kay L. Schlozman/Henry E. Brady, *Voice and Equality. Civic Voluntarism in American Politics*. Cambridge 1995; van Deth, *Politische Partizipation*, S. 153.

gar Arbeitslosigkeit und Armut verschlechtern die Möglichkeiten der politischen Partizipation und den Glauben an die eigene politische Wirksamkeit signifikant und führen folglich auch zu geringerer Beteiligung unter jenen, die von diesen Bedingungen (stärker) betroffen sind. Zwischen Wähler*innen und Nichtwähler*innen besteht ein soziales Gefälle; sinkt die allgemeine Wahlbeteiligung (wie langfristig in vielen Ländern beobachtbar), vergrößert sich diese Differenz und wächst sich zur sozialen Kluft aus.[9] Mit anderen Worten: »Je niedriger die Wahlbeteiligung ausfällt, desto ungleicher ist sie.«[10]

Politisch Aktive unterscheiden sich sozioökonomisch von den politisch Inaktiven, sie sind im Durchschnitt formal höher gebildet und verfügen über ein höheres Einkommen. Das gilt nicht nur für die Beteiligung an Wahlen, sondern sogar noch mehr für die Nutzung informeller, »unkonventioneller« Beteiligungskanäle und erst recht für das Engagement in einer Partei oder für eine eigene Kandidatur.[11] Die Bedeutung der sozialen Lage für die politische Partizipation lässt sich darüber hinaus nicht nur auf individueller Ebene erkennen, sondern ebenso deutlich auf Gemeinde-, Bezirks- und Sprengelebene: Höhere Arbeitslosigkeit und größere Einkommensungleichheit in einer Region oder einem Stadtteil bedeuten eine niedrigere Wahlbeteiligung. Die höchsten Anteile an Nichtwähler*innen und die höchste Rate an Arbeitslosen finden wir regelmäßig in denselben Wahlkreisen. Sie stehen wohlsituierten Stadtteilen mit extrem geringer Arbeitslosigkeit und überdurchschnittlich hoher Wahlbeteiligung gegenüber.[12]

9 Armin Schäfer, *Der Verlust politischer Gleichheit. Warum ungleiche Beteiligung der Demokratie schadet*, in: Klaus Armingeon (Hg.), *Staatstätigkeit, Parteien und Demokratie. Festschrift für Manfred G. Schmidt*, Wiesbaden 2013, S. 547–566, hier S. 554.

10 Schäfer et al., *Prekäre Wahlen*, S. 8.

11 Walter, *Von Teilhabe ausgeschlossen?*, S. 42f.; Schäfer, *Der Verlust politischer Gleichheit*, S. 556–562.

12 Schäfer et al., *Prekäre Wahlen*, S. 21–24; Zandonella/Hacker, *Schadet Ungleichheit der Demokratie?*, S. 313–317; Tamara Ehs, *Demokratie als soziale Klassenfrage*, in: Günther Sandner/Boris Ginner (Hg.), *Warum Demokratie Bildung braucht*, Wien/Berlin 2019, S. 50–60 und zuletzt für die Wiener Gemeinderatswahl 2020: Tamara Ehs/Martina Zandonella, *Wahlbeteiligung: Demokratie in sozialer Schieflage*. Politikwissenschaftsblog, 16. Oktober 2020, https://www.derstandard.at/story/2000120909605/wahlbeteiligung-demokratie-in-sozialer-schieflage (Abruf: 19.11.2020).

Soziale Ungleichheit übersetzt sich damit also in »partizipatorische Ungleichheit«[13] und diese wiederum in ungleiche Repräsentation. Das Elektorat, also die Summe der Wählerinnen und Wähler, ist kein Abbild der Bevölkerung mehr, sondern ein an den Rändern stark verzerrtes Spiegelbild, das sich mit sinkender Wahlbeteiligung weiter verzerrt. Ressourcenschwache und bildungsferne Bevölkerungsteile sind unter-, einkommens- und bildungsstarke Bevölkerungsteile hingegen überrepräsentiert und mit ihnen deren jeweilige Interessen. Denn politische Entscheidungsträger*innen orientieren sich stärker an den politisch Aktiven als an den Passiven; an jenen, die durch ihren politischen Aktivismus auf sich und ihre Anliegen aufmerksam machen und deren Stimmen bei der nächsten Wahl gewonnen werden können.[14] Die ungleiche Wahlbeteiligung wirkt sich also ganz konkret darauf aus, welche Politik für wen gemacht wird. Sozioökonomisch schlechter gestellte Menschen geraten dadurch einmal mehr ins Hintertreffen und der Eindruck der geringen eigenen Selbstwirksamkeit bestätigt sich. Die stark ungleiche territoriale Verteilung der Wahlbeteiligung kann zudem dazu führen, dass ganze Wahlkreise und Stadtviertel politisch vernachlässigt werden und struktur- und einkommensschwache Regionen dadurch noch weiter zurückfallen. »Nicht zu partizipieren, mag als private Entscheidung erscheinen, doch die Summe dieser nichtzufällig verteilten Entscheidungen entfaltet politische Wirkung.«[15]

All das ist aber nur ein Teil des Problems. Die soziale Kluft zwischen jenen, die am politischen Geschehen mitwirken, und jenen, die das nicht tun (können), ist noch deutlich größer, bedenkt man, dass sich neben der Gruppe der Nichtwähler*innen auch eine beständig wachsende Gruppe der Nichtwahlberechtigten im politischen Aus wiederfindet, und diese Gruppe zudem ebenfalls stark sozial stratifiziert ist. Die enge Verbindung von Staatsbürgerschaft und Wahlrecht in Österreich[16] und sein restriktives Staatsbürger-

13 Walter, *Von Teilhabe ausgeschlossen?*; Schäfer, *Der Verlust politischer Gleichheit*, S. 552f.
14 Vgl. ebd., S. 563.
15 Ebd., S. 564.
16 Das Wahlrecht ist in Österreich auf allen politischen Ebenen an die Staatsbürgerschaft gebunden. Neben Österreicher*innen sind auf kommunaler Ebene

Wahlrechtsinklusivität 2001 – 2020
Gemeinderats- und Landtagswahlen Wien
Quelle: Stadt Wien, MA 62/Statistik Austria (2001-2015: Bevölkerung im Jahresdurchschnitt, 2020: Bevölkerung zu Jahresbeginn; Wahlalter: 2001: 18+/ab 2005: 16+); eigene Darstellung und Berechnung

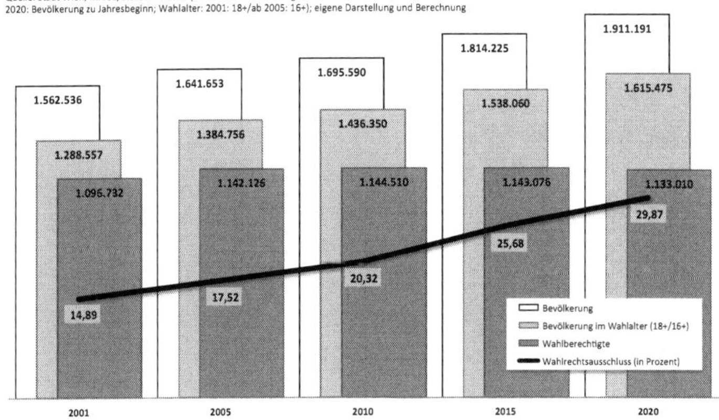

schaftsregime mit hohen Einbürgerungskriterien[17] führten über die letzten Jahre zu einem kontinuierlichen Anstieg der Zahl nichtwahlberechtigter Nichtstaatsbürger*innen und einem zunehmenden Auseinanderdriften von Wohn- und Wahlbevölkerung. Während die Bevölkerung in Österreich stetig wächst und mittlerweile an der Neun-Millionen-Grenze kratzt, nahm die absolute Zahl der Wahlberechtigten in den letzten Jahren ab. Von 1999 bis 2019 hat sich der Anteil der Bevölkerung im Wahlalter, der nicht wahlberechtigt ist, von 8,8 Prozent auf 15,5 Prozent innerhalb von sieben Wahlgängen beinahe verdoppelt. Noch einmal deutlicher zeigt sich dieses Phänomen in Städten – und besonders in Wien: Hier hat sich der Anteil der vom Wahlrecht Ausgeschlossenen im Wahlalter von 14,9 Prozent im Jahr 2001 auf die eingangs erwähnten knapp 30 Prozent im heurigen Jahr 2020 auf deutlich höherem Niveau ebenfalls verdoppelt.[18]

(außer in Wien, hier nur auf Bezirksebene) und bei Wahlen zum Europäischen Parlament zusätzlich auch Unionsbürger*innen mit einem Wohnsitz in Österreich wahlberechtigt. Drittstaatsangehörige sind auf keiner Ebene, anders als in zahlreichen anderen europäischen Staaten, auch nicht auf kommunaler Ebene, wahlberechtigt.

17 Vgl. Gerd Valchars, *Staatsbürgerschaft: Recht und Praxis in Österreich*, in: Birgit Schrattbauer/Walter Pfeil/Rudolf Mosler (Hg.), *Migration, Arbeitsmarkt und Sozialpolitik*, Wien 2018, S. 163–190.

18 Zahlen: Statistik Austria, BMI/MA62; eigene Berechnung.

Der rechtliche Ausschluss von der Wahl verschärft die ungleiche soziale Repräsentation, wie sie zuvor anhand der ungleichen Wahlbeteiligung beschrieben wurde, noch einmal deutlich. Im Vergleich zur Bevölkerung mit österreichischer Staatsbürgerschaft ist jene ohne österreichische Staatsbürgerschaft deutlich jünger, häufiger von Arbeitslosigkeit betroffen und mit niedrigerem Einkommen ausgestattet; auch in Bezug auf formale Bildungsabschlüsse zeigen sich zwischen diesen Gruppen deutliche Unterschiede.[19]

Bildungsvererbung, sozialer Aufstieg und Migrationshintergrund: Indikatoren, Ursachen und Lösungsansätze

Tatsächlich sind Bildung und sozialer Status zentrale Faktoren für individuelle politische Partizipation. Sie wirken sich unmittelbar auf die Wahlbeteiligung und über den Zugang zur Staatsbürgerschaft auf das Wahlrecht aus. Niedrige formale Bildung und ein geringes Einkommen verringern die Chancen zur politischen Mitsprache und Repräsentation. Genau hier offenbaren die hohe Bildungsvererbung in Österreich und der damit einhergehende versperrte soziale Aufstieg ihre weitreichenden Folgen für das demokratische System.

Auch im unmittelbaren internationalen Vergleich fällt Österreich durch seine hohe Bildungsvererbung auf. Besonders stark betroffen sind junge Menschen mit Migrationshintergrund, die in der zweiten oder dritten Generation in diesem Land leben. In keiner anderen Gruppe ist die Bildungsmobilität so gering ausgeprägt wie unter den Kindern türkischer und ex-jugoslawischer Einwanderer*innen. Haben ihre Eltern nur Pflichtschulabschluss, so erlangen 77 Prozent der Kinder ohne Migrationshintergrund einen höheren Abschluss. Im Vergleich dazu sind es bei Kindern aus migrantischen Familien nur 51 Prozent, wie die OECD-Studie

19 Vgl. Jeremias Stadlmair, *Demokratische Mitbestimmung von Fremden aus politikwissenschaftlicher Perspektive*, in: Salzburger Landtag/Katharina Weiser (Hg.), *Demokratische Zukunft der (Salzburger) Landesgesetzgebung. Festschrift 100 Jahre Erste Republik*, Wien 2018, S. 121–155, hier S. 123ff.; David Reichel/Bernhard Perchinig, *Reflections on the value of citizenship – explaining naturalisation practices*, in: Österreichische Zeitschrift für Politikwissenschaft 44, 1, 2015, S. 32–45.

Catching Up: Country Studies on Intergenerational Mobility and Children of Immigrants (2018) zeigt.[20]

Damit liegt Österreich im traurigen Spitzenfeld: In fast allen OECD-Ländern ist unter Kindern mit Migrationshintergrund die Bildungsmobilität stärker ausgeprägt als unter nichtmigrantischen Kindern, da Migrant*innen im Durchschnitt niedrigere Bildungsabschlüsse haben und die nächste Generation somit weiter und rascher aufsteigen kann. Dementsprechend liegt im Vereinigten Königreich die Wahrscheinlichkeit für ein Kind mit Migrationshintergrund, einen höheren Bildungsabschluss als seine Eltern zu erreichen, bei 90 Prozent.[21] Auch in Ländern wie der Schweiz, Deutschland und Luxemburg zeigen Jugendliche aus migrantischen Familien eine deutlich höhere Bildungsmobilität als Jugendliche aus einheimischen Familien. Das lässt sich durch das geringere Bildungsniveau der Eltern als Ausgangspunkt, aber auch durch hohe und, dank politischer Rahmenbedingungen, gut realisierbare Bildungsaspirationen der zweiten und dritten Generation erklären.

In Österreich hingegen ist die Bildungsmobilität von Jugendlichen mit Migrationshintergrund vergleichsweise gering: Sie haben eine weniger als 50 prozentige Wahrscheinlichkeit, einen höheren Bildungsabschluss als ihre Eltern zu erlangen, was Österreich gemeinsam mit Estland und Litauen zum europäischen Schlusslicht macht. Zudem lässt sich kein statistisch signifikanter Unterschied zwischen der Bildungsmobilität von migrantischen und einheimischen Jugendlichen feststellen.

Die fehlende Bildungsmobilität unter Migrant*innen ist vor allem der Tatsache zuzuschreiben, dass in Österreich wie in kaum einem anderen EU-Land Bildung nach wie vor vererbt wird – sprich, der Bildungsabschluss, den Kinder aus migrantischen Familien erreichen, stark von dem ihrer Eltern abhängt. Vor allem Mütter spielen eine zentrale Rolle für den Bildungserfolg ihrer Kinder, wie auch zahlreiche Studien in Ländern des globalen Südens immer wieder deutlich zeigen. Bildung von Frauen führt nicht nur zu geringerer Kindersterblichkeit und allgemein höherer Lebens-

20 OECD, *Catching Up? Country Studies on Intergenerational Mobility and Children of Immigrants*, Paris 2016, http://dx.doi.org/10.1787/9789264301030-en.

21 Vgl. ebd.

erwartung, sondern wirkt sich auch positiv auf den (höheren) Schulbesuch und das Bildungsniveau ihrer Kinder aus. Aufgrund dieses mittlerweile hinreichend belegten Multiplikator*inneneffekts sind Investitionen in die Bildung von Frauen doppelt wertvoll. Da es weiterhin vor allem die Mütter sind, die einen großen Teil der Sorge- und Familienarbeit übernehmen, hat ihr formaler Bildungsabschluss einen deutlichen Effekt auf die soziale Mobilität und Integration ihrer Kinder. Hinzu kommt gerade für Mädchen aus migrantischen Haushalten die Vorbildwirkung, die ihre Mütter erfüllen, wenn sie eine Ausbildung abgeschlossen haben und einem Beruf nachgehen.

Tatsächlich zeigt sich für Österreich, dass besonders junge Migrantinnen stark von Bildungsvererbung betroffen sind: Während Buben von niedrigqualifizierten Migrant*innen im Schnitt bessere Bildungsergebnisse erzielen als einheimische, verhält es sich bei Mädchen genau umgekehrt. 48 Prozent der einheimischen Mädchen aus niedrig qualifizierten Familien erreichen einen höheren Bildungsabschluss als ihre Väter, bei Mädchen mit Migrationshintergrund sind es nur 35 Prozent.[22] Das hat kulturelle Gründe, hängt aber auch mit der eher männlich dominierten Lehre in Österreich zusammen, die für viele Buben aus migrantischen Familien eine wichtige Aufstiegschance darstellt. Muss eine Familie aufgrund begrenzter Ressourcen die Entscheidung treffen, nur manchen ihrer Kinder eine Berufsausbildung zu ermöglichen, so entscheiden sie sich aufgrund finanzieller und realpolitischer Gegebenheiten (»male breadwinner«) häufig für den/die männlichen Nachfolger.[23]

Neben unzureichender, oft nur halbherziger Förderung von weiblicher Bildung und Erwerbstätigkeit trägt zur hohen Vererbung von Bildungsabschlüssen unter Migrant*innen auch das frühzeitig und sozial segregierende Schulsystem in Österreich bei. Konkret zeigt sich das anhand von drei klar erkennbaren Trennlinien.[24] Bei Kindern mit Migrationshintergrund ist die Wahr-

22 OECD, *Catching Up?*, 2016.

23 Alyssa Schneebaum/Bernhard Rumplmaier/Wilfried Altzinger, *Gender and migration background in intergenerational educational mobility*, in: Education Economics 24, 3 (2015), S. 239–260.

24 Die folgenden Ausführungen basieren auf Judith Kohlenberger, *Milieu und Herkunft: Die Türsteher*, in: Arbeit & Wirtschaft Magazin, 27. 2. 2020.

scheinlichkeit sechsmal geringer, einen Kindergarten zu besuchen, als bei Kindern ohne Migrationshintergrund. Wenn sie aber ihre Bildungslaufbahn doch mit dem Kindergarten und nicht erst mit der Volksschule beginnen, verbringen sie dort im Schnitt eine wesentlich kürzere Zeit als Kinder ohne Migrationshintergrund.[25] Diese geringe Bildungsbeteiligung im Vorschulalter ist ein erster, aber erheblicher Stolperstein für die Aufstiegschancen der zweiten und dritten Generation von Einwanderer*innen und wirkt sich negativ auf den späteren Bildungsverlauf aus: Kinder, die keinen Kindergarten besuchen können, erreichen später eher ein niedrigeres Bildungsniveau, haben seltener einen Vollzeitjob und einen niedrigeren Lohn.[26]

Diese Schieflage wird durch die zweite Trennlinie im Bildungsweg eines Kindes in Österreich noch verstärkt. Im Alter von zehn Jahren entscheiden sich Kinder mit Migrationshintergrund wesentlich seltener für eine allgemeinbildende höhere Schule als jene ohne Migrationshintergrund. So hatten beispielsweise Schüler*innen mit türkischer Staatsbürgerschaft im Jahr 2011 eine um 68 Prozent geringere Wahrscheinlichkeit als Österreicher*innen, es auf eine AHS zu schaffen. Die Entscheidung zwischen AHS oder NMS stellt also eine zweite entscheidende Weggabelung für den Bildungsverlauf von Kindern mit oder ohne Migrationshintergrund dar.

Die letzte Trennlinie tritt am Ende der Pflichtschullaufbahn mit fünfzehn Jahren auf, wenn sich Jugendliche für eine Berufsausbildung oder eine weiterführende Schule (und in der Folge ein Studium) entscheiden müssen. Jugendliche ohne Migrationshintergrund haben eine etwa viermal so hohe Wahrscheinlichkeit, an die Universität zu gehen, als Jugendliche mit türkischer Staatsbürgerschaft. Trotz des generellen Bildungsaufstiegs der österreichischen Wohnbevölkerung hat sich die Lücke zwischen österreichischen und türkischstämmigen Schüler*innen in den vergangenen Jahrzehnten sogar noch vergrößert, und zwar von 57 Prozent im Jahr

25 Silvia Salchegger/Iris Höller, *Haben Reformmaßnahmen im österreichischen Bildungssystem Effekte auf die Lesekompetenz von Kindern mit und ohne Migrationshintergrund?*, in: Christina Wallner-Pascho/Ursula Itzlinger-Bruneforth (Hg.), *Lesekompetenz der 10-Jährigen im Trend*, Graz 2019, S. 157–175.

26 Pirmin Fessler/Alyssa Schneebaum, *The Returns to Preschool Attendance*, in: *Department of Economics Working Paper Series* 233 (WU Wien, 2016).

1981 auf 62 Prozent im Jahr 2011.[27] Die Chancen für migrantische Jugendliche, eine akademische Ausbildung abzuschließen, sind also weiter im Sinken begriffen.

Hinzu kommt, dass nicht nur der Bildungs-, sondern auch der soziale Aufstieg in Österreich vererbt wird. Aktuelle OECD-Daten zeigen, dass die Vermögensverhältnisse in Österreich, aber auch in vielen vergleichbaren westeuropäischen Ländern, noch stärker festgefahren sind als vor zehn Jahren.[28] Wie eine Studie im Auftrag des Sozialministeriums aus dem Jahr 2019 verdeutlicht, schaffen nur 15 Prozent der Kinder aus Familien im niedrigsten Einkommenssegment – und das sind überproportional häufig migrantische Familien – den Aufstieg in das höchste Einkommenssegment.[29] Gleichzeitig ist das Absturzrisiko für Kinder aus einkommensstarken Familien (meist ohne Migrationshintergrund) gesunken: Wird man in eine Familie im höchsten Einkommenssegment geboren, so liegen die Chancen, dort auch als Erwachsener zu landen, bei immerhin 42 Prozent. Die Determinismen der sozioökonomischen, und weniger der ethnischen, Herkunft werden hier deutlich sichtbar: Die Wahrscheinlichkeit für ein Kind aus einer Arbeiter*innenfamilie, später einmal als Fach- oder Führungskraft tätig zu sein, ist 3,3-mal geringer als für Kinder von Eltern, die bereits selbst in diesen Positionen arbeiten. Und in Österreich haben viele diese Arbeiter*innen eben keine österreichische Staatsbürgerschaft – oder umgekehrt ausgedrückt: 43 Prozent aller Erwerbstätigen mit Migrationshintergrund sind Arbeiter*innen.[30]

27 OECD, *Catching Up?*, 2016.

28 Nicht nur in Österreich, auch international wird der Aufstieg in der Mittelschicht immer schwieriger. In den 1980er Jahren gehörten noch 64 Prozent der Bevölkerung aller OECD-Länder der Mittelschicht an, heute sind es 61 Prozent (in Österreich immerhin noch 67 Prozent). Als Mittelschicht gelten Haushalte, deren Nettoeinkommen zwischen 70 und 200 Prozent des Medianeinkommens eines Landes liegt. Während auf globaler Ebene die ökonomische Ungleichheit zwischen den Ländern der Welt gesunken ist, so ist sie gleichzeitig innerhalb der Länder gestiegen.

29 Vgl. Pirmin Fessler/Martin Schürz, *Vermögen der privaten Haushalte in Österreich: Gemeinsamkeiten und Unterschiede*, in: BMASGK, *Soziale Mobilität und Vermögensverteilung*, Wien 2019, S. 71–91.

30 Vgl. Statistik Austria, *Migration & Integration: Zahlen, Daten, Indikatoren*, Wien 2019.

Politische Gleichheit in Gefahr

An der zweiten und dritten Generation von Migrant*innen zeigt sich die benachteiligende Verschränkung von Bildungschancen, Herkunft und sozioökonomischem Hintergrund in aller Deutlichkeit. Soziale Exklusionsmechanismen, unter anderem durch ein frühzeitig trennendes Schulsystem, behindern die Bildungsmobilität und den sozialen Aufstieg von Kindern und Jugendlichen mit Migrationshintergrund. Und sie schlagen sich darüber hinaus in ungleichen Chancen und ungleichen rechtlichen Möglichkeiten zur politischen Mitbestimmung nieder, die selbst wiederum ein wichtiger Hebel für politische Maßnahmen zur Beseitigung oder zumindest Reduzierung dieser Exklusionsmechanismen wäre.

Wer aber von seinem Wahlrecht nicht Gebrauch macht, der ist im politischen Geschehen nicht repräsentiert. Und wer aufgrund seiner Staatsbürgerschaft keine Stimme hat, der hat nicht einmal etwas anzubieten, worum Parteien werben können. Die Stimme ist die einzige Währung, die am politischen Markt Gewicht hat; wer über sie nicht verfügt, dem wird nach der politischen Marktlogik von Parteien und Kandidat*innen keine Aufmerksamkeit geschenkt. Nichtwähler*innen, vor allem aber Nichtwahlberechtigte, sind keine politischen Subjekte, sondern allein Objekte der Politik und der politischen Auseinandersetzung.[31] Die ungleiche räumliche Verteilung der Nichtwahlberechtigten führt zu Stadtteilen, Bezirken und Grätzeln mit noch einmal deutlich höheren Ausschlusszahlen. Das bedingt nicht nur eine Verzerrung der Sozialstruktur von Wohn- und Wahlbevölkerung, sondern darüber hinaus die »Entstehung entpolitisierter Räume«.[32] Denn eine niedrige Wahlbeteiligung und ein hoher Grad an Nichtwahlberechtigten treffen oftmals im selben Wahlkreis aufeinander. Und sie verstärken einander noch zusätzlich: Wahlenthaltung scheint nämlich »ansteckend« zu sein. Wählen ist ein sozialer Akt; verfügen in der Nachbarschaft nur wenige Menschen über das Recht zu wählen, ist dort auch die Wahlbeteiligung jener, die wahlberechtigt sind, noch einmal geringer.[33]

31 Vgl. Gerd Valchars, *Über die wachsende Wahlrechtslücke, die uns alle betrifft*, in: Stimme 108 (2018), S. 11–13.

32 Stadlmair, *Demokratische Mitbestimmung*, S. 145.

33 Vgl. Jeremias Stadlmair, *Correlates of district-level turnout in Vienna: What role does electoral exclusion play?*, in: Österreichische Zeitschrift für Politikwissenschaft 49, 2, 2020, S. 1–13.

Demokratie beruht auf dem Prinzip der politischen Gleichheit aller. Es ist dieser wichtige Grundsatz, aus dem der hohe Grad an Legitimität der gemeinsam getroffenen, allgemein gültigen Entscheidungen folgt.[34] Soziale Ungleichheit, die zunehmend mit ungleicher politischer Beteiligung einhergeht, bringt diesen Grundsatz der politischen Gleichheit in Gefahr und führt damit zu einem bedeutenden Qualitätsverlust der Demokratie – mit ernstzunehmenden Konsequenzen für das politische Gleichgewicht.

34 Robert A. Dahl, *Democracy and its critics*, New Haven/London 1989.

STEFANIE GÖWEIL

Das Geschlecht der Bildung

»Wer totgeschwiegen wird, ist verletzlich.«
Fanny Ann Eddy 2004

»In my science class the teacher never calls on me, and I feel like I don't exist. The other night I had a dream that I vanished.«
Sadker et al. 1994/1999

Schule als Moratorium?

Geschlechtsneutralität ist kein Programm. Leider wird dies von Pädagog*innen oftmals fälschlich angenommen. Die Behauptung, man mache als Lehrperson selbst keine Unterschiede zwischen Mädchen und Jungen, Geschlecht spiele im eigenen Unterricht keine Rolle, die jeweiligen Schüler*innen stünden als Menschen unabhängig von ihrem Geschlecht im Zentrum, ist ein gefährlicher Fallstrick, der auf der irrigen Annahme beruht, es gebe geschlechtsneutrale Räume. Tatsache ist, dass es keinen gesellschaftlichen Raum gibt, in dem man nicht zugleich immer auch als Mann oder Frau in Erscheinung tritt, wahrgenommen, zugeordnet, verkannt oder ausgeschlossen wird. Versucht man beispielsweise, sich ein Bild zum Wort »Person« zu machen, denkt man zwangsläufig entweder an eine weibliche oder eine männliche Person und nur ganz selten an die Schattierungen dazwischen. Wie eine Studie aus dem Jahr 2015 zeigt, werden geschlechtsneutrale Begriffe wie *user* (Anwender/in), *participant* (Teilnehmer/in), *person* (Person), *designer* (Designer/in), *scientist* (Wissenschaftler/in) und *researcher* (Forscher/in) sogar zu 80 Prozent als männlich wahrgenommen.[1]

Damit wird deutlich, was Simone de Beauvoir schon vor Jahren in ihrem monumentalen feministischen Werk feststellte:

1 Vgl. Caroline Criado-Perez, *Unsichtbare Frauen. Wie eine von Daten beherrschte Welt die Hälfte der Bevölkerung ignoriert*, 3. Auflage, München 2020, S. 28.

»Männer sind die unausgesprochene Selbstverständlichkeit, und über Frauen wird gar nicht geredet. Denn wenn wir ›Mensch‹ sagen, meinen wir meistens den Mann.«[2]

Frauen galten denn auch jahrzehntelang nicht als vollwertige Menschen oder Bürgerinnen. Sie waren vom Wahlrecht, von allgemeiner und höherer Bildung sowie beruflicher Ausbildung ausgeschlossen. Die Möglichkeit finanzieller und sexueller Selbstbestimmung wurde ihnen verwehrt, ihr rechtlicher Status entsprach dem eines unmündigen Kindes. »Sie hatten kein Recht auf Eigentum, konnten weder über ererbtes noch über selbstverdientes Geld bestimmen.«[3] Noch in den 1960er Jahren bedurfte eine Frau für die Eröffnung eines eigenen Kontos oder die Aufnahme einer Berufstätigkeit der Zustimmung ihres Mannes. Erst 1989 wurde Vergewaltigung in der Ehe hierzulande zu einem Straftatbestand. »Bis 1908 durften Frauen, Lehrlinge und Jugendliche politische Gegenstände nicht öffentlich erörtern.«[4] Und noch heute hören wir »kaum Frauen auf öffentlichen Rednertribünen über Angelegenheiten sprechen, die Männern wichtig sind«.[5] Auch in der Corona-Krise gilt: »Wer erklärt mir die Welt? Ein Mann.« Eine Analyse der medialen Corona-Berichterstattung in der zweiten Aprilhälfte ergab, dass über alle Themen hinweg auf eine Expertin vier Experten kamen,[6] und das, obwohl Frauen von den gesetzten Maßnahmen überproportional betroffen waren.

»Selbst zu den Themenbereichen Pflege und Medizin, in denen überwiegend Frauen tätig sind, wurden sie nur zu 17 Prozent befragt und kamen damit besonders selten als Expertinnen zu Wort.«[7]

2 Ebd. S. 12.

3 Michaela Karl, *Die Geschichte der Frauenbewegung*, 3. Auflage, Stuttgart 2011, S. 17.

4 Senta Trömel-Plötz, *Gewalt durch Sprache*, in: Senta Trömel-Plötz (Hg.), *Gewalt durch Sprache. Die Vergewaltigung von Frauen in Gesprächen*, Frankfurt a. M. 1987, S. 57.

5 Ebd. Laut *50prozent.speakerinnen.org* sprechen Frauen nur zu einem Viertel auf Expertenpodien.

6 Vgl. Elizabeth Prommer/Julia Stüwe, *Wer wird gefragt? Geschlechterverteilung in der Corona-Berichterstattung. Zentrale Ergebnisse einer Analyse zur Geschlechterverteilung in der Corona-Berichterstattung im Fernsehen und in Online-Auftritten deutscher Printmedien im Auftrag der MaLisa Stiftung*, Rostock 2020, S. 7.

7 Ebd.

Unsere Geschlechtsneutralität ist also in Wirklichkeit Geschlechtsblindheit, bei der wir annehmen, unsere Vorstellung vom Menschen umfasse beiderlei Geschlechter, wo sie doch meist nur die männliche Perspektive darstellt. So wird in Schulbüchern die Französische Revolution als Ursprung der Menschenrechte behandelt, während Frauen doch aus ebenjener Revolution mit weniger Rechten und Privilegien hervorgingen, als sie zuvor im *Ancient Regime* besessen hatten. Das antike Griechenland erscheint uns als Wiege der Demokratie, ungeachtet der Tatsache, dass Frauen den gesellschaftlichen Status von Sklaven hatten. Die Darstellung weiblicher Schriftstellerinnen in den Literaturgeschichtsbüchern geht meist über ein paar bekannte Namen wie Annette von Droste-Hülshoff, Else Lasker-Schüler, Ingeborg Bachmann, Marie von Ebner Eschenbach und vielleicht Christa Wolf oder Elfriede Jelinek nicht weit hinaus, wodurch der Eindruck vermittelt wird, schreibende Frauen seien eine Ausnahme, Frauen hätten prinzipiell nichts zu sagen und anspruchsvolle »große« Literatur werde nun mal mehrheitlich von Männern geschrieben. Ein aktuelles österreichisches Literaturbuch für die gymnasiale Oberstufe listet im Personenregister 418 Männer und 42 Frauen. Eine im Jahr 2015 erstellte Literaturliste für Lehrer*innen in Österreich führt 200 Werke aus der Literaturgeschichte an, 22 davon von Schriftstellerinnen.

> »Die Annahme, alles Männliche sei allgemeingültig, ist eine direkte Folge der geschlechtsbezogenen Datenlücke. *Weißsein* und Mannsein können nur unausgesprochene Selbstverständlichkeiten sein, weil die meisten anderen Identitäten nie artikuliert werden. Aber die Selbstverständlichkeit des Männlichen ist auch ein Grund für die Datenlücke: Frauen werden nicht gesehen, und man erinnert sich nicht an sie, weil Daten über Männer den Großteil unseres Wissens ausmachen. So erscheint alles Männliche als allgemeingültig. Es führt zur Positionierung der Frauen – also der Hälfte der Weltbevölkerung – als Minderheit mit einer Nischenidentität und einem subjektiven Standpunkt. So sind Frauen dafür prädestiniert, vergessen zu werden.«[8]

8 Criado-Perez, *Unsichtbare Frauen*, S. 47.

Die Annahme, man könne Schüler*innen als Menschen unabhängig ihres Geschlechts wahrnehmen, widerspricht aber nicht nur dem wissenschaftlichen Status quo, sondern hat auch direkte Auswirkungen. Studien zufolge führt nämlich »die Überzeugung, man selbst sei objektiv oder nicht sexistisch, zu weniger Objektivität und mehr sexistischem Verhalten«:[9]

> »Männer, die glauben, ihre Einstellungskriterien seien objektiv, stellen eher männliche Bewerber als identisch beschriebene Bewerberinnen ein. [...] In Organisationen, die explizit als meritokratisch dargestellt werden, bevorzugen Manager männliche Angestellte gegenüber gleich qualifizierten weiblichen Angestellten.«[10]

Auch Schule ist von diesem Phänomen nicht ausgenommen: Lehrer*innen verwenden zwei Drittel der Zeit auf die Jungen, die manchmal weniger als die Hälfte der Klasse ausmachen.[11]

> »Auf vier Jungen, die an Diskussionen teilnehmen, kommt nur ein Mädchen. Fragen würden an Jungen und Mädchen im Verhältnis zwei zu eins gestellt, Lob und Ermutigung erhalten Schüler und Schülerinnen sogar im Verhältnis drei zu eins, und das, obwohl in diesen Klassen weit mehr Mädchen als Jungen waren.«[12]

Am stärksten ausgeprägt ist dieses Ungleichgewicht in naturwissenschaftlichen Fächern, in denen einer US-amerikanischen Studie zufolge 79 Prozent der gesamten Interaktion auf Jungen entfällt.[13]

Mädchen im ganzen Land erfahren in Klassenzimmern täglich zahlreiche solcher Mikro-Ungerechtigkeiten, auch bezeichnet als

9 Ebd. S. 135.

10 Ebd. S. 135f.

11 Vgl. Dale Spender, *Mit Aggressivität zum Erfolg: Über den doppelten Standard, der in den Klassenzimmern operiert*, in: Senta Trömel-Plötz (Hg.), *Gewalt durch Sprache. Die Vergewaltigung von Frauen in Gesprächen*, Frankfurt a.M. 1987, S. 72.

12 Ebd. S. 72f.

13 Vgl. Myra Saker/David Sadker/Lynn Fox/Melinda Salata, *Gender Equity in the Classroom: The Unfinished Agenda*, in: Amy Kesselman/Lily D. McNair/Nancy Schniedewind (Hg.), *Women Images and Realities. A Multicultural Anthology*, 2. Auflage, Mountain View/London/Toronto 1994/1999, S. 77.

»disappearing syndrom«:[14] Sie erhalten die gesamte schulische Laufbahn hindurch weniger Aufmerksamkeit von Lehrer*innen und bekommen weniger hilfreiches Feedback. Jungen wird im Vergleich zu Mädchen von Lehrer*innen nicht nur öfter das Wort erteilt, sondern es wird ihnen auch erlaubt herauszuschreien.[15] Häufig sind die Klassenzimmer auch räumlich nach Geschlechtern getrennt. Manchmal geht dies von den Lehrkräften aus, in den meisten Fällen aber findet die Separierung der männlichen und weiblichen Schüler*innen innerhalb des Klassenraumes ganz von allein statt, wobei Jungen insgesamt mehr Raum in Anspruch nehmen und auch öfter im Klassenzimmer herumlaufen.[16] Weil sich Jungen tendenziell undisziplinierter, lauter und unkooperativer verhalten, richten sich Lehrer*innen während ihres Unterrichts auf die »männliche« Seite des Klassenraumes hin aus, da viele der Schüler nur dann kooperieren, wenn es um ihre Interessen geht.[17] Dieses Ungleichgewicht bleibt sogar dann noch aufrecht, wenn Lehrer*innen explizit versuchen, gleich viel Zeit für Schüler*innen zu verwenden.

> »Bei 10 aufgenommenen Stunden an der Oberschule und im College betrug das Maximum an Interaktionszeit mit Mädchen 42 Prozent, der Durchschnitt 38 Prozent und das Minimum für Jungen 58 Prozent.«[18]

Dem nicht genug: Wurde Mädchen im Unterricht 38 Prozent Zuwendung zuteil, hatten sowohl Lehrer*innen als auch männliche Schüler den Eindruck, dass Mädchen eindeutig bevorzugt würden. »›Sie mag Jungen nicht und hört nur auf die Mädchen‹, sagte ein […] Junge, obwohl Jungen 63 Prozent der Lehrerzuwendung beansprucht hatten«,[19] so das Ergebnis der Unterrichtsbeobachtungen von Dale Spender.

Die Unsichtbarkeit von Mädchen setzt sich aber auch über das Klassenzimmer hinaus in allen Bereichen des Schulgebäudes,

14 Ebd. S. 73.
15 Vgl. ebd. S. 76.
16 Vgl. ebd.
17 Vgl. Spender, *Aggressivität*, S. 75.
18 Ebd. S. 74.
19 Ebd. S. 75.

in den Gängen, auf den Sport- und Spielanlagen und bis in den digitalen Raum hinein fort. Mädchen bleiben nicht nur in den Schulhöfen am Spielfeldrand, sondern auch im World Wide Web:

> »Die weltweit führende Social-Media-Plattform ist YouTube. Und dort werden die reichweitenstärksten Kanäle mehrheitlich von Jungen und Männern betrieben.«[20]

Die Geringschätzung und Abwertung von Mädchencontent in den digitalen Medien durchzieht selbst die Feuilletons und Beiträge angesehener Printmedien. »Selten sind sich männliche Jugendliche, Eltern, Lehrkräfte und Journalisten so einig« als in »ihrer Abwertung von ›Schminkmädels‹ in Sozialen Netzwerken«.[21] Mädchen und Frauen werden also auch im digitalen Raum an ihren angestammten Platz als passive Konsumentinnen, Zuhörerinnen und Objekte der Betrachtung verwiesen. Viele treten daher aus Angst vor sexistischen Übergriffen erst gar nicht als *Content Creators* in Erscheinung oder geben infolge erlebter Angriffe das Veröffentlichen von Beiträgen wieder auf. Der Ausschluss aus Gestaltungspositionen in digitalen Medien – Jungen haben in ihrem Kinderzimmer häufiger einen PC stehen als Mädchen[22] –, das *Silencing* von Frauen und Mädchen im digitalen Raum sowie fehlende weibliche Rollenmodelle führen dazu, dass Mädchen ihre Fähigkeiten in diesen Bereichen trotz des Vorliegens gleicher oder ähnlicher Befähigung mit Abstand schlechter einschätzen als Jungen, wie in den schulischen Leistungen und der Studienwahl sichtbar wird.[23]

Dass wir auch als Pädagog*innen dieses Ungleichgewicht nicht wahrnehmen, zeugt davon, dass wir die Dominanz beziehungsweise Überlegenheit von Männern in dieser Gesellschaft verinnerlicht haben und ihr gegenüber blind geworden sind. Aber es bleibt nicht dabei, denn meistens spielen wir das patriarchale Spiel als

20 Nicola Döring, *Zwischen Kreativität und Mobbing. Mädchen als Akteurinnen in Sozialen Netzwerken*, in: Schüler. Wissen für Lehrer, 2019, S. 103.

21 Ebd. S. 104.

22 Vgl. mpfs, JIM-Studie. *Basisuntersuchung zum Medienumgang 12- bis 19-Jähriger*, Stuttgart 2018, S. 9.

23 Vgl. Initiative D21 e. V., *Digital Gender Gap. Lagebild zu Gender(un)gleichheiten in der digitalisierten Welt*, o. A. 2020, S. 14.

Lehrerinnen selbst mit, um uns in unserer prekären Position als weibliche Autoritätspersonen abzusichern und das Statusdilemma zu lösen. Wir lassen die Jungen gewähren, weil wir wissen, ein einziger Junge kann unseren gesamten Unterricht boykottieren und verunmöglichen, denn auch »höherer Status garantiert Frauen nicht gleiche Rechte«.[24] Vielmehr passt sich der Gesprächsstatus von weiblichen Autoritätspersonen »dem niedrigen Status von Frauen generell an«.[25] Mit den besten Absichten werden wir so zu Mittäterinnen:

> Ohne diese Verwobenheiten, die direkte oder indirekte Unterstützung oder Billigung männlicher Vorhaben durch die zugehörigen Frauen, ist die Geschlechtergeschichte nicht zu begreifen.[26]

»Hast du heute schon jemanden Hure genannt?«[27]

Statistisch betrachtet werden ein bis zwei Kinder einer Schulklasse Opfer sexueller Gewalt (85 Prozent weiblich), wobei 90 Prozent der Täter*innen männlich und unter 18 sind.[28] Meistens stehen wir als Lehrpersonen diesen Vorfällen hilflos gegenüber. Unsere Ohnmacht rührt daher, dass wir Kinder gerne als geschlechts- und sexualitätslose Wesen betrachten möchten, während wir ihr Verhalten doch unbemerkt ständig nach männlichen und weiblichen Stereotypen framen. Wir würden darin gerne harmloses kindliches Spiel sehen, wo doch klar ist, dass es sich hier um Formen von sexueller Belästigung und Spielformen der sexualisierten Aggression handelt, durch die männliche Dominanz und Überlegenheit etabliert werden. Die meisten dieser Grenzverletzungen bleiben den Augen der Lehrkräfte verborgen, sei es, weil sie in ihrer Abwesenheit stattfinden oder einfach nicht als solche wahrgenommen werden.

24 Trömel-Plötz, *Gewalt*, S. 65.
25 Ebd.
26 Christina Thürmer-Rohr, *Die Welt mit anderen teilen. Interview*, in: an.schläge 6 (2017), o. A.
27 Im Original: *»Have you called anyone a whore today?«* (2001): Schild an der Farsta High School in Schweden zur Sensibilisierung für sexualisierte Gewalt.
28 Vgl. Anna Hartmann/Jeannette Windheuser, *Feministische Theorien. Aktuelle und historische Perspektiven*, in: Schüler. Wissen für Lehrer, 2019, S. 18.

Entgegen den Wahrnehmungen der Lehrer*innen und Schulbehörden zählt Schule für Kinder zu den Hauptrisikoorten für sexualisierte Gewalt.[29] In einer US-amerikanischen Studie gaben 70 bis 75 Prozent der Schüler*innen an, dass sexuelle Belästigung ein ernsthaftes Problem an ihrer Schule sei.[30] Trotz der in vielerlei Hinsicht veränderten Geschlechterverhältnisse schreiben sich also sexuelle Gewaltverhältnisse ungebrochen fort und betreffen auch den pädagogischen Umgang in der Schule. Dennoch existieren europaweit praktisch keine repräsentativen Daten zu diesem Thema.[31] Fehlende Informationen und Sensibilisierung der Pädagog*innen führen dazu, dass betroffene Schüler*innen häufig keine entsprechende Hilfe erhalten.[32]

Eines der hervorstechendsten Merkmale in der sozialen und kognitiven Entwicklung von Kindern ist die geschlechtsspezifische Trennung der Peer Groups. Im Alter von sechs Jahren verbringen Kinder bedeutend mehr Zeit mit Kindern gleichen Geschlechts, was zu einer Zunahme von geschlechtsspezifischem Verhalten führen kann.[33] Diese rigide Trennung zwischen den Geschlechtern ist wiederum nur durch soziale Exklusion aufrechtzuerhalten. Eine häufig beobachtete Strategie ist es, Mädchen als verunreinigt, eklig und ansteckend darzustellen.[34] Die Jungen in einer Studie an einer Londoner Volksschule, durchgeführt von der Soziologin Diane Reay, kreuzten regelmäßig ihre Finger, wenn ihnen eines der Mädchen zu nahe kam. Die Mädchen wiederum reagierten darauf mit Vermeidungsstrategien und schlugen umständliche Wege ein,

29 Vgl. Sabine Maschke/Ludwig Stecher, *»Begrapschen gilt fast als normal!«. Mädchen als betroffene sexualisierter Gewalt*, in: Schüler. Wissen für Lehrer, 2019, S. 97.

30 vgl. Eva Witkowska, *Sexual harassment in schools. Prevalence, structure and perceptions*, Stockholm 2005, S. 3.

31 Vgl. ebd. S. 2.

32 Vgl. ebd. S. 3.

33 Vgl. E.E. Maccoby/C.N. Jacklin, *Gender segregation in childhood. Advances in Child Development and Behavior*, 20 (1987), zit. n. Lauren Spinner/Lindsey Cameron/Rachel Calogero, *Peer Toy Play as a Gateway to Children's Gender Flexibility: The Effect of (Counter)Stereotypic Portrayals of Peers in Children's Magazines*, in: Sex Roles, 79 (2018), S. 315.

34 Vgl. Diane Reay, *›Spice Girls‹, ›Nice Girls‹, ›Girlies‹, and ›Tomboys‹. Gender discourses, girls' cultures and femininities in the primary classroom*, in: Madeleine Arnot/Martin Mac an Ghaill (Hg.), *The RoutledgeFalmer Reader in Gender and Education*, London/New York 2001/2006, S. 122.

um den Jungen möglichst nicht zu begegnen. Nur zwei Mädchen aus der gesamten Volksschulklasse wehrten sich aktiv gegen diese Objektifizierung durch die Jungen, überschritten in ihrem Verhalten die Grenzen traditioneller Weiblichkeit und gingen auch einer körperlichen Auseinandersetzung mit den Jungen nicht aus dem Weg. Dabei zeigte sich, dass genau diese beiden Mädchen von den Lehrkräften als »Problemfälle« wahrgenommen und ihr Verhalten als Zeichen einer »unnatürlichen und ungesunden Beschäftigung mit Sexualität«[35] betrachtet wurde. Wie in zahlreichen anderen Studien auch, wird hier deutlich, dass dominantes und störendes Verhalten bei Mädchen negativer wahrgenommen wird als bei Jungen:[36] Bei Mädchen ist undiszipliniertes Verhalten Zeichen eines schlechten Charakters, bei Jungen gilt dasselbe Verhalten als Ausdruck von Selbstbehauptung.[37] Der *gender bias*, der die Interaktionen in den Klassenräumen bestimmt, führt zu einem *Othering* des weiblichen Geschlechts. »›Frau‹ und ›Weiblichkeit‹ ist damit nichts anderes als die logische Verhaltensantwort auf beengte, belagerte, bedrohte Räume.«[38]

Zusammenfassend muss festgestellt werden, dass es in den Klassenräumen unserer Schulen nicht weniger Beweise für die Praktiken hegemonialer Männlichkeit gibt als in allen anderen sozialen Bereichen unserer Gesellschaft auch.[39]

Funktionierst du noch oder lebst du schon?

»Depressed? It Might Be Political!«
Ann Cvetkovich 2012

Wenn Sie an die amerikanische Arbeiterschicht denken, an jene Verlierer der Deindustrialisierung, jene Abgehängten, die in prekären Verhältnissen leben, an wen denken Sie dann? Sicherlich

35 Vgl. ebd. S. 124.
36 Vgl. Paul Connolly, *Racism, Gender Identities and Young Children*, London: 1998; vgl. Robin T. Lakoff, *Language and Woman's Place*, New York 1975.
37 Vgl. Reay, ›*Spice Girls*‹, S. 124.
38 Christina Thürmer-Rohr, *25 Jahre … Bewegung schafft Veränderung* – Festrede zum Jubiläum von Lesben- und Schwulenberatung und KomBi, o.A. 2006, S. 2.
39 Vgl. Reay, ›*Spice Girls*‹, S. 127.

haben Sie jetzt ein Bild von einem jener weißen Rednecks im Kopf, der in den Medien meist als Prototyp der Trump-Wählerschaft präsentiert wird. In Wahrheit sind es aber Frauen, die zu den zentralen Leidtragenden der Industrie 4.0 zählen: nicht nur in Amerika, auch hierzulande.[40] Und die jüngste Krise, die sich um das Corona-Virus entzündet hat, bildet auch in dieser Hinsicht keine Ausnahme: 85 Prozent derjenigen, die durch den Lockdown und die daran anschließenden Restriktionen in den letzten Monaten ihren Job verloren haben, sind Frauen.[41]

Das Bildungssystem bildet seit Ende des 20. Jahrhunderts in nahezu allen westlichen Ländern das Feigenblatt des neoliberalen gesellschaftlichen Umbaus. Gemäß der britischen Bildungswissenschaftlerin Madeleine Arnot war eine Gender-Agenda Teil des politischen Kontextes hinter der Neuorganisation des Bildungssystems seit Thatcher und Reagan.[42] Die Krise des Kapitalismus in den 1980er Jahren brachte auch patriarchale Strukturen ins Wanken. Auf diese Krise reagierten neue konservative Regierungen in vielen westlichen Ländern durch eine Allianz aus jenen reaktionären Kräften in der Gesellschaft, welche an der Trennung von öffentlichem und privatem Raum und der Rolle der Frau innerhalb der Familie festhielten, und jenen marktradikalen Kräften, die auch in Frauen ein wichtiges Humankapital für den Markt sahen. Beide Kräfte hatten eine gemeinsame Schnittmenge, denn paradoxerweise bedurfte die Verschlankung des Staates ja einer Maximierung der Familie. Kürzungen im Sozialbereich und in der staatlichen Versorgung sind jedoch keine echten Ersparnisse, sondern bloße Verlagerungen aus dem öffentlichen Sektor auf den privaten: die

40 »Dem US-Bureau of Labor Statistics zufolge stellt die Kohleindustrie, die im Wahljahr 2016 zum Inbegriff der (implizit männlichen) Arbeiterjobs wurde, insgesamt 53 420 Stellen mit einem durchschnittlichen Jahreseinkommen von 59 380 Dollar. Zum Vergleich: Die 924 640 mehrheitlich weiblichen Reinigungskräfte und Haushälterinnen verdienen im Durchschnitt jährlich 21 820 Dollar.« (Criado-Perez, *Unsichtbare Frauen*, S. 45).

41 Vgl. Gabriele Heinisch-Hosek, *»Das Zuhausebleiben der Frauen wird romantisiert«* – Interview, Wien 2020, o. A.

42 Vgl. Madeleine Arnot/Mairtin Mac an Ghaill, *(Re)contextualising Gender Studies in Education. Schooling in late modernity*, in: Madeleine Arnot/Mairtin Mac an Ghaill (Hg.), *The RoutledgeFalmer Reader in Gender & Education*, London/New York 2006, S. 1–14.

Frauen – denn die Arbeit muss ja weiterhin getan werden. Ein Großteil des europäischen Wirtschaftswachstums der letzten zehn Jahre geht laut Weltwirtschaftsforum denn auch auf den Anstieg weiblicher Erwerbsarbeit zurück.[43] Während sich der Staatshaushalt und die Wirtschaft also auf Kosten der Frauen ordentlich saniert haben, bleibt die finanzielle Lage von Frauen, insbesondere jener mit Kindern, weiterhin prekär und angespannt.

Der Bildungserfolg von Mädchen aus der weißen Mittelschicht ist daher das Mittel der Stunde, mit dem sich die neokonservativen Regierungen der Gegenwart einen humanen, sozialen Anstrich geben. Im Bildungssystem zeigt sich, dass auch der »schlanke Staat« noch ein sozialdemokratisches Herz hat. Flankiert wird dies durch das Paradigma vom Jungen als Bildungsverlierer: »Arme Jungs. Was Eltern, die Söhne haben, wissen sollten«, »Kleine Jungs – große Not. Wie wir ihnen Halt geben«, »Die Jungen-Katastrophe. Das überforderte Geschlecht«, »Die Männlichkeitslücke. Warum wir uns um die Jungs kümmern müssen«, »Kleine Machos in der Krise. Wie Eltern und Lehrer Jungen besser verstehen« und so fort.

Jungen, so der weitverbreitete Tenor, gelten als die Sorgenkinder des heutigen Bildungswesens. Die Rede ist von Frauen und Mädchen als dem siegreichen Geschlecht des 21. Jahrhunderts, den *top girls*, währenddessen Männer und Jungen zunehmend ins Abseits gerieten. Ausgelöst durch Ergebnisse von Schulleistungsstudien,[44] die Jungen schlechtere Kompetenzen im Lesen attestieren, findet hier eine Diskursverschiebung statt, welche die anhaltende Diskriminierung und Benachteiligung von Mädchen und Frauen in unserer Gesellschaft wie im Bildungssystem nicht bloß verschleiern hilft, sondern überdies eine neue Art der Geschlechterregulation installiert:

43 Vgl. Criado-Perez, *Unsichtbare Frauen*, S. 328.

44 »Überhaupt fallen die durchschnittlichen Leistungsunterschiede weniger eindeutig aus als oftmals angenommen. Zwar sind die Jungen in Physik und Informatik leistungsstärker und die Mädchen in den sprachlichen Fächern, aber der Abstand hat sich in den Jahren seit der ersten PISA-Studie deutlich verringert (vor allem in Mathematik). Es zeigt sich hier jedoch ein paradoxes Bild: Der Vorsprung der Mädchen in der Lesekompetenz scheint sich im frühen Erwachsenenalter sehr schnell zu verlieren, während ihr Rückstand in den naturwissenschaftlichen Fächern überproportional stark weiterwirkt« (Rendtorff, *Herausforderung*, S. 11f.).

»I suggest that this new interest in looking at and hearing form girls is not just celebratory, but is, in part, regulatory as well. There is a process of creation and control at work in the act of regarding young women as the winners in a new world.«[45]

Dieser neue Geschlechtervertrag, in dem jungen Frauen eine vornehmlich erwerbs- und konsumorientierte Form der Staatsbürgerschaft im Tausch gegen feministische Kritik angeboten wird, ist nicht nur deshalb problematisch, weil in seinem Schatten patriarchale Normen und Werte nahezu ungehindert Fuß fassen können, sondern auch, weil die Figur des Mädchens als Erfolgs- und Leistungsträgerin zu einer sozialen Trennlinie wird, entlang derer Klassendifferenzen reproduziert werden. »Die weibliche Individualisierung führt [...] dazu, dass durch die Herabsetzung armer und benachteiligter Frauen mittels symbolischer Gewalt neue Klassenschranken entstehen.«[46] Auch in Österreich sind Mädchen mit Migrationshintergrund von Mehrfachdiskriminierung in der Schule und am Übergang in die Berufswelt betroffen, wodurch es ihnen besonders schwerfällt, ihr Bildungskapital in entsprechendes berufliches Kapital umzuwandeln.[47] »Das weibliche Ausbildungssegment erfährt bei Frauen ausländischer Herkunft eine weitere, zusätzliche Segmentierung und Verengung auf noch weniger Berufe.«[48]

»Etwa die Hälfte der weiblichen Lehrlinge mit einer türkischen oder einer ex-jugoslawischen Staatsbürgerschaft wählen einen Beruf im Einzelhandel und über 60 Prozent lernen den Beruf der Einzelhandelskauffrau oder der Friseurin. [...] von rund 244 Lehrberufen

45 Anita Harris, *Future Girl*, London 2004, S. 1.

46 Angela McRobbie, *Top Girls. Feminismus und der Aufstieg des neoliberalen Geschlechterregimes*, Wiesbaden 2010, S. 176.

47 »Jungen mit Migrationshintergrund haben geringeren schulischen Erfolg als Mädchen mit Migrationshintergrund, können aber beim Übergang von der Schule in Beruf und Ausbildung profitieren – Jungen wie Mädchen mit Migrationshintergrund bleiben aber hinter den Resultaten, die deutsche Jugendliche erzielen. Ähnlich stellt sich dies für den sozialen Status dar« (Budde, *Bildungsverlierer*, S. 4).

48 Mona Granato/Karin Schittenhelm, *Perspektiven junger Frauen beim Übergang zwischen Schule und Ausbildung*, in: BWP 6 (2001), S. 16.

[stehen] nur 15 Branchen für jugendliche MigrantInnen offen […]. Bei den Burschen fällt die Konzentration auf wenige Lehrberufe geringer aus als bei den Mädchen, die sich lediglich auf drei Berufssparten verteilen.«[49]

Bildung bleibt also für den Kampf um Gleichberechtigung von Frauen und anderen benachteiligten und unterdrückten Gruppen auch heute ein zentraler Schauplatz. Schon in der ersten Frauenbewegung stand Bildung im Zentrum der Forderungen. »Die Frauenfrage des 19. Jahrhunderts war vor allem eine Bildungsfrage.«[50] Unsere wichtigste Aufgabe heute ist es, rückschrittlichen Reformen im Bildungssystem Einhalt zu gebieten und unsere Bildungssysteme zu Orten zu machen, in denen Frauen sicher sind und sichtbar werden. Nicht als einzelne schillernde, erfolgreiche Ausnahmen, sondern als das, was sie sind: die Hälfte der Bevölkerung.

Dies ist auch ein Kampf gegen hegemoniale Begrifflichkeiten und Diskurse, die suggerieren, Gleichberechtigung der Geschlechter sei längst erreicht, für feministische Initiativen bestehe keine Notwendigkeit mehr, und einer Verschiebung des Bildungsbegriffs hin zu einer output-orientierten Didaktik, die auf Lehrer*innen den Druck ausübt, »sich von dem ihnen vertrauten Vokabular abzuwenden und über Mädchen im Schulsystem nur noch in Begriffen des Erfolgs, der Ziele und externer Ratings zu sprechen«.[51] Es ist eine Rückeroberung feministischer Begriffe aus ihrer Pulverisierung in der Heterogenitätsdebatte, die sich darin äußert, dass in den Fortbildungsangeboten für Lehrer*innen gendersensibilisierende Ansätze fast verschwunden sind und sich im Schatten einer Gender-Mainstreaming-Agenda Konzepte heteronormativer Zweigeschlechtlichkeit wieder ungehindert Bahn brechen.

»Wichtig ist hierbei zu sehen, dass Kämpfe um Begriffe immer mit Kämpfen um konkrete Ressourcen zusammenhängen, dass es also

49 Österreichisches Institut für Jugendforschung, *Jugendliche MigrantInnen in Bildung und Arbeit. Auswirkungen von Sozialkapital und kulturellem Kapital auf Bildungsentscheidungen und Arbeitsmarktbeteiligung*, Endbericht, Wien 2007, S. 28.

50 Karl, *Geschichte*, S. 23.

51 McRobbie, *Top Girls*, S. 113.

immer konkrete materielle Folgen haben kann, einzelne Begriffe antifeministisch besetzen zu lassen und die Definitionshoheit aus der Hand zu geben.«[52]

Resümee

In Anbetracht der hier präsentierten Aspekte müsste es unser vordringlichstes pädagogisches Ziel sein, dem Kleinmachen von Mädchen und Frauen ein Ende zu bereiten. Sei es dadurch, dass sie in die Unsichtbarkeit gedrängt werden, nicht zu Wort kommen, in Schulbüchern und Büchern nicht angemessen repräsentiert werden, dass ihre Erniedrigung und Belästigung nicht gesehen oder übersehen wird, dass ihnen nicht die volle Bandbreite an menschlichen Verhaltensweisen zugestanden wird, sie nicht ernstgenommen oder lächerlich gemacht werden, dass sie auf ihren Körper reduziert, in ihrer Wahrnehmung übergangen, ihre Bedürfnisse hintangestellt werden und ihre Stimmen ungehört bleiben. Es wäre schon ein guter Anfang, einzugestehen, dass dieses Kleinmachen auch tagtäglich in den Bildungseinrichtungen stattfindet und die Schule aktiv Anteil hat an der Konstruktion einer Geschlechterhierarchie mithilfe des Primats der männlichen Norm. Denn im Gegensatz zu vielen Pädagog*innen nehmen Mädchen und Jungen diese Prozesse der Hierarchisierung sehr wohl wahr. So waren denn auch alle Mädchen und Jungen an der beobachteten Londoner Grundschule der Überzeugung, dass es besser sei, ein Junge zu sein.

Die neue Orthodoxie vom »Jungen als Bildungsverlierer« erzählt also nicht die ganze Geschichte über die Geschlechterverhältnisse an unseren Bildungseinrichtungen. Die Tatsache, dass Frauen einen besseren Zugang zu Bildung und höhere Bildungserfolge – gemessen nach Noten – erzielen, wird in der globalen Debatte meist als Gradmesser für die soziale Gerechtigkeit der Bildungssysteme herangezogen. Dabei wird ignoriert, welche Feindseligkeiten gegen den weiblichen Körper und Geist diesem System inhärent sind, die ihre Selbstwahrnehmung und körperliche Integrität bedrohen und ihre Zukunft einschränken.

52 AK FE*IN, *Frauen*rechte und Frauen*hass. Antifeminismus und die Ethnisierung von Gewalt*, Berlin 2019, S. 14.

»Alles deutet darauf hin, dass die für die Konstruktion des Habitus entscheidenden Auswirkungen gar nicht über Sprache und Bewusstsein, sondern, unterschwellig und suggestiv, über scheinbar ganz *bedeutungslose* Aspekte der Vorgänge, Situationen oder Praktiken im Alltagsleben vermittelt werden. Die Begleitumstände dieser Praktiken, die Art und Weise, wie jemand blickt, sich verhält, schweigt oder auch redet (ob er nämlich ›missbilligend blickt‹, etwas ›in vorwurfsvollem Ton‹ oder mit ›vorwurfsvoller Miene‹ sagt, usw.), sind *geladen* mit Anordnungen, die nur deshalb so beherrschend werden und so schwer rückgängig zu machen sind, weil sie stumm und unterschwellig, nachdrücklich und eindringlich sind.«[53]

Daher gilt: »Um zu sehen, muß man zuerst wissen.«[54] Der Hinweis auf die Selbstreflexion des eigenen pädagogischen Handelns reicht für die Dekonstruktion der Geschlechterordnung nicht aus, da die mentale Einkehr selbst in die Parameter der Heteronormativität und der gesellschaftlichen Denkgewohnheiten und -begrenzungen verstrickt ist. »Reflexion braucht Irritation und Impulse von außen – andernfalls sehen wir nur, was wir schon wissen, und das Nichtgewusste bleibt uns verborgen.«[55]

Auch punktuelle gendersensible Maßnahmen an Schulen sind unter Vorbehalt zu betrachten, da diese entgegen ihrer Intention häufig zu einer Dramatisierung und Festschreibung der hierarchischen Geschlechterdifferenzen anstatt zu ihrer Aufweichung und Infragestellung führen. Vielmehr gilt – wie in Schweden 1994 regierungsamtlich festgestellt –, dass »das Gleichstellungsziel nicht isoliert formuliert werden kann und dass demzufolge die Gleichstellungsfrage alle Bereiche durchdringen muss.«[56] Um das Ziel zu erreichen, alle Geschlechter bei Wahrnehmung und Wahrung ihrer

53 Pierre Bourdieu, *Was heißt Sprechen? Zur Ökonomie des sprachlichen Tausches. Mit einer Einführung von John B. Thompson*, 2., erweiterte und überarbeitete Auflage, Wien 2005, S. 57.

54 Ludwig Fleck, *Schauen, sehen, wissen*. In: Ludwig Fleck, *Erfahrung und Tatsachen*, Frankfurt a.M. 1947/1883, S. 147.

55 Barbara Rendtorff, *Geschlecht als Herausforderung. Vom pädagogischen Umgang mit Ungleichheiten*, in: Schüler. Wissen für Lehrer, 2019, S. 12.

56 Malwine Seemann, *Gender Mainstreaming und Schule: Erfolgsfaktoren und Gegenkräfte. Eine Studie zur Implementierung in Schweden*, in: GENDER, 1 (2009), S. 89.

Unterschiedlichkeit gleich zu behandeln, müssten geschlechterbezogene und differenzierte Sichtwiesen auf allen Ebenen der schulischen Hierarchie in die Entscheidungsprozesse einfließen: unter Einbezug aller Beteiligten vom Kindergarten bis zum Gymnasium und mit allen im Bildungsbereich tätigen Personengruppen, also auch Schulwart, Mensapersonal, Bibliotheksangestellte, Verlagslektor*innen usw.[57] Längst überfällig ist auch eine Kritik an der einseitigen Ausrichtung des koedukativen Schulsystems am Erwerbsarbeitsbegriff und an der männlichen »Normalbiografie«.

> »Wie im Alltagsverständnis gilt auch in der Schule: Arbeit, das ist marktvermittelte, bezahlte Tätigkeit; die nicht marktvermittelte, unbezahlte, aber gesellschaftlich notwendige Arbeit in Haushalt und Familie dagegen gilt auch im schulischen Verständnis nicht als Arbeit.«[58]

Last but not least muss Gleichstellung nicht nur, aber auch als Wissensfrage gesehen werden.[59] Genderbewusstsein erweist sich als grundlegend für die Implementierung von Gleichstellungsagenden in der Schule und wirkt sozusagen augenöffnend.[60] Ganz harmlose Handlungen oder Worte können so in ihrem »wahren Charakter als Anordnung, Einschüchterung, Ermahnung, Warnung«[61] oder Drohung wahrgenommen werden.

> »A feminist school takes into account these threats to its pupils. It protects them, but it also teaches them to protect themselves and even to protect others.«[62]

An einer umfassenden inhaltlichen Neustrukturierung der pädagogischen Ausbildung nach genderspezifischen Gesichtspunkten wird daher kein Weg vorbeiführen. Nur ein ausgiebiges und ver-

57 Vgl. ebd. S. 90.

58 Doris Lemmermöhle, *Geschlechter(un)gleichheiten und Schule.* In: Mechthild Oechsle (Hg.), *Die ungleiche Gleichheit. Junge Frauen und der Wandel im Geschlechterverhältnis*, Opladen 1998, S. 79.

59 Vgl. Seemann, *Gender Mainstreaming*, S. 92.

60 Vgl. ebd.

61 Bourdieu, *Sprechen*, S. 57.

62 Sally A. Nuamah, *How Girls Achieve.* London 2019, S. 141.

pflichtendes Studium feministischer, genderbezogener und intersektionaler Theorien kann den im 19. Jahrhundert begonnenen Prozess der Demokratisierung von Bildung und das Versprechen einer Bildung für alle einlösen helfen. Dafür braucht es aber nicht nur individuelles Engagement einzelner Pädagog*innen, sondern auch den politischen Willen. Statt sich als Pädagog*innen vor den Wagen der Selbstoptimierung spannen zu lassen, die Steigerung des Humankapitals voranzutreiben und willige Erfüllungsgehilf*innen für verordnete Ad-hoc-Reformen zu sein, müssten wir damit anfangen, wieder (unangenehme) Fragen zu stellen und unsere Stimmen für politische Forderungen zu erheben.

> »Wenn wir Frauen Macht verstehen wollen, und zwar auf beiden Ebenen, der politischen und der mikropolitischen, die die erstere aufrechterhält, dann müssen wir mehr über nichtverbale Kommunikation lernen. Auf jede wichtige Entscheidung in Washington oder Wall Street, bei der es darum geht, ob und wieviel Zucker oder Öl wir haben, kommen Tausende unbeachteter stiller Machtgesten – der anstarrende Blick, die stillmachende Berührung, das Ergreifen des Armes –, die garantieren sollen, daß wir keine Frage an unseren Chef, an unseren Mann oder unseren Liebhaber stellen und ganz gewiß nicht an Washington oder Wall Street.«[63]

63 Nancy Henley, *Nichtverbale Kommunikation und die soziale Kontrolle über Frauen*, in: Senta Trömel-Plötz (Hg.), *Gewalt durch Sprache. Die Vergewaltigung von Frauen in Gesprächen*, Frankfurt a. M. 1987.

LAURA WIESBÖCK

Scham als Instrument sozialer Kontrolle

Scham kann ein vernichtendes Gefühl sein, denn sie setzt an einem sensiblen und existenziellen Punkt des Menschen an: bei seiner Würde und sozialen Anerkennung. Aus der Soziologie wissen wir, dass Beschämungen dazu dienen, Machtverhältnisse zu Ungunsten von Beschämten herzustellen. Egal ob es um den weiblichen Körper oder Armutsbetroffenheit geht: Ziel ist es, Beschämte in ihrem Selbstwert zu beschädigen und sie »auf ihren Platz zu verweisen«, indem sie aufgefordert werden, sich bestimmten Verhaltensregeln und Werten unterzuordnen. Der Beitrag beschäftigt sich mit der sozialen Funktion von Scham sowie Beschämungspraktiken, die der Aufrechterhaltung von Macht- und Statusstrukturen dienen.

Ein soziales Gefühl und Bewusstseinszustand

Scham ist eine machtvolle Empfindung, ein vernichtender Zustand, bei dem man am liebsten »in den Boden versinken« würde. Eine Art, wie wir Scham verstehen können, ist als soziales Gefühl, das sich an den Maßstäben der Gesellschaft orientiert. Der Soziologe Georg Simmel unterscheidet zwischen gesellschaftlichen und personalen Normen, die verletzt werden und zur Scham führen können.[1] Schamerweckende Normverletzungen bringen uns dazu, uns moralisch »angemessen« zu verhalten. Somit können Schamgefühle als moralischer Kompass und sittliches Empfinden verstanden werden. Beschämungen dienen dazu, dass sich Mitglieder regelkonform verhalten. Immer verbunden mit Scham ist eine Form von Selbsterkenntnis. Wer sich schämt, muss ein Bewusstsein von der eigenen Persönlichkeit haben. Kleine Kinder unter zwei Jahren schämen sich nicht. Damit ist Scham mehr als ein Gefühl, es ist auch ein Bewusstseinszustand. Darüber hinaus wirkt Scham körperbezogen und kann von unterschiedlicher Intensität

1 Georg Simmel, *Zur Psychologie der Scham*, in: H.-J. Dahme/O. Rammstedt (Hg.), *Georg Simmel. Schriften zur Soziologie*, Frankfurt a. M. 1983, S. 151–158.

sein: von einer flüchtigen Verlegenheit bis hin zu Beklemmung, Erröten, Schwitzen und Herzrasen. In dieser Leseart kann Scham als eine Art »körperliche Entschuldigung« für die Verletzung von Normen betrachtet werden.

Während Peinlichkeit sozial verbindend sein kann, wirkt Scham sozial isolierend. Beschämte werden von Menschen viel eher alleine gelassen, wohingegen peinlich Berührten bei der Überwindung von Peinlichkeit eher geholfen wird. Wenn ein*e Schüler*in bei einem Referat ausrutscht und beinahe hinfällt, dann ist das zwar peinlich, aber auch sozial verbindend. Denn der oder die Referierende wird spätestens nach einem Tag gemeinsam mit anderen darüber lachen können. Wird dieselbe Person allerdings beim Vortragen inkontinent, so ist das schambesetzt und sozial isolierend. Die Klassenkolleg*innen werden sich eher von der Person distanzieren, und selbst nach einem Jahr wird der oder die Referierende nicht über das Ereignis lachen können. Peinlichkeit ist situationsbezogen, während Scham personenbezogen wirkt, wie es der Soziologe Sighard Neckel beschreibt.[2] Scham ist nicht nur momenthaft unangenehm, sondern fühlt sich an wie ein sozialer »Gesichtsverlust«.

Scham kann allerdings auch wichtig sein, etwa um »Selbst- und Identitätsgrenzen« zu hüten.[3] Scham hat eine »identitätsbildende, schützende und soziale Funktion, die den Einzelnen in die Lage versetzt, zwischen Eigenem und Fremdem zu unterscheiden, sich selbst gegenüber der Außenwelt abzugrenzen«.[4] Insofern ist Scham ein integraler Bestandteil von Prozessen der Autonomieentwicklung, Identitätsbildung sowie der notwendigen Herausbildung von Würde, Integrität und Selbstachtung. Dies wird gesellschaftlich häufig missachtet. Jugendlichen wird medial vermittelt, dass es wichtig ist, stets selbstbewusst mit dem eigenen Körper umzugehen, auch wenn dieser gerade starken Veränderungen unterliegt. Bei der deutschen Casting-Show *Germany's next Topmodel* werden 16-Jährige aufgefordert, nackt mit einem fremden

2 Sighard Neckel, *Status und Scham. Zur symbolischen Reproduktion sozialer Ungleichheit*, Frankfurt a. M. 1991.
3 Micha Hilgers, *Scham. Gesichter eines Affekts*, Göttingen 2006.
4 Günther H. Seidler, *Scham als Mittlerin zwischen Innen und Außen: Von der Objektbeziehungstheorie zur Alteritätstheorie*, Stuttgart 1997.

Mann intime Posen zur Schau zu stellen. Wer sich dabei unwohl fühlt, ist nicht locker genug. Dabei könnte man statt Lockerheit auch von einer Störung der ursprünglich natürlichen Beziehung des Menschen zu sich selbst und zu anderen Menschen sprechen. Das natürliche Distanzverhalten und Schamgefühl von Jugendlichen wird allerdings als Manko konstruiert, lächerlich gemacht und als Schwäche abgewertet. Gerade für junge Zuseherinnen, die sich in einem Identitätsentwicklungsprozess befinden, kann diese »Message« verheerend sein.

Manche Autor*innen sind der Ansicht, die Ursache von Scham liege im Blick und der Begegnung von anderen.[5] Allerdings gibt es auch eine weitere Perspektive. Selbst ohne die Anwesenheit anderer können Menschen Scham fühlen, etwa wenn sie sich bewusst machen, wie weit entfernt ihr Selbst vom eigenen Ideal ist. Scham entsteht dann im Vergleich zum Selbstideal, also im Verhältnis dazu, was man über sich selbst im Lichte des Ideals denkt und fühlt. Oder wie es Neckel formuliert:

> »Scham entsteht aus der Diskrepanz zwischen Selbstbild eines Individuums und dessen unvollkommener Realisierung, aus der Kluft zwischen (eigenen und fremden) Erwartungen.«[6]

Eigene Schamgefühle können in Form von Verachtung bewusst oder unbewusst auf andere projiziert werden, indem diese beschämt, verspottet, abgewertet oder zu Objekten gemacht werden. Bei jungen Männern ist Verletzlichkeit gemäß den vorherrschenden Geschlechterrollenbildern häufig schambesetzt. Statt sich selbst verletzlich zu zeigen, beschämt man andere. Das erfüllt mehrere Funktionen: Man zeigt sich nicht vulnerabel, wertet stattdessen das Gegenüber ab und erlebt eine Erleichterung, ein Gefühl der Macht und Kontrolle dadurch, dass jemand anderer das Gefühl stellvertretend für einen selbst auslebt. Zusätzlich erfüllt man die Erwartungen an die Geschlechternorm und erobert sich ein Gefühl von »Männlichkeit« zurück. Damit zeigt sich auch: Be-

5 Ebd.

6 Sighard Neckel, *Status und Scham. Zur symbolischen Reproduktion sozialer Ungleichheit*, Frankfurt a. M. 1991.

schämungen sind eine Form von Gewalt. Darüber hinaus können sie auch als Strafe eingesetzt werden. In pädagogischen Systemen waren derartige Praktiken lange institutionell integriert, von körperlicher Züchtigung bis »in die Ecke stellen«. Und auch heute finden sie vereinzelt auf informeller Ebene statt, etwa in Form von erniedrigenden Kommentaren über das Aussehen, die Herkunft oder die Leistungen von Schüler*innen.

Der Frauenkörper als Areal der Beschämung[7]

Wir sind permanent umgeben von Bildern, die den weiblichen Körper als Areal von Komplexen, Unsicherheiten und Schamgefühlen darstellen, um die Lösungen gleich mitzuverkaufen. Frauen wird vermittelt, auf eine bestimmte Weise aussehen zu müssen, da sie ansonsten beschämt werden und weniger Anspruch darauf haben, erfolgreich zu sein und geliebt zu werden. Mädchen werden schon früh sozialisiert, Zeit und Geld in Make-up, Kleidung, Schönheit zu investieren und männliche Anerkennung zu suchen. Diese Form der Repräsentation von Weiblichkeit verherrlicht patriarchale und konsumorientierte Ideologien. Wie die Medienpädagogin Jean Kilbourne betont, verkauft Werbung viel mehr als Produkte. Sie verkauft Werte, Bilder und Konzepte von Liebe und Sexualität, Romantik, Erfolg und – vielleicht am wichtigsten – Normalität. Dasselbe gilt für Unterhaltungsmedien wie Serien, Filme oder Musikvideos. Sie alle vermitteln ideologischen Inhalt und haben Auswirkungen darauf, wie sich junge Frauen – aber auch Männer – als Subjekte in ihrem eigenen Leben definieren.

Und es ist offenkundig, dass sie eine bestimmte Art von kommerzialisierter, heterosexueller Weiblichkeit verherrlichen und verstärken – und alle Arten von Abweichungen und Nichtentsprechungen abwerten. Von diesem begrenzten und einschränkenden Verständnis von Weiblichkeit profitieren überwiegend Modelabels, Händler*innen und Influencer*innen, junge Frauen selbst allerdings kaum. Denn jene, die nicht den eng gefassten Schönheitsstandards entsprechen, werden systematisch gedemütigt. In sogenannten

7 Dieser Abschnitt basiert auf Überlegungen in Laura Wiesböck, *In besserer Gesellschaft. Der selbstgerechte Blick auf die Anderen*, Wien 2018.

»Frauenmagazinen« wird häufig auf abwertende Alliterationen zur Beschämung einzelner Körperteile zurückgegriffen, wie »Dellen-Drama«, »Schenkel-Schauder«, oder »Knie-Katastrophe«. Derartige Bilder verstärken nicht nur das gängige Modell von Schönheit, sondern definieren auch, wer der Liebe und einer bescholtenen Existenz würdig ist. Als das schwedische Model Arvida Byström ihre unrasierten Beine in einer Werbekampagne zeigte, erhielt sie online Tiraden an Hasskommentaren bis hin zu Vergewaltigungsdrohungen. Der natürliche Frauenkörper wird heute also nicht nur beschämt, sondern ist zum Tabu geworden.

Die Regulierung der weiblichen Brustwarze[8]

Das nimmt zum Teil groteske Ausformungen an. Als die deutsche Sea-Watch-Kapitänin Carola Rackete im Sommer 2019 vor Gericht ohne BH erschienen war, kritisierte die italienische Zeitung *Libero*, dass ihr Auftritt eine »Schamlosigkeit ohne Grenzen« gewesen sei. Rackete hat verabsäumt, sich zu schämen. Denn Scham ist etwas, das Frauen bei der Sichtbarkeit ihrer eigenen Brustwarzen empfinden sollen. Auf Facebook und Instagram ist die Schambesetzung und Tabuisierung von Brustwarzen – sofern sie sich am Frauenkörper befinden – für eine Milliarde Nutzer*innen offiziell festgelegt. Wenn die Sichtbarkeit von weiblichen Brustwarzen in ihrer unbedeckten Form die »Sicherheit« einer Social-Media-Plattform gefährdet und in der bedeckten aber sich abzeichnenden Form einer konservativen Zeitung Anlass gibt, einen Artikel mit dem Vorwurf der Schamlosigkeit zu verfassen, dann muss eine große Gefahr von ihnen ausgehen. Die Gefahr heißt: Weibliche Brustwarzen könnten ihre sexualisierte Konnotation verlieren. Deshalb werden die Darstellungen überwacht, kontrolliert und außerhalb des sexualisierten Kontexts beschämt.

Das zeigt sich auf unterschiedlichen gesellschaftlichen Ebenen. Viele Mädchen haben bereits im Kleinkindalter Stoffdreiecke beim Schwimmen auf ihre Oberkörper geschnürt, damit ihre Brustwarzen verdeckt sind. Weibliche Celebrities oder Sportlerin-

8 Dieser Abschnitt basiert auf Überlegungen von Laura Wiesböck, *Der weibliche Körper als Areal der Beschämung*, in: Die Presse, 30.7.2019, https://www.diepresse.com/5667344/der-weibliche-korper-als-areal-der-beschamung (Abruf 20.11.2020).

nen werden in Zeitschriften für »nip slips« bloßgestellt, also wenn ihre Brustwarze kurz versehentlich unverdeckt war. An manchen Orten müssen Frauen Strafe zahlen, wenn ihre Brustwarzen freigelegt sind, weil sie damit die Rechte anderer oder die öffentliche Ordnung bedrohen. Männliche Brustwarzen unterliegen hingegen keinen Regulierungspraktiken, abgesehen vom gelegentlichen Strandrestaurantbesuch (»Only with shirt and shoes«).

Interessant dabei ist, dass die Sichtbarkeit bestimmter Teile des weiblichen Körpers verpönt ist – und nicht der sexualisierte Blick darauf. Denn es ist die Sexualisierung, die dazu geführt hat, dass weibliche Brustwarzen als obszön und anstößig gelten, in Sozialen Medien verboten sind und immer wieder zensiert oder sogar kriminalisiert werden. Insgesamt zeigt sich: Der Anspruch, dass gewisse weibliche Körperteile für den männlichen Blick sexualisiert sein sollen, und die damit verbundenen Beschämungen dienen als Herrschaftsinstrument. Es ist nicht die Aufgabe der Hälfte der Bevölkerung, ein Körperteil zu verstecken und schamhaft zu besetzen, damit der Anblick für die andere Hälfte – die dasselbe Körperteil offen zur Schau trägt – sexualisiert bleibt.

»Schambereich« und sexuelle Selbstbestimmung

Nicht nur Brustwarzen am weiblichen Körper, sondern auch das Areal rund um die Genitalien soll schambesetzt sein, darauf verweisen die Bezeichnungen Schambereich, Schamlippen oder Schamhaare. Das Verständnis des Begriffs »Scham« im Bereich der Vulva oder als verhüllende Bezeichnung für die Geschlechtsteile entwickelte sich allerdings nur im Deutschen. Die genaue Herkunft ist nicht eindeutig geklärt. Im Englischen spricht man anatomisch korrekt von Vulva-Lippen (»lips of the vulva«) und Pubertätshaaren (»pubes«, »pubic hair«), was nachvollziehbar ist, da sie in dieser Lebensphase zu wachsen beginnen. Denn die Intimbehaarung dient biologisch betrachtet weniger dazu, eine Schambehaftung und Tabuisierung von Geschlechtsteilen als vielmehr die sexuelle Reife und Zeugungsfähigkeit anzuzeigen.

Besonders deutlich wird die gesellschaftliche Konstruktion der Schambehaftung von Pubertätshaaren, wenn man der Überlegung nachgeht, dass Barthaare eigentlich auch dazu zählen. Die Intim- und Gesichtsbehaarung eines Mannes entwickeln sich beide im

Laufe der Pubertät. Laut Dr. Bobby Buka, Hautarzt aus New York City, sind jene Barthaare Schamhaare, die durch die Pubertät an einer neuen Körperstelle wachsen. Die Barthaarfollikel sind ähnlich aufgebaut wie jene an Leisten und Achseln eines Mannes, so Dr. Buka. Zudem dienen sie aus evolutionärer Perspektive dem gleichen Zweck, nämlich Pheromone über die Talgdrüsen abzugeben.

Aber nicht nur im Intimbereich werden Beschämungspraktiken angewandt, sondern auch wenn es um die sexuelle Selbstbestimmung geht. Gibt es einen beschämenden Begriff für heterosexuelle Männer, die mit vielen Frauen schlafen? »Schlampe« oder »Flittchen« sind nur zwei von vielen Bezeichnungen, die sexuell freizügig lebende Frauen herabwürdigen sollen. Eine gleichwertige Beleidigung für Männer sucht man vergeblich. Für den Sexualwissenschaftler Erwin J. Haeberle ist die geschlechtsspezifisch unterschiedliche Beurteilung von häufig wechselnden Sexualpartner*innen ein Anzeichen eines patriarchalischen Gesellschaftssystems. Sie soll Frauen einen unehrenhaften Charakter verleihen, sie darin beschämen, sich das Recht herauszunehmen, einen eigenverantwortlichen Lebensstil zu verfolgen.[9] Das verdeutlicht, dass sexuell selbstbestimmte Frauen nicht den geschlechterspezifischen Normvorstellungen entsprechen. Ist Promiskuität bei jungen Männern ein Zeichen für Virilität und Attraktivität, gilt sie bei jungen Frauen als billig und sittlich anrüchig.

Armut und symbolische Gewalt

Armutsbetroffene sind mit starken Missachtungserfahrungen konfrontiert. Es fehlt ihnen nicht nur an Geld, sondern häufig auch an Selbstachtung und Anerkennung. Die Deutungen gesellschaftlicher Wertschätzung werden durch Diskurse und medial erzeugte Bilder stark geformt. Armut wird heute immer stärker individualisiert, als persönliche Leistungsunwilligkeit deklariert und zum Teil kriminalisiert. Dem gängigen Vorurteil nach sind Armutsbetroffene übergewichtig, unhygienisch, ungepflegt, faul, ernähren sich ungesund, machen keinen Sport, schauen viel fern

9 Vgl. Erwin J. Haeberle, *Die Sexualität des Menschen: Handbuch und Atlas*, Berlin 1985.

und haben Kinder, die sie vernachlässigen. Kurzum: Sie sind Antipoden zum Idealbild der Leistungsgesellschaft. Sie bekommen das Gefühl vorsätzlich gesellschaftsschädigend zu handeln, finanziell parasitär zu sein, nicht dazuzugehören, nicht gebraucht zu werden, ihr Daseinsrecht wird infrage gestellt. Scripted-Reality-Formate im Privatfernsehen haben sich dieser herabwürdigenden Darstellung von Armutsbetroffenen besonders deutlich verschrieben. In fiktionalen TV-Sendungen wie *Familien in Geldnot, Familien im Brennpunkt* oder *Hilfe – Ich bin pleite! Letzte Rettung Pfandleiher* wird mit Laienschauspieler*innen billig und in kürzester Zeit Elend wirkungsvoll inszeniert. Für Privatsender ist das nur von Vorteil: Der Sendeplatz ist kostengünstig gefüllt und die Art der Produktionsweise weckt den Eindruck, dass echte Lebensrealitäten dokumentiert werden. Das erzeugt bei Zuseher*innen den Kitzel eines moralisch verwerflichen Voyeurismus.

Der Soziologe Pierre Bourdieu spricht in diesem Zusammenhang von symbolischer Gewalt. Er beschreibt damit Erscheinungsformen von Macht und Herrschaft, die sich alltaglich vollziehen und dem »gesunden Menschenverstand« als selbstverständlich erscheinen. Ein Kennzeichen von modernen Gesellschaften ist, dass Macht- und Herrschaftsverhältnisse nicht mehr über physische Gewalt deutlich werden. Symbolische Gewalt wirkt stumm und unterschwellig, sie wird von den Betroffenen deshalb gar nicht als Gewalt erlebt. Das ist sie aber. Denn durch die abwertende Art der Darstellung verfestigt sich Armut auf einer symbolischen Ebene. Armutsbetroffene werden dann schnell mit dem Stereotyp »faul« assoziiert und haben mit diesem Stigma schlechtere Chancen am Arbeitsmarkt. Symbolische Gewalt liefert also einen Beitrag zur Entwicklung von Werten und Alltagspraktiken. Auch sprachlicher Austausch ist für Bourdieu immer Machtverhältnissen unterworfen.[10] Sprache kann abwerten und anerkennen und ebnet somit den Weg für die hierarchische Stellung bestimmter Gruppen. Bereits die Tatsache, dass es den Begriff »Sozialschmarotzer« gibt, beeinflusst unsere Vorstellungen darüber, was es heißt, arbeitslos oder Transferempfänger*in zu sein.

10 Pierre Bourdieu, *Die feinen Unterschiede. Kritik der gesellschaftlichen Urteilskraft*, Frankfurt a. M. 1982.

Dieser Einfluss ist nicht zu unterschätzen. Viele armutsbetroffene Kinder leiden unter dem Druck, ihre Armut zu kaschieren. Sie können nicht in demselben Maß sozial teilhaben, wie andere Schüler*innen, sei es bei Kindergeburtstagen oder am Schulskikurs. Auch das Einladen von Freund*innen nach Hause ist wegen knappen Wohnraums, Herkunftsscham oder Geldmangels nur eingeschränkt oder gar nicht möglich. Ein Teil der armutsbetroffenen Kinder und Jugendlichen wächst daher in sozialer Isolation auf.[11] Der Wunsch nach Konsum ist für armutsbetroffene Kinder ein wesentlicher Teilhabemodus.[12] Die Ambitionen, die eigene Armut über statusträchtige Produkte zu kaschieren, etwa über Markenkleidung oder teure Handys, ist als Bewältigungsversuch zu interpretieren. Das gilt auch für Eltern, wenn sie Statussymbole erwerben, die aus finanzieller Sicht zu teuer für das begrenzte Haushaltsbudget sind. Ziel derartiger Bestrebungen ist es, ihrem Grundbedürfnis nach Anerkennung nachzugehen und Stigmatisierungen zu entkommen.[13] Damit werden Prioritätensetzungen im Konsum von armutsbetroffenen Familien verständlicher.

Fazit

Scham ist ein wichtiges Instrument zur Selbstkontrolle und zur sozialen Kontrolle. Gesellschaftliche Machtinhaber*innen sind in der Lage, Verhaltensregeln zwischen verschiedenen Positionen zu ihrem Vorteil zu bestimmen. Dem steht gegenüber, dass jeder Mensch ein Bedürfnis nach sozialer Anerkennung hat. Wenn jemand diese Anerkennung aufgrund seiner geringen Macht- oder Statusposition in Begegnung mit anderen nicht bekommt, können sich hinderliche Gefühle einstellen – wie Scham. Scham spielt eine große Rolle bei der Aufrechterhaltung von sozialen Strukturen

11 Vgl. Claudia Laubstein/Gerda Holz/Nadine Seddig, *Armutsfolgen für Kinder und Jugendliche. Erkenntnisse aus empirischen Studien in Deutschland*, Gütersloh 2016.

12 Vgl. Antje Richter, *Wie erleben und bewältigen Kinder Armut? Eine qualitative Studie über die Belastungen aus Unterversorgungslagen und ihre Bewältigung aus subjektiver Sicht von Grundschulkindern einer ländlichen Region*, Oldenburg 2000.

13 Vgl. Petra Hölscher, *»Immer musst Du hingehen und praktisch betteln«: Wie Jugendliche Armut erleben*, Frankfurt a. M. 2003.

und Machtverhältnissen. Beschämungspraktiken sind eine Form von Gewalt, die eine Unterordnung forciert.

Sich wiederholende, alltägliche Erfahrungen von Scham und Beschämung können bei Schüler*innen, Lehrlingen oder Studierenden zu Versagensängsten, Resignation oder Gewalt führen, aber auch zu pathologischen Erscheinungen wie chronischen Kopf- und Magenschmerzen, Schlafstörungen oder nachhaltigen Traumatisierungen. Dementsprechend ist es aus pädagogischer Sicht wichtig, Situationen, die zu Schamgefühlen führen können, im höchstmöglichen Ausmaß entgegenzuwirken. Das fängt bei kleinen Praktiken an: Lehrkräfte könnten darauf achten, im Turnunterricht die Zusammensetzung von Sportteams nicht so selektieren zu lassen, dass die Schwächeren am Schluss als sichtlich unerwünscht übrigbleiben, oder bei einem bevorstehenden Schulskikurs nicht vor der gesamten Klasse danach fragen, wer eine finanzielle Unterstützung braucht. Sie könnten unter Schüler*innen bewusst forcieren und vermitteln, dass Beschämungen keine Ausprägung von Humor sind, sondern beschädigende Grenzverletzungen.

Darüber hinaus wäre auch eine explizite Thematisierung und Aufklärung über die gesellschaftliche Dimension von Scham denkbar. Dafür könnte man in Form einer Übung folgende Fragen in den Raum stellen: Wofür schäme ich mich? In welchen Situationen schäme ich mich? Vor welchen Instanzen schäme ich mich? Was steckt dahinter (soziale Herkunft, Körper etc.)? Woher kommt das? Und: Bin ich gewillt diese Unterdrückungsmechanismen mitzutragen? Zwar ist die Ambition, strukturelle Machtverhältnisse auf rein individueller Ebene zu ändern, wenig aussichtsreich. Doch für die Ermöglichung eines würdevollen Lebens ist es zuträglich, sich aktiv gegen Scham – als Bestätigung der eigenen Unterordnung anderen gegenüber – zu positionieren.

BORIS GINNER

Gemeinsam sind wir stark – ein Praxisbeispiel

»In einem emanzipatorischen Bildungsansatz geht Bildung immer über die bloße Vermittlung von Wissen hinaus. Sie stellt die gesellschaftlichen Verhältnisse im Sinne einer Emanzipation grundsätzlich in Frage und führt Diskussionen um alternative Gesellschaften und anderes Leben. Somit ist sie stets auch politische Bildung.«[1]
Uwe Flurschütz

Mit Bildung zur Befreiung

»Jede Schule ist ein Kind ihrer Zeit, und jede Schule dient auch ihrer Zeit.«[2] Dieser Satz macht die enge Verbindung zwischen Bildung und Gesellschaftsordnung deutlich. Die in der zweiten Hälfte des 19. Jahrhunderts entstandene Arbeiter*innenbewegung forderte das Bildungs- und Erziehungssystem der Monarchie heraus. Die damalige Schule erzog zu Ehrfurcht gegenüber dem Herrscherhaus, zu künftigen loyalen Soldaten, zu gehorsamen Untertanen, die sich der angeblich gottgewollten Ordnung zu fügen hatten – stets unter dem Leitsatz: »Für Gott, Kaiser und Vaterland«. Für die Arbeiter*innenbewegung war Bildung hingegen – zumindest dem eigenen Anspruch gemäß, der nicht in allen Punkten in die Praxis übersetzt wurde – ein entscheidendes Instrument zur Verbesserung der Lebensverhältnisse. Im Hainfelder Programm der Sozialdemokratie wurden als Hauptziele der Schulpolitik die »Erhebung aus der geistigen Verkümmerung« und die »Befreiung aus den Fesseln der ökonomischen Abhängigkeit« definiert.[3] Durch die Gründung von Bildungsvereinen, Vorläufer der heutigen Gewerkschaften, war eine zentrale organisatorische Voraussetzung für

1 Uwe Flurschütz, *Emanzipatorische Bildung – Bildung zur Emanzipation*, in: *Forum Recht*, H. 2/2004, S. 56f.

2 Oskar Achs, *Zwischen Gestern und Morgen*, Wien 2017, S. 70.

3 Programmatische Entschließungen des Hainfelder Parteitages 1888/89, Renner-Institut: http://www.renner-institut.at/uploads/media/1888-89_Hainfelder-Programm_01.pdf, Abruf: 10.10.2020.

den erfolgreichen Kampf zur Durchsetzung der demokratischen Republik im Jahr 1918 geschaffen worden. Diese Bildungsvereine wollten aus Arbeiter*innen freie, kritische und selbstbestimmte, mündige Menschen machen. Statt ökonomische und gesellschaftliche Zwänge als naturgegeben anzusehen und schicksalsergeben zu ertragen, sollte ihnen Bildung ein Rüstzeug geben, diese aufzubrechen.[4]

Die Fabrikarbeiterin und spätere sozialdemokratische Nationalratsabgeordnete Adelheid Popp war eine wichtige Vorkämpferin für die Einführung des Frauenwahlrechts, bessere Arbeitsbedingungen und eine »organisierte Gesellschaft, in der nicht produziert wird, um Geld zu verdienen, sondern um die tatsächlichen Bedürfnisse der Menschen zu befriedigen«.[5] So organisierte sie Arbeiterinnen in Kaffeefeigenfabriken, Lampenfirmen, Hut- oder Schuhfabriken und warb mit Bildungsarbeit und Aufklärungskampagnen für Solidarität: Bessere Arbeitsbedingungen waren nach Popp nur möglich, wenn sich die Belegschaft nicht spalten ließ, solidarisch zusammenhielt und sich schlagkräftig für ihre Anliegen organisierte. Gerade Arbeitskämpfe wurden auf diese Weise zum Ausdruck einer um sich greifenden Politisierung. Eine besondere Rolle kam Streiks als machtvollen Instrumenten der Gewerkschaftsbewegung zu, kollektive Handlungserfahrungen, die auf Solidarität und Kooperation fußten.[6]

Vom Untertan zum Humankapital?

Der Pädagoge und Psychologe Carl Furtmüller wirkte an der Seite von Otto Glöckel, Unterstaatssekretär für Unterricht und späterer Wiener Stadtschulratspräsident, maßgeblich an der (Wiener) Schulreform der 1920er Jahre mit. Er kritisierte, dass die Schule in erster Linie ein Institut zum Erwerb von Berechtigungen sei und dadurch die Lehrperson zum Werkzeug der sozialen Auslese werde. Sie erfülle eine gesellschaftliche Funktion (soziale Selektion

4 Vgl. Boris Ginner, *Erkämpfte Bildung – erkämpfte Demokratie*, in: Günther Sandner/Boris Ginner, *Warum Demokratie Bildung braucht*, Wien 2019, S. 29ff.

5 AIZ, 19.3.1907, S. 3, in: Gernot Trausmuth, *»Ich fürchte niemanden«. Adelheid Popp und der Kampf für das Frauenwahlrecht*, Berlin 2019, S. 111f.

6 Vgl. Eckhard Dittrich, *Arbeiterbewegung und Arbeiterbildung im 19. Jahrhundert*, Bensheim 1980, S. 58f.

der Schüler*innen), eine psychische (»systematische Verstärkung des Minderwertigkeitsgefühls«) und eine ideologische (politische Indoktrinierung). Mit letzterer spielt Furtmüller auf die Erziehung zum Gehorsam an, auf das »Brechen des Individualwillens«. Statt einer Einschränkung brauche es aber eine Erweiterung des Bewusstseins. »Das Prüfungswesen mit seiner Konkurrenzatmosphäre« fördere hingegen Neid auf der einen und Überhebung und Selbstgerechtigkeit auf der anderen Seite.[7]

Der französische Soziologe Pierre Bourdieu bringt dies Jahrzehnte später auf den Punkt:

> Die Begabungsideologie, Grundvoraussetzung des Schul- und Gesellschaftssystems, bietet nicht nur der Elite die Möglichkeit, sich in ihrem Dasein gerechtfertigt zu sehen, sie trägt auch dazu bei, den Angehörigen der benachteiligten Klassen das Schicksal, das ihnen die Gesellschaft beschieden hat, als unentrinnbar scheinen zu lassen. Denn sie bringt sie dazu, das als naturbedingte Unfähigkeit wahrzunehmen, was nur die Folge einer inferioren Lage ist, und redet ihnen ein, dass ihr soziales Los (…) ihrer individuellen Natur, ihrem Mangel an Begabung geschuldet ist.[8]

Systemgemachte Benachteiligung wird naturalisiert, gesellschaftliche Missstände werden damit als Ergebnis individuellen Versagens dargestellt. Statt soziale Ungleichheit als gesellschaftliches und veränderbares politisches Problem zu begreifen, wird sie legitimiert und fortgeschrieben.

Auch die heute heranwachsende Generation wird so in die im kapitalistischen Wirtschaftssystem hochgehaltene Ideologie eingeführt: Wer mehr leistet, soll auch mehr verdienen. Ungleiche Ausgangsbedingungen und unterschiedliche Formen von Leistung werden dabei ausgeblendet. Das österreichische Spezifikum der frühen Auslese und Trennung der Schulkinder ab dem zehnten Lebensjahr in Mittelschule und AHS verschärft diesen auf Leistungsdruck und Konkurrenz basierenden Charakter des Schul-

7 Vgl. Achs, *Zwischen Gestern und Morgen*, S. 79f.

8 Pierre Bourdieu, *Die konservative Schule*, in: Pierre Bourdieu, *Wie die Kultur zum Bauern kommt*, Hamburg 2001, S. 46.

systems zusätzlich. Bemühungen vieler engagierter Lehrpersonen zum Trotz fokussiert die schulische Ausrichtung auf Wettbewerbssituationen in Gestalt von Notenkonkurrenz oder auf individuelle Leistungsresultate statt auf Lernen in Gruppenprozessen, Teamarbeit und Kooperationsprojekte. Solidarische Lernerfahrungen bleiben dabei viel zu oft auf der Strecke.

Der neoliberale Umbau der Wirtschafts- und Gesellschaftsordnung in den letzten 40 Jahren ist nicht spurlos am Bildungssystem vorübergegangen: Marktlogiken haben Einzug gehalten und im Lichte einer von Verwertungsinteressen geleiteten Bildung avancieren Schulen zunehmend zu Humankapital produzierenden Dienstleistungsunternehmen. Um zu sehen, wie weit fortgeschritten dieser Prozess bereits ist, genügt ein kurzer Blick auf aktuelle Bildungsdiskurse: Das Schließen der Schulen in Zeiten der Corona-Krise im März 2020 kommentierte Bildungsminister Heinz Faßmann nicht aus Sicht der Kinder, die ihre Sozialkontakte verloren und am Lernfortschritt behindert wurden, sondern er warnte vor einem »Humankapitalverlust großen Ausmaßes«.[9] Ähnlich argumentierte Wirtschaftsministerin Margarete Schramböck im November 2018, als sie kritisierte, die Gymnasien würden »am Markt vorbei« produzieren.[10] Statt jungen Menschen Wirtschaft als demokratisch gestaltbar zu vermitteln, werden Schüler*innen also den Bedürfnissen und Anforderungen des Marktes unterworfen. Dies erinnert an das Plädoyer der deutschen Bundeskanzlerin Angela Merkel für eine Demokratie, die »trotzdem auch marktkonform ist«, die den Märkten die »entsprechenden Signale« aussendet und die es herzustellen gelte.[11] In der marktkonformen Gesellschaft muss nicht nur die Demokratie Abstriche machen, auch das Bildungssystem wird mehr und mehr zur bloßen Zulieferinstanz

9 Ö1-Morgenjournal, 18.5.2020.

10 https://www.nachrichten.at/wirtschaft/Die-Gymnasien-produzieren-oft-am-Markt-vorbei;art15,3066558 (Abruf: 7.10.2020).

11 Pressestatements von Bundeskanzlerin Angela Merkel und dem Ministerpräsidenten der Republik Portugal, Pedro Passos Coelho, Berlin, 1.9.2011, https://archiv.bundesregierung.de/archiv-de/dokumente/pressestatements-von-bundeskanzlerin-angela-merkel-und-dem-ministerpraesidenten-der-republik-portugal-pedro-passos-coelho-848964 (Abruf: 20.10.2020).

für den ökonomischen Bedarf, Heranwachsende werden im Sinne wirtschaftlicher Verwertungsvorgaben zugerichtet.[12]

Emanzipatorische Bildung steht in scharfem Kontrast zu diesem Bildungsverständnis. Statt darauf zu pochen, Schule müsse auf das so bezeichnete »echte Leben« vorbereiten, das von vorherrschenden ökonomischen Logiken geprägt ist, will sie junge Menschen dazu befähigen, für ein »anderes echtes Leben« nach ihren Vorstellungen und Ideen einzutreten. Die Kernbotschaft lautet auch hier: Die Welt da draußen ist veränderbar, jedoch nur durch Menschen, die dazu ermächtigt und ermutigt werden.

Alles ist politisch

> »Mündigkeit, Urteilskraft und Emanzipation lauten die Grundorientierungen Politischer Bildung, die durch die Beutelsbacher[13] Konsenspunkte Überwältigungsverbot, Kontroversitätsgebot und Partizipationsbefähigung gewährleistet werden sollen.«[14]

Politische Bildung, die emanzipatorischen Ansprüchen gerecht werden möchte, setzt auf die Vermittlung eines umfassenden Politikbegriffs. Dazu gehört, jungen Menschen begreifbar zu machen, dass Politik mehr ist als Parlament, Gesetze und Männer in Anzügen. Einem erweiterten Politikbegriff folgend, werden gezielt Fragen von Verteilung und Macht behandelt.[15] Ziel ist es, Orientierungsfähigkeit in der sozialen Welt sowie Urteils- und Kritikfähigkeit im Zusammenhang mit gesellschaftlichen Phänomenen zu vermitteln.

12 Vgl. Erich Ribolits, *Die Zukunft der Schule unter dem Kuratel der Ökonomie*, in: Elke Renner, Erich Ribolits, Johannes Zuber: *Wa(h)re Bildung: Zurichtung für den Profit*, schulheft 113, 2004, S. 10f.

13 Der »Beutelsbacher Konsens« formuliert Grundsätze für die Politische Bildung und ist ein bis heute geltender Standard für den politisch-historischen Unterricht an Schulen. Er wurde auf Initiative der Landeszentrale für politische Bildung Baden-Württemberg bei einer Tagung in Beutelsbach im Jahr 1976 erarbeitet.

14 Dirk Lange, *Was darf politische Bildung?*, in: Philipp Mittnik, Georg Lauss, Stefan Schmid-Heher, *Was darf Politische Bildung?*, Wien 2018, S. 8.

15 Vgl. Anton Pelinka, *Die Ermöglichung politischer Freiheit. Politikwissenschaft und Politische Bildung*, in: Thomas Hellmuth, Patricia Hladschik, *Inhalte, Methoden und Medien in der Politischen Bildung*, Schwalbach 2014, S. 14–29.

Der Pädagoge und Bildungssoziologe Norbert Kutalek wirkte maßgeblich an der Etablierung der Politischen Bildung im Zuge der Bildungsreformen der 1970er Jahre mit. Anstatt soziale Ungleichheit als gesellschaftliche Notwendigkeit zu rechtfertigen oder als unvermeidbar darzustellen, gelte es, die soziale Wirklichkeit des Arbeitens, Verdienens, Besitzens, Wohnens, Krankseins und anderer Lebensbereiche bewusstzumachen und auf diesen Gebieten für mehr Freiheit, Gleichheit und Gerechtigkeit einzutreten.[16]

Als Eckpunkte emanzipatorischer Bildung führte er an:

- »den Versuch, Fremdbestimmung zugunsten von Selbstbestimmung abzubauen,
- Irrationalität zugunsten von Rationalität zu reduzieren,
- Konflikte nicht unter dem Gesichtspunkt des Störcharakters zu betrachten, sondern als Voraussetzung für den aktiven Abbau von Fremdbestimmungen,
- den Versuch, anstelle von Anpassung Kritik und anstelle von Abhängigkeit Unabhängigkeit zu setzen,
- die Intention der gesellschaftlichen Veränderung anstelle der Reproduktion bestehender Verhältnisse,
- die These zu vertreten, dass der Demokratisierungsprozess noch längst nicht abgeschlossen ist.«[17]

In der Politik geht es um die Frage, wie Gesellschaft organisiert ist. Neben der offenkundigen Regierungsform, etwa Monarchie oder demokratische Republik, betrifft das auch Fragen der Produktionsweise, der Verteilung von Ressourcen sowie der Prinzipien, auf denen diese Verteilung basiert. Wem die Produktionsmittel gehören, also wer über Boden, Maschinen und Kapital zur Beschäftigung von Arbeitskräften verfügt, und wer seine Arbeitskraft an andere verkaufen muss sowie die Tatsache, dass sich diese beiden Gruppen mit widersprüchlichen Interessen gegenüberstehen, ist eine gesellschaftliche und somit politische Frage. Dass das Wirtschaftssystem danach organisiert ist, Ressourcen und Arbeitskraft vor allem nach Prinzipien der Gewinnmaximierung einzusetzen,

16 Vgl. Norbert Kutalek, *Einige Aspekte emanzipatorischen Unterrichts*, in: Oskar Achs, *Norbert Kutalek – Spuren und Positionen linker Bildung*, Wien 2013, S. 48f.

17 Vgl. ebd., S. 40.

anstatt die Bedürfnisse von Mensch und Umwelt bestmöglich abzudecken, ebenso.

Ungleiche politische Partizipationschancen, die Wertigkeit von Arbeit, Erziehung und Pflege, soziale Sicherheit, Wohnen oder die Gestaltung des öffentlichen Raums: Kein Bereich der Gesellschaft ist von einem erweiterten Politikbegriff ausgenommen. Wie sich unser Leben als Gemeinschaft gestaltet, ist eine hochpolitische Frage, für die das Bildungssystem ein grundlegendes Verständnis erzeugen muss.

In der heute an den Schulen umgesetzten Politischen Bildung trifft man jedoch häufig auf ein reduziertes Verständnis von Politik. Statt der vielfältigen Aspekte gesellschaftlicher Organisation, zu denen auch die Art des Wirtschaftens zählt, stehen formale Demokratievorstellungen im Zentrum. Politische Bildung verkommt dabei nicht selten zur Institutionenlehre, die Politik als Kenntnis über Gesetzwerdungsprozesse oder parlamentarische Abläufe, oft ohne viel Bezug zur Lebenswelt junger Menschen, erscheinen lässt. Die Wissensvermittlung über institutionelle Fragen ist dabei nicht bedeutungslos, sie muss jedoch in Verbindung gesetzt und erweitert werden:

Was bedeuten die Abläufe, rechtlichen Regelungen und Institutionen konkret für die Lebensrealität von Menschen, für das Hier und Jetzt, für die Fragen des Alltags? Wie wirken sich politische Entscheidungen konkret auf die einzelnen Individuen aus? In diesem Zusammenhang sollten auch die Vorerfahrungen der Menschen eingebaut und weiterentwickelt, sowie lebensweltliche Probleme aufgegriffen und altersadäquat behandelt werden.[18] Eine mit Leben erfüllte, kritische politische Bildung macht unterschiedliche Interessenlagen in der Gesellschaft sichtbar und begreifbar. Sie wirft damit die Fragen auf: Wer profitiert und welche Interessen haben zu welchen politischen Entwicklungen geführt? Politische Bildung setzt auch auf Herrschaftskritik, indem sie gesellschaftliche Bedingungen hinterfragt, wie etwa die ungleichen Voraussetzungen, unter denen Bürger*innen im politischen Raum agieren.[19]

18 Vgl. Andreas Petrik, *Adressatenorientierung*, in: Wolfgang Sander, *Handbuch Politische Bildung*, Schwalbach (2004), S. 241ff.

19 Vgl. Dirk Lange, *Was darf politische Bildung*, in: Philipp Mittnik, Georg Lauss, Stefan Schmid-Heher, *Was darf Politische Bildung*, Wien 2018, S. 8.

Sie agiert nicht konfliktvermeidend oder -verdeckend, sondern ermutigt zur Diskussion und orientiert sich an Problemen, die einer politischen Lösung bedürfen, wie zum Beispiel Klimakrise, Armut oder Globalisierung, und bringt diese wiederum mit ihren Auswirkungen auf die Lebensrealität der Schüler*innen in Verbindung. Sie schildert historische Ereignisse nicht nach chronologischen Abläufen oder als Taten von Einzelpersonen (etwa großer Herren, Führer und Könige), sondern stellt Zusammenhänge zu gegenwärtigen Phänomenen her.

Sie regt zur Partizipation an und zeigt, wie Menschen für ihre und für fremde Interessen eintreten können, beispielsweise unter Nutzung von Medien, durch Gründung von Initiativen, generell durch Organisation. Dabei wird freilich auch die Bedeutung von Kompromissen und von Mehrheitsentscheidungen vermittelt. Politische Bildung soll es Menschen ermöglichen, für ihre Interessen einzutreten, auch und gerade an jenen Orten, an denen sie sich beinahe täglich befinden: in der Schule, in der Gemeinde, in ihrem Wohngebiet, aber auch in Betrieben und am Arbeitsort.

»Gemeinsam sind wir stark« – ein Praxisbeispiel

Auch die Arbeiterkammer als im System fest verankerte Institution befindet sich im Spannungsverhältnis, Jugendlichen auf der einen Seite zu helfen, sich für den Arbeitsmarkt zu qualifizieren und somit individuell bessere Berufschancen zu erwerben, andererseits aber auf die Kritik des Bestehenden hinzuwirken. Entscheidend für diese Kritik an gesellschaftlichen Missständen ist es, sich politisch zu organisieren. Um den zentralen Wert des Organisiert-Seins zu vermitteln, fördert die Arbeiterkammer Projekte der politischen Partizipation und Interessenvertretung. Denn klar ist: Je früher und besser sich Menschen für ihre Anliegen organisieren und selbstbewusst ihre Rechte einfordern, desto wirksamer ist der gemeinsame Einsatz für eine bessere (Arbeits-)Welt. Schüler*innen sollen lernen, wie entscheidend das »Gemeinsam-Organisieren« für die Durchsetzung sozialer Verbesserungen, eines menschenwürdigen Arbeitslebens und einer gerechten Gesellschaft ist. Dieser solidarische Einsatz muss gelernt werden, denn nur zu oft wird die arbeitende Bevölkerung gespalten. Das geschieht häufig durch rassistische Stimmungsmache und die Ethnisierung sozialer Debatten, also durch Versuche, politische Konflikte auf Fragen der Kultur oder der Ethnie zu reduzieren und so zum Beispiel Verteilungsfragen zwischen Arm und Reich mit Zuwanderungsdebatten zu überlagern.

Das Team von »Arbeitswelt und Schule« der Arbeiterkammer Wien hat daher ein Bildungsangebot geschaffen, das genau in diese Richtung zielt: Jugendliche zu ermächtigen, gegen Ungerechtigkeit und Spaltung aufzutreten, und ihnen das Gespür dafür zu vermitteln, warum sich Arbeiter*innen organisiert haben und warum das auch heute notwendig ist. Im Workshop »Gemeinsam sind wir stark« werden junge Menschen dazu aufgefordert, verschiedene Positionen in einem Produktionsprozess unter die Lupe zu nehmen und sich gemeinsam die Frage zu stellen, welche Gruppen dort mit ihren je verschiedenen Interessen aufeinandertreffen.

Der Workshop baut auf einem Rollenspiel auf, in dem Schüler*innen auf einer Schiffsfabrik arbeiten. Die Workshoptrainer*innen teilen sich dabei zwei Rollen auf: Fabrikbesitzer*in und Moderator*in. Trainerin A ist zum Beispiel Unternehmerin, besitzt also die Fabrik. Trainer B übernimmt die Spielleitung und moderiert das Spiel.[20] Die Schüler*innen, am Fließband aneinandergereiht, müssen jeweils einen Arbeitsschritt befolgen. Am Ende entstehen zehn fertiggefaltete Papierschiffe, die von der Unternehmerin am Markt verkauft werden. Die Arbeiter*innen erhalten allerdings nur wenig Lohn, während die Unternehmerin einen großen Gewinn macht. Die Belegschaft muss also Strategien entwickeln, um zu mehr Lohn zu kommen.

Während die Unternehmerin die Belegschaft zu schnellerer, besserer Arbeit drängt und die eigenen Kosten betont (Arbeitsmaterial, Gebäude, Einrichtung, Vermarktung etc.), versucht der Spielleiter mit den Schüler*innen als Belegschaft der Schiffsfabrik eine Diskussion über die Produktionsbedingungen einzuleiten und zu strukturieren. Dabei wird auf die Verteilung der Einnahmen eingegangen: Pro Schiff verdient die Unternehmerin 10 Münzen, das sind bei 10 Schiffen in Summe also 100 Münzen. Die einzelnen Arbeiter*innen erhalten aber nur je eine Münze, der

20 Die Rollenverteilung, also wer Fabrikbesitzer*in spielt und wer moderiert, machen sich die Trainer*innen vor Spielbeginn aus.

Unternehmerin bleibt somit der Großteil. Die Unternehmerin geht nach der ersten Produktionsrunde »neue Aufträge an Land holen«, besucht also potenzielle Investor*innen und verlässt den Klassenraum. In der Zwischenzeit bleibt Zeit für Reflexion mit den Schüler*innen. Meist fordern diese mehr Lohn, respektvolle Behandlung oder geregelte Arbeitszeiten. Nicht immer gelingt es ihnen aber, ihre Anliegen stringent zu formulieren und effizient zu organisieren.

Nach ihrer Rückkehr gibt die Unternehmerin bekannt, eine gute und eine schlechte Nachricht für die Belegschaft zu haben. Die gute sei, dass die Arbeitsplätze gesichert sind und das Fortbestehen der Fabrik möglich ist. Am Markt herrsche allerdings ein harter Wettbewerb, weshalb die schlechte Nachricht sei, dass künftig kostengünstiger produziert werden müsse. So sollten sich die Arbeiter*innen künftig zu zweit eine Münze teilen – es sei aber natürlich zu ihrem Besten: Schließlich sei so der Arbeitsplatz sicher und die Fabrik werde nicht von anderen, kostengünstiger produzierenden Konkurrenzunternehmen »vom Markt verdrängt«. Die Schüler*innen haben nun die Aufgabe, eine weitere Senkung des ohnehin schon skandalös niedrigen Lohns zu verhindern. Die Unternehmerin versucht, die Belegschaft gezielt zu spalten, mitunter auch indem sie Einzelnen Privilegien zukommen lässt, beispielsweise Prämien. Damit soll der Zusammenhalt untergraben werden. Rädelsführer*innen, die besonders hart im Interesse der Belegschaft verhandeln, droht sie oder macht sie für eine mögliche baldige Schließung der Fabrik verantwortlich. Entweder können die Schüler*innen nun dennoch im Gespräch mit der Unternehmerin die Lohnsenkung abwenden und einen Kompromiss erzielen (aber nur mündlich, wodurch die bessere Vereinbarung droht nicht eingehalten zu werden), oder aber die Schüler*innen arbeiten weiter zu schlechte(re)n Bedingungen. Nach der nächsten Produktionsrunde geht die Unternehmerin erneut aus dem Klassenraum und versucht, neue Auftraggeber*innen zu gewinnen. Die Spielleitung kann nun mit der Belegschaft diskutieren, welche Fehler begangen wurden und welche Strategien künftig angewendet werden sollten. Dazu zählen:

– Einigung auf Repräsentant*innen der Belegschaft (= Betriebsrät*innen),

- bei den Verhandlungen mit höher angesetzten Forderungen starten, um letztlich einen besseren Kompromiss zu erzielen,
- Streik(-drohung) und kollektive Aktionen, die Entschlossenheit signalisieren sollen.

Am Ende soll die Unternehmerin einen schriftlichen (Kollektiv-) Vertrag unterschreiben, der auch den Interessen der Belegschaft entspricht. Im Zuge dessen können geregelte Arbeitszeiten, das Recht auf bezahlten Krankenstand oder Urlaub, eine Betriebskantine, Pausenregelungen, Mutterschutz, Kindergeld und Ähnliches verankert werden.

Wann die Verhandlungen stattfinden und nach welcher Produktionsrunde man bereits einen fertigen Kollektivvertrag unterzeichnet, kann selbstverständlich von der jeweiligen Situation und Klasse abhängig gemacht werden.

In der noch verbleibenden Zeit (insgesamt ist der Workshop für die Dauer von zwei Schulstunden angelegt) wird die Simulation der Schiffsfabrikarbeit reflektiert. Klassische Diskussionsfragen sind: Was haben die Erfahrungen, die im Spiel gemacht wurden, mit der Realität zu tun? Welche Interessen trafen aufeinander? Welche Argumente wurden verwendet und welche kennt man aus dem medialen Diskurs? Am Schluss schließt sich der Bogen zur Gewerkschaft und zur AK: Warum wurden solche Organisationen geschaffen? Wie beeinflussen sie das Arbeitsleben?

Das Spiel soll zeigen, dass die Verteilung von Ressourcen und die Rollen (lohnabhängige Belegschaft versus Eigentümer der Produktionsmittel) im Produktionsprozess gestaltbar sind. Vermittelt wird dabei die zentrale Bedeutung von Solidarität. Solidarischer Zusammenhalt ist das Um und Auf, um gegen einen »Divide-et-impera«[21]-Führungsstil anzukommen, der auf Spaltung setzt, indem er Einzelne gegeneinander ausspielt. Dabei soll sichtbar werden, dass eine Befreiung von Zwängen und ein Gewinn an Selbstbestimmung meist nicht auf individuellem Wege zu erlangen ist, sondern einer kollektiven Handlung und der Solidarität anderer bedarf. Zudem wird ein positives Menschenbild vermittelt: Der Mensch agiert aktiv als soziales, politisches Wesen, das sich für die Verbesserung gesellschaftlicher Verhältnisse einsetzt. Dies steht im

21 »Teile und herrsche«.

Gegensatz zum neoliberalen Menschenbild des Homo oeconomicus, der sich im Prozess der »natürlichen Auslese« zweckrational und egoistisch für den eigenen Vorteil einsetzt.

Gleichzeitig wird auf bekannte Diskurse über Wettbewerbsfähigkeit oder Standortkonkurrenz Bezug genommen, die in ein Diktat von »Sachzwängen« münden: Man müsse eben Löhne kürzen, Lohnnebenkosten senken, »Bürokratie« abbauen (womit oft auch soziale Mindeststandards gemeint sind), die Wirtschaft »entfesseln« (etwa von sozialer Verantwortung), sonst würden der Wirtschaftsstandort und Arbeitsplätze verloren gehen. An dieser Stelle kann auch darauf fokussiert werden, wie Argumenten gegen soziale Verbesserungen, mehr Arbeitnehmer*innenrechte, Mitbestimmung oder Arbeitszeitverkürzung begegnet werden kann. Eine Bezugnahme auf aktuelle Anlässe, etwa Fabrikschließungen bei gleichzeitiger Auszahlung von Manager*innenboni oder Kündigungswellen, bietet sich hier an. Die Schüler*innen bekommen eine Vorstellung davon, wie Arbeitskämpfe erfolgreich geführt werden können, welchen Wert beispielsweise Vertretungsinstanzen wie Betriebsrät*innen haben. Die Bedeutung des Streiks, mit dem die Arbeitnehmer*innen über einen wichtigen Druckhebel verfügen, wodurch Rechte ausgebaut und Arbeitsbedingungen verbessert werden können, wird Schüler*innen ebenso nähergebracht.

Zu guter Letzt setzt das Praxisbeispiel auf humorvolle, spielerische und interaktive Gestaltung von Lerninhalten. So entsteht ein positives Wir-Gefühl und die Selbstwahrnehmung als politisches Subjekt anstelle der Rolle als passives Objekt politischer Entscheidungen.

Conclusio

Emanzipatorische Bildung setzt stets auf mehreren Ebenen an. Sie deckt gesellschaftliche Missstände wie soziale Ungleichheit nicht zu, sondern rückt sie ins Sichtfeld und will zum Handeln auffordern. Sie macht Mut, selbstbewusst Ansprüche an die Realität zu stellen, und arbeitet mit realen Erfahrungen statt kontextloser Wissensvermittlung. Sie betrachtet Schule als demokratischen Raum, in dem Partizipation erlernt und gelebt wird, und hinterfragt hierarchische Strukturen im Bildungssystem. Sie betrachtet Jugendliche nicht als defizitäre Objekte, die der erzieherischen

Intervention bedürfen, sondern adressiert sie als politische Subjekte, deren Vorstellungen, Handlungen und Lebensrealitäten Ausgangspunkt der Bildungsarbeit sind. Nicht zuletzt erweitert sie den Blick darauf, was politisch gestaltbar ist, denn: Politische Bildung darf nicht mit der Absicht verbunden sein, Bestehendes abzusichern und zu erhalten, sondern sie muss die gesellschaftlichen Verhältnisse kritisch in den Blick nehmen.[22]

In diesem Artikel wurde eine Möglichkeit skizziert, wie abseits von Frontalunterricht und Institutionenlehre ein Verständnis für politische Verhältnisse gemeinsam mit Jugendlichen erarbeitet werden kann. Natürlich gibt es hierfür viele zu erkundende Wege, die darauf warten, beschritten zu werden. Dem Einfallsreichtum sind keine Grenzen gesetzt, wenn es darum geht, Politik als Verständnis von dieser Welt und ihrer Veränderlichkeit zu vermitteln und Jugendlichen alle Türen zu öffnen, gesellschaftlichen und sozialen Fortschritt zu erzielen.

22 Vgl. Alexander Wohnig, *Begriffsvielfalt, Entgrenzung, Aufmerksamkeitskultur*, in: Politische Bildung – Journal für politische Bildung 2/19, Frankfurt a. M. 2019, S. 13.

SUSANNE HASLINGER

Der Sozialstaat als Thema emanzipatorischer Bildung

Einleitung

Der Sozialstaat geht uns alle an: Gehören wir nicht gerade zu den wenigen reichsten Prozent, profitieren wir in unterschiedlichen Lebenslagen, individuell und als Gesellschaft. Dennoch lässt sich regelmäßig beobachten, wie der Abbau und die vielzitierte »Verschlankung« des Sozialstaates auf breite Zustimmung stoßen oder zumindest unter Sachzwangargumentationen billigend in Kauf genommen werden. Es gilt als unumstrittenes Dogma, dass sich unser Sozialstaat – oder zumindest seine Finanzierung – in der Krise befindet. Dasselbe gilt für seine Institutionen – von der Sozialversicherung bis zur Gewerkschaft. Doch was ist der »Sozialstaat«? Wie vermitteln wir ihn in der politischen Bildung, wie *sollten* wir ihn vermitteln, um ihren emanzipatorischen Ansprüchen zu genügen?

Politische Bildung in Österreich, ob als eigenständiges Unterrichtsfach oder als Querschnittsmaterie, hat das erklärte Ziel der Vermittlung emanzipatorischer Inhalte. Der Grundsatzerlass zum »Unterrichtsprinzip politische Bildung« aus dem Jahr 2015 des damaligen Ministeriums für Bildung und Frauen nennt als eines der zentralen Ziele die Befähigung, »gesellschaftliche Strukturen, Machtverhältnisse und mögliche Weiterentwicklungspotentiale zu erkennen und die dahinterstehenden Interessen und Wertvorstellungen zu prüfen sowie im Hinblick auf eigene Auffassungen zu bewerten und allenfalls zu verändern«.[1] Didaktisch unterstützt wird dies durch die Leitlinien des Beutelsbacher Konsenses, insbesondere das »Kontroversitätsgebot« und das »Überwältigungsverbot«,[2] die politische Kontroversen im Unterricht thematisieren

1 BMBF Bundesministeriums für Bildung und Frauen, *Unterrichtsprinzip politische Bildung. Grundsatzerlass 2015*, Rundschreiben Nr. 12/2015 BMBF-33.466/0029-/I/6/2015, 22. 6. 2015, S. 2.

2 Ebd., S. 4.

und damit zur Urteils- und nicht bloß zur Meinungsbildung befähigen sollen. In der Praxis stellt dies allerdings (nicht selten als »politische Neutralität« missverstanden)[3] die politische Bildung regelmäßig vor die Frage, wie *politisch* sie eigentlich sein darf: Darf der Kapitalismus als Grundlage aktueller Herrschaftsverhältnisse benannt werden? Dürfen ideologische Überlegungen hinter Sachzwangargumenten benannt werden? Darf die Politik konkreter Parteien oder Regierungskonstellationen als hinterfragungswürdiges Beispiel herangezogen werden?

Um solche Fragen zu beantworten und ein kritisches Konzept zur schulischen Auseinandersetzung mit dem Thema Sozialstaat liefern zu können, muss an dieser Stelle ein wenig ausgeholt werden.

Zwischen Institutionenlehre und kritischer politischer Bildung

Zunächst gilt es, sich vor Augen zu führen, was *kritische* politische Bildung – nicht zuletzt in ihrer Verwurzelung in der kritischen Theorie der Frankfurter Schule – auf welchen Grundlagen will und was mit Emanzipation durch politische Bildung im 21. Jahrhundert gemeint sein kann. Dazu ist es notwendig, an den bestehenden Herrschafts- und Gesellschaftsverhältnissen anzuknüpfen und Politik als etwas von Menschen Gemachtes, das daher umso mehr kritikwürdig und veränderbar ist, zu begreifen. (Kritische) emanzipatorische Bildung zielt demnach auf ein (zunächst individuelles) Aufbrechen der gesellschaftlichen Hegemonie, der sozialisierten Denkmuster und Verhaltensweisen und der unhinterfragten Anerkennung bestehender Herrschaftsverhältnisse. Im Zusammenhang mit dem Sozialstaat bedeutet dies, dass Vorstöße (am bestehenden System »zu rütteln«) beurteilt und trotz Sachzwangargumentation und »blame avoidance« durchschaut werden können. Im besten Sinn heißt es, das Bestehende progressiv weiterentwickeln zu wollen.

Kein leichtes Unterfangen, lässt sich doch eine »tiefe Verankerung kultureller Hegemonie in den handelnden Subjekten selbst« (nicht nur den Schüler*innen, sondern insbesondere bei

3 Philipp Mittnik/Georg Lauss/Stefan Schmid-Heher, *Was darf politische Bildung? Eine Handreichung für LehrerInnen für den Unterricht in Politischer Bildung*, Wien 2018.

vielen Lehrer*innen) feststellen, die uns abverlangt, Bildung als »eine Kategorie des Widerstands zu denken«, eine »Form geistiger Desertion aus einer aufoktroyierten Wirklichkeit, intellektueller Widerstand gegen die naturwüchsig scheinende Kraft des Faktischen«.[4]

Nicht geeignet, diesen Widerstand zu leisten, ist die rein positivistische Vermittlung von »Sachinformationen«, die für sich beansprucht, »neutrales« Wissen zu erzeugen. Sie verhindert vielmehr kritische und emanzipatorische Erkenntnisprozesse, ist sie doch von der individuellen wie gesellschaftlichen Erfahrung und Praxis abgeschnitten. Übrig bleibt die berühmte Halbbildung im Sinne von Adorno.[5] Kritische politische Bildung darf also niemals bei der reinen Wissensvermittlung stehen bleiben. Vielmehr geht es um die Verbindung von theoretischem Wissen und Praxis, die Schaffung und Durchleuchtung von Zusammenhängen und schließlich darum, Alternativen zu sehen und aktiv an ihrer Entwicklung und Durchsetzung teilnehmen zu wollen:

> »Bildung zielt auf ein Verständnis der Welt, das sie als Ergebnis vorangegangener Praxis, als Ergebnis von Alternativen und Entscheidungen erfahrbar macht und ein tätiges Verhältnis zu ihr ermöglicht.«[6]

Diese individuelle wie kollektive Erfahrung und Praxis und ihre Reflexion scheinen mir ein entscheidendes Moment in der aktuellen Sozialstaatsdebatte zu sein. Sie stoßen bei Schüler*innen (z.B. in Zusammenhang mit dem Pensionssystem) allerdings zwangsläufig schnell an Grenzen und stehen nicht selten in einem Spannungsverhältnis zu den hegemonial vermittelten kollektiven Erfahrungen. Aufgrund der nach wie vor unbestritten bestehenden Klassenfragmentierung unseres Schulsystems sind zudem je nach Schultyp mitunter völlig andere Ansätze erforderlich (die erlebte subjektive

4 Armin Bernhard, *Elemente eines kritischen Begriffs der Bildung*, in: Bettina Lösch/Andreas Thimmel (Hg.), *Kritische politische Bildung. Ein Handbuch*, Schwalbach 2011, S. 93f.

5 Alex Demirović, Bildung und Gesellschaftskritik, in: Bettina Lösch/Andreas Thimmel (Hg.), *Kritische politische Bildung. Ein Handbuch*, Schwalbach 2011, S. 72f.

6 Ebd., S. 69.

Realität von Berufsschüler*innen wird vielfach eine andere sein als jene von AHS-Schüler*innen).

Jene Hegemonien, die es als »gesellschaftlicher Konsens« wahrgenommene Erfahrungen aufzubrechen gilt, bedienen sich ähnlicher Mechanismen, setzen aber Erfahrung mit »Betroffenheit« gleich: Über das latente Gefühl einer ganzen Generation, »abgehängt« zu werden, wird eine geschickte Identitätspolitik geschaffen, mit deren Hilfe stellvertretende Sündenböcke wie »die Ausländer« oder schlicht »zu hohe – unnötige – Kosten« platziert werden. Dass der wahre Kampf unbemerkt an anderen Fronten geführt wird, nämlich entlang des Kapitals und des gesamten Rests der Bevölkerung, wird nicht erkannt. Politische Bildung, die die notwendige Kompetenz vermittelt, kritisch zu hinterfragen, und die notwendige Sensibilität in der Wahrnehmung von »Gleichheit und Ungleichheit« wie »Gerechtigkeit und Ungerechtigkeit« gleichermaßen fördert, muss zunächst den »lernenden und wissenden Umgang mit bedrohter und gebrochener Identität, mit dem Verlust von Selbstwertgefühlen im Kampf um Anerkennung in einer Gesellschaft, in der nicht nur die Arbeitsplätze drohen fragmentiert und zerstückelt zu werden, sondern die Anforderungen an das Flexibilitätspotenzial der Menschen immer weiter zunehmen«, vermitteln.[7] Diese Identitätskompetenz ist Grundlage dafür, Probleme wie beispielsweise Langzeitarbeitslosigkeit nicht als individuelles, sondern als strukturelles Problem wahrnehmen zu können und dagegen aufzubegehren.[8]

7 Oskar Negt, *Über das Erlernen des aufrechten Gangs als Bildungsauftrag*, in: Denk-doch-mal.de 04/2015. http://denk-doch-mal.de/wp/oskar-negt-ueber-das-erlernen-des-aufrechten-gangs-als-bildungsauftrag (Abruf 2. 11. 2020). Vgl. stellvertretend für viele Christine Zeuner, *Entwicklung und Umsetzung eines didaktisch-methodischen Konzepts zur politischen Bildung. Oskar Negts »Gesellschaftliche Kompetenzen«*, in: Magazin erwachsenenbildung.at, 2013, S. 20.

8 Oskar Negt, *Rede beim Jahresempfang des DGB-Bildungswerks NRW e. V.*, 10. 2. 2000, http://www.netzwerk-weiterbildung.info/upload/m47501333818cf_verweis1.PDF (Abruf 2. 11. 2020), S. 8.

Zwei Lösungsansätze in der Betrachtungsweise von Sozialstaat

Anknüpfend an das bisher Gesagte, ist es weder Ziel dieses Beitrags den österreichischen Sozialstaat in seiner Komplexität darzustellen, noch kann dies das Ziel einer kritisch-emanzipatorische Vermittlung im Unterricht sein. Ich möchte stattdessen im Folgenden zwei Ansatzpunkte für die konkrete Gestaltung politischer Bildung vorstellen, wovon jedoch keiner für sich allein betrachtet werden kann.

Gewisse Sachinformationen sind als Hintergrundwissen (mehr noch für Lehrer*innen als für Schüler*innen) nichtsdestotrotz unerlässlich. Folgende Punkte sind dabei meines Erachtens zentral und zeigen, dass das Thema »Sozialstaat« nicht in einigen wenigen Unterrichtseinheiten abgehandelt werden kann, sondern immer wieder zur Sprache kommen muss:

– *Spezifika des österreichischen Sozialstaates* (Pflichtversicherung, Äquivalenzprinzip, Lebensstandardsicherung, traditioneller Fokus auf Erwerbstätigkeit und Ehe mit allen damit einhergehenden Problemen, Entstehen aus der Arbeiter*innenbewegung, finale Ausformung entlang der typisch österreichischen Konkordanz, insbesondere starke Rolle der Selbstverwaltung und der Sozialpartnerschaft),
– *historische Einbettung* (Entstehen des Sozialstaates und seiner Intuitionen aus dem absoluten Elend des ausgehenden 19. Jahrhunderts, der harte Kampf um heute Selbstverständliches, Sozialstaat in seiner heutigen Ausformung als »Kampfprodukt der Nachkriegsgewerkschaften« [Oskar Negt]),
– *Verknüpfung mit politischer Ökonomie* (deren Absenz in der politischen Bildung ebenfalls weitläufig beklagt wird) und damit auch eine gewisse Kenntnis über Wirkung und Folgen unterschiedlicher Modelle beispielsweise von Sozialstaatsfinanzierung.

Die Ausführung dieser Punkte würde den Rahmen dieses Beitrags sprengen, sie ist auch nicht nötig, da hier von anderen weit Umfangreicheres und Profunderes verfasst wurde.[9]

9 Vgl. z. B. die zahlreichen Expertisen von Emmerich Tálos [u. a. Emmerich Tálos, *Vom Siegeszug zum Rückzug. Sozialstaat Österreich 1945–2005*, 2015], aber auch bestehende Unterrichtsmaterialien wie z. B. die Polis-Ausgabe »Sozialstaat«, BMBWF 2017.

Gesellschaftliche Funktion von Sozialstaat an sich: die Mutter der Demokratie

Auch in zweifelsfrei progressiven Unterrichtsmaterialien wird Wesen und Aufgabe des österreichischen Sozialstaates tendenziell auf die »Zurverfügungstellung sozialer Absicherung«, auf ein »Auffangnetz« in (unverschuldeten) Notlagen reduziert. Diese (zu) sehr vereinfachte Betrachtungsweise verstellt den Blick auf weitere, komplexere (gewollte) Funktionen eines breit aufgestellten Sozialstaates. Der Sozialstaat ist ein wesentliches – wenn nicht das wesentlichste – Element einer modernen solidarischen Gesellschaft, ihr Rückgrat. Er soll eben gerade nicht nur gegen existenzbedrohende Notlagen absichern, er will soziale Gerechtigkeit herstellen, gesellschaftliche Teilhabe ermöglichen, umverteilen, stabilisieren (sowohl im wirtschaftlichen Sinn, beispielsweise durch Instrumente wie die Kurzarbeit, als auch durch die Wahrung des viel zitierten »sozialen Friedens«) und ist Inbegriff einer demokratischen Gesellschaftsordnung per se.

Insbesondere Umverteilung mittels des Sozialsystems (Praxisbeispiel 3) wird – der hegemonialen neoliberalen Erzählung folgend – zunehmend allerdings geradezu als etwas Anrüchiges vermittelt, diejenigen, die die Leistungen des Sozialsystems in Anspruch nehmen (der Großteil der Bevölkerung), werden ins Eck von Schnorrer*innen oder Leistungsunwilligen gestellt. Ein erster Ansatz ist es, sich vor Augen zu führen, was Sozialstaat neben dem viel zitierten »Auffangnetz« umfasst und wie sehr jede/r Einzelne mit großer Selbstverständlichkeit und damit weitestgehend unbewusst Teil davon ist.[10]

Zum Sozialstaat gehören

- *Versicherungsleistungen* im Fall von Krankheit, Unfall, Alter, Arbeitslosigkeit und Mutterschaft,
- *universelle Leistungen* (Leistungen ohne Bedarfsprüfung) wie insbesondere medizinische Versorgung, Kinderbetreuungsgeld und Familienbeihilfe sowie das Pflegegeld und
- mit sehr geringer untergeordneter Bedeutung *subsidiäre, bedarfs- beziehungsweise einkommensgeprüfte Leistungen* (promi-

10 Vgl. dazu ausführlich bspw. das Portal der Arbeiterkammer Wien, www.sozialleistungen.at.

nentestes Beispiel ist die bedarfsorientierte Mindestsicherung; jüngst wieder »Sozialhilfe«),
- das *Arbeitsrecht* (von der betrieblichen Mitbestimmung über die Gestaltung von Arbeitsbedingungen bis hin zur gesetzlichen Interessenvertretung in Form der Arbeiterkammer),
- *öffentliche Infrastruktur* wie beispielsweise im Bildungsbereich vom Kindergarten bis zur Hochschule
- und leistbares Wohnen.

Während der österreichische Sozialstaat im Zeichen von Hochkonjunktur und Vollbeschäftigung bis in die 1980er Jahre von einer umfassenden Expansion gekennzeichnet war, folgt seit den 1990ern ein steter Abbau sowie ein Umbau der Grundprinzipien. Unter dem Eindruck sich ändernder »äußerer« Bedingungen, allen voran zunehmender Globalisierung (Stichwort »Standortwettbewerb«) und demografischer Veränderungen (Stichwort »Überlastung des Pensionssystems«), werden nicht nur Leistungen gekürzt. Schritt für Schritt findet ein politisch gewollter Paradigmenwechsel statt, der als alternativlose Antwort auf die sich ändernden Verhältnisse gelten soll.[11] Parallel dazu haben neue Begriffe in den Diskurs vermeintlicher Absicherung des Sozialsystems und der Bewahrung der sozialen Gerechtigkeit Einzug gehalten: Eigenverantwortung, soziale Treffsicherheit und Generationengerechtigkeit. Genau diese Dogmen und ihr Framing gilt es aufzubrechen und die ideologische Idee (und damit die eigentlichen Profiteur*innen eines solchen Paradigmenwechsels) dahinter zu erkennen und zu benennen. Nur dann wird es gelingen, den oben genannten Bildungszielen gerecht zu werden. Dabei mag der zweite Ansatz helfen:

Sozialstaat (kritisch) als Teil von Staatlichkeit begreifen

Um das Wesen des Sozialstaates auf eine Art und Weise einzufangen, die einer kritischen politischen Bildung gerecht wird, und einer klassischen »Institutionenlehre« den Rücken zu kehren, bedarf es eines Rückgriffs auf Staat und Staatlichkeit an sich und einen Blick in die kritische Staatstheorie, die den Herrschafts-

11 Vgl. Emmerich Tálos, *Vom Siegeszug zum Rückzug. Sozialstaat Österreich 1945–2005*, Innsbruck 2015.

charakter des Staates und seine Funktion, Herrschaftsverhältnisse abzusichern, betont.

> »Der Staat ist demzufolge weniger neutraler und dem Allgemeinwohl verpflichteter Problemlöser, sondern eine zentrale Instanz, um die bestehenden herrschaftsförmigen gesellschaftlichen Verhältnisse abzusichern: seien es kapitalistische, patriarchale, ethnisch-strukturierte bzw. rassistische oder internationale, oft imperiale Verhältnisse, oder jene gegenüber der menschlichen oder außermenschlichen Natur.«[12]

Dabei geht es insbesondere darum, den Staat als Zusammenhang gesellschaftlicher (und damit sozialer) Verhältnisse zu erkennen. Dies wiederum ist notwendige Voraussetzung, um beispielsweise »Reformen« im Sozialsystem einordnen und als Ausdruck eben jener Machtfragen begreifen zu können. Sachzwangargumentationen sind als Teil einer bewusst geschaffenen diskursiven Hegemonie zu verstehen und damit nach dem italienischen Schriftsteller und Philosophen Antonio Gramsci als Instrument der herrschenden Klasse. Anders gesagt: Den benachteiligten Klassen, jenen, die auf einen gut ausgebauten, funktionierenden Sozialstaat angewiesen sind, werden die Interessen des »Klassenfeinds« als ihre eigenen »verkauft« und damit zur gesellschaftlichen Vorstellung des einzig »Richtigen« gemacht.

Diskussionsimpulse für den Unterricht

Ein mehrfach genanntes Mittel, den (sozialen und) politischen Analphabetismus zu überwinden, ist Provokation (Bernhard 2011, 95ff.). Dazu bieten sich die aktuellen Debatten um den Sozialstaat und seine Leistungen hervorragend an. Das bedeutet für die Unterrichtspraxis, die Erzählung über Institutionen und Leistungen des Sozialstaates kurz zu halten und sich vor allem punktuellen Problemstellungen zuzuwenden, die aber in einen historischen und machtpolitischen Kontext gesetzt werden müssen.

Einen Impuls hierfür sollen die folgenden Beispiele zur Erarbeitung von Unterrichtskonzepten geben:

12 Ulrich Brand, *Der Staat als soziales Verhältnis*, in: Bettina Lösch/Andreas Thimmel, *Kritische politische Bildung. Ein Handbuch*, Schwalbach 2011, S. 146.

Beispiel 1: Lebensstandard versus Existenzsicherung

Österreich verfügt über ein gut ausgebautes System sozialer Sicherheit, der größte Teil der Geldleistungen ist dabei nach dem (solidarischen) Versicherungsprinzip organisiert und knüpft nahezu ausschließlich am Status Erwerbstätigkeit an. Entsprechend (und aus dem historischen Kontext verständlich) soll die Sozialversicherung genau vor jenen Risiken absichern, die von der Erwerbstätigkeit ausschließen – mit allen strukturellen Schwächen, die der traditionelle Fokus auf die männlich geprägte, ganzjährige Vollzeit-Erwerbstätigkeit mit sich bringt. Die Höhe der Geldleistung orientiert sich in aller Regel am bisherigen Einkommen und mitunter auch an der Dauer der Einzahlung (sogenanntes Äquivalenzprinzip), wird aber durch Mindestleistung (z. B. bei der Pension durch die Ausgleichszulage) ergänzt. Dabei hat der österreichische Sozialstaat sowohl historisch als auch aktuell nur im seltensten Fall die reine Existenzsicherung im Auge, vielmehr soll ein Großteil der Leistungen den *Lebensstandard* (zumindest zu einem gewissen Grad) absichern und damit dafür Sorge tragen, dass es aufgrund der geänderten Lebenssituation nicht zum sozialen Abstieg und weiterhin zu einer entsprechenden Teilhabe an der Gesellschaft kommt.

Ein Extrembeispiel des politisch gewollten Wechsels vom Lebensstandardprinzip zur reinen Existenzsicherung sind die deutschen Hartz-IV-Leistungen sowie die Renten nach der Riester-Reform[13] 2001 (Stichwort »Eigenverantwortung«), die ganze Bevölkerungsgruppen in die Verarmung und Isolation treiben. Beide Diskussionen finden auch in Österreich statt (Forcierung privater Pensionsvorsorge, Abschaffung der Notstandshilfe und Überführung in die Mindestsicherung).

13 Die Riester-Rente ist eine geförderte private Rentenversicherung, die 2002 in Deutschland anlässlich einer allgemeinen Rentensenkung eingeführt wurde. Abgesehen von der grundsätzlichen Kritik an einer (Teil-)Privatisierung des Pensionssystems lautet die häufig geäußerte Kritik: Personen mit geringem Einkommen oder unterbrochener Erwerbsbiografie können sich selten Einzahlungen leisten, profitieren seltener von der staatlichen Förderung und machen bei geringen Rentenansparungen sogar Verluste.

Leitfragen:
- Welche Interessen könnten hinter einem derartigen Systemwechsel stehen und warum?
- Wer profitiert davon? Wer verliert und inwiefern? Was bedeutet dies für unsere Gesellschaft als Ganzes?
- Ist der Systemwechsel notwendig? Wenn ja, warum? Was wären Alternativen?

Beispiel 2: Was habe ich mit Selbstverwaltung zu tun?

Den Gewerkschaften ist es nicht gelungen, die Änderung der Mehrheitsverhältnisse in der Krankenversicherung 2018/2019 durch die Regierung Kurz/Strache zu thematisieren und die hinter dieser Maßnahme stehenden politischen Absichten deutlich zu machen. Einer der Gründe hierfür liegt darin, dass sich die Versicherten wenig mit ihrer eigenen Versicherung identifizieren, sich nicht als Träger*innen der Selbstverwaltung begreifen und ihnen Aufgabe und Bedeutung der Selbstverwaltung nicht bewusst sind.

Selbstverwaltung bedeutet, dass Verwaltung und Entscheidungsfindung in der Hand der direkt Betroffenen (= Versicherten) beziehungsweise ihrer Vertreter*innen liegt. Dabei geht es (neben der autonomen Verwaltung der Beiträge) vor allem darum, die für die Versicherten relevanten Entscheidungen über Verträge des Versicherungsträgers mit Ärzt*innen, Krankenhäusern und Laboren zu Selbstbehalten etc. der Entscheidung durch Nicht-Betroffene zu entziehen und damit Interessen wie Gewinnmaximierung, Risikoselektion und Ähnliches hintanzuhalten.

Die ersten Krankenkassen entstanden in den 1860er Jahren als selbstverwaltete Vereine der (Fabrik-)Arbeiter*innen und wurden erst nachfolgend gesetzlich eingerichtet. Seit der Ersten Republik standen einander Arbeitnehmer*innen und Arbeitgeber*innen in allen entscheidungsrelevanten Gremien im Verhältnis 4:1 gegenüber, zur Kontrolle stand den Arbeitgeber*innen bei heiklen Themen ein Vetorecht zu. Sogar im Austrofaschismus wurde dieses Verhältnis »nur« auf 2:1 geändert. Die türkis-blaue Bundesregierung führte nun erstmals ein Verhältnis 1:1 ein. Damit haben die Arbeitgeber*innen (mit nur einem »Umfaller« auf der Arbeitnehmer*innen-Seite) eine Mehrheit gegenüber den Versicherten oder können zumindest jede Entscheidung blockieren.

Historisch ist die Verankerung der Mitbestimmung der Arbeitgeber*innen dem hohen Misstrauen gegenüber den »sozialistischen« Arbeiter*innen geschuldet. Gleichzeitig verpflichtete man die Arbeitgeber*innen zur Abfuhr der Versicherungsbeiträge. Was hierbei gerne vergessen wird: Auch die Arbeitgeber*innenbeiträge sind seit dem Entstehen der Krankenversicherung Teil des Lohns und somit keine zusätzliche Abgabe, die den Arbeitgeber*innen aufgebürdet wird.[14] Die im Zuge der Kassenreform 2018 immer wieder zu vernehmende Losung »Wer zahlt, schafft an« verdreht diese historische Tatsache und ist daher ungeeignet, eine Änderung der Mehrheitsverhältnisse zu rechtfertigen.

Leitfragen:

- Was spricht für die Selbstverwaltung in der Krankenkasse, was dagegen? Welche von außen kommenden Interessen können hinter einer Einschränkung der Selbstverwaltung liegen?
- Wie ist eine derart massive Verschiebung der Kräfteverhältnisse (1:1 statt 4:1) demokratiepolitisch zu beurteilen? Wie ist sie demokratiepolitisch zu rechtfertigen? Welche Rechtfertigungen dienen der Durchsetzung anderer Interessen?
- Was wären alternative Formen der Organisation der Krankenkassen? Welche Folgen hätte eine systemische Veränderung?

Beispiel 3: Wer soll das bezahlen?

In Unterrichtsmaterialien zu politischer Bildung findet sich die ergebnisoffene Frage, ob der Sozialstaat angesichts steigender Ausgaben aufgrund der demografischen Entwicklung künftig noch »leistbar« ist, und oftmals folgt ein Verweis darauf, dass es hierüber verschiedene politische Ansichten gibt.[15]

In Österreich gibt es keine Umverteilung über das Steuer- und Abgabensystem. Sozialer Ausgleich erfolgt vielmehr im umgekehrten Weg über den Sozialstaat, über öffentliche Daseinsvorsorge und Transferleistungen.[16] Österreich hat eine über Jahrzehnte hinweg relativ stabile Sozialquote von 28 bis 30 Prozent der Wirtschafts-

14 Vgl. Tálos 2015, S. 25.

15 Vgl. Bundesministerium für Bildung, Wissenschaft und Forschung, polis aktuell 2017/06, *Sozialstaat Österreich*, Wien 2017, S. 11.

16 Vgl. Christine Mayrhuber/Matthias Firgo/Hans Pitlik/Alois Guger/Ewald Walterskirchen, *Sozialstaat und Standortqualität Endbericht*, Österreichisches

leistung[17] und eine im OECD-Vergleich relativ hohe Abgabenquote von 42,1 Prozent,[18] wobei der Großteil dieser Abgaben auf den Faktoren »Arbeit« (Lohn- und Einkommenssteuer sowie Sozialversicherungsbeiträge) und Konsum basiert. Gleichzeitig gibt es ein augenscheinliches Defizit (auch im internationalen Vergleich) beim »Einzahlen« in das System bei jenen Personen, deren Einkommen sich in erster Linie aus dem Zuwachs aus ihrem Vermögen zusammensetzt.[19]

Die Regierungen der vergangenen Legislaturperioden haben wiederholt eine »Senkung der Abgabenquote« gefordert, die (neben Unternehmen) insbesondere Bezieher*innen von niedrigen Einkommen entlasten soll. Es soll also weniger Geld in die Staatskasse fließen, während wir parallel dazu seit den 1990er Jahren unter dem Dogma der Budgetkonsolidierung eine sukzessive Leistungskürzung in allen Bereichen des Sozialstaates beobachten. Diese kurzfristige Budgetpolitik lässt jedoch die nachfolgenden Kosten sowohl für die Betroffenen (z. B. wesentlich teurere private Eigenvorsorge oder Nutzung privater Einrichtungen) als auch für die Gesellschaft als Ganzes (durch Abstieg in beispielsweise manifeste Armut) vollkommen außer Acht.

Leitfragen:

- Was passiert bei Kürzungen im Ausgabenbereich? Wer ist davon auf welche Art und Weise betroffen?
- Wem nützt eine immer wieder geforderte »Senkung der Abgabenquote«? Werden Bezieher*innen niedriger Einkommen dadurch entlastet? Welche Interessen können hier dahinterstehen?
- Was wären Alternativen, wenn es tatsächlich mehr Finanzmittel zur Erhaltung des Sozialstaates braucht?

Die Vermittlung des Themas Sozialstaat ist und bleibt komplex, seine Darstellung eine zeitliche und inhaltliche Herausforderung.

Institut für Wirtschaftsforschung (WIFO) im Auftrag der Arbeiterkammer Wien, Wien 2018.

17 Statistik Austria, *Europäisches System der Integrierten Sozialschutzstatistik (ESSOSS)*, http://www.statistik.at/web_de/statistiken/menschen_und_gesellschaft/soziales/sozialschutz_nach_eu_konzept/sozialquote/index.html (Abruf 2. 11. 2020).

18 OECD Revenue Statistics 2019, http://oe.cd/revenue-statistics (Abruf 2. 11. 2020).

19 Ebd.

Der kurze Abriss in diesem Artikel möchte eine kleine Hilfestellung zur Erstellung von Unterrichtsmaterialien oder zur Vorbereitung von Unterrichtseinheiten geben und Interessierte dazu ermuntern, die bekannten Wege einer Institutionenlehre zu verlassen. Denn für mich liegt genau darin eine der Schlüsselthematiken zum Erkennen und Verstehen unseres Staates, von Politik, Interessen und ihrer Durchsetzung. Ich denke, dass es zentral ist, Konflikte rund um Erhalt, Ausbau und Reformierung des Sozialstaates zu verstehen, politischer Bildung in allen Schultypen einen emanzipatorischen Inhalt zu geben und den Schüler*innen ein Instrument zum Aufbrechen genau jener Hegemonie bieten zu können, die ihre eigenen Chancen beschneidet.

GABRIELE PESSL, MARIO STEINER

COVID-19 und Distance-Schooling: Folgt aus der Gesundheits- nun auch eine Bildungskrise?

Theoretische Reflexionen zu Bildungsungleichheit und sozialer Ungleichheit

Das Thema Chancengleichheit im Bildungssystem und die Frage danach, in welchem Ausmaß und warum Schulerfolg und die soziale Herkunft der Schüler*innen zusammenhängen, haben in der Bildungssoziologie eine lange Tradition. Entsprechende Debatten wurden bereits in den 1960er Jahren geführt und erleben seit Ende der 1990er Jahre einen Aufschwung, der im Zusammenhang mit einer Reihe an breit angelegten Schulleistungsstudien, darunter PISA, steht. Diese Studien haben wissenschaftliche und öffentliche Diskussionen zu Bildungsungleichheit befördert und weisen in regelmäßigen Abständen darauf hin, dass die Leistungen im internationalen Vergleich mehr oder weniger stark an den sozioökonomischen Status der Schüler*innen gebunden sind. In Österreich fiel dieser Zusammenhang immer stark aus. Die PISA-Untersuchung aus dem Jahr 2018 zeigt, dass Österreich bezüglich der Leseleistungen in etwa beim Durchschnitt der OECD-Länder liegt, während die Equity (das Ausmaß, in dem Lernerfolge unabhängig von der Herkunft erzielt werden können) unterdurchschnittlich ausgeprägt ist. 13 Prozent der Unterschiede beim Lesen können exklusiv durch den sozioökonomischen Status der Schüler*innen erklärt werden.[1]

Aus einer bildungssoziologischen Perspektive können diese Befunde als schichtabhängige Leistungsunterschiede interpretiert und im Rahmen von Kapitaltheorien erklärt werden: Die Familien

1 OECD, PISA 2018, *Results. Volume II: Where All Students Can Succeed, 2019*, https://doi.org/10.1787/b5d1b8f-en (Abruf: 9.12.2020).

der Schüler*innen verfügen über eine unterschiedliche Kapitalausstattung. Familien, die über weniger kulturelles, soziales und ökonomisches Kapital verfügen, können ihren Kindern eine weniger lernförderliche Umgebung bereitstellen,[2] was zu Leistungsunterschieden führt, die als primäre Sozialschichteffekte[3] theoretisch gefasst werden. Damit kommt es bereits vor der Einschulung zu Unterschieden zwischen den Kindern, die im Zuge der Bildungslaufbahn nicht ausgeglichen werden.[4]

Während sich die Bildungsforschung darüber einig ist, dass ein Zusammenhang zwischen sozialer Herkunft und Schulerfolg existiert, werden die Ursachen dieses Zusammenhangs kontrovers diskutiert: Sind sie in den Familien oder im (Schul-)System zu suchen beziehungsweise wo entstehen sie?[5] Dabei wird eine »problematische Akzentverschiebung von Ursachen in Familien und Milieus«[6] konstatiert und die Praxis, unterschiedliche Leistungen ursächlich auf die Merkmale von Kindern und Familien zurückzuführen, mitunter heftig kritisiert.[7]

Im Kontext der Schulschließungen, wie sie im Frühjahr 2020 im Zuge der COVID-19-Pandemie in weiten Teilen der Welt stattgefunden haben, wird davon ausgegangen, dass die Bildungs-

2 Vgl. Hanna Dumont, Kai Maaz, Marko Neumann & Michael Becker, *Soziale Ungleichheit beim Übergang von der Grundschule zur Sekundarstufe I: Theorie, Forschungsstand, Interventions- und Fördermöglichkeiten*, in: Zeitschrift für Erziehungswissenschaft 17, 2014, S. 141–165.

3 Raymond Boudon, *Education, Opportunity, and Social Inequality*, 1974, New York, London, Sydney.

4 Vgl. Michael Bruneforth, Christoph Weber & Johann Bacher, *Chancengleichheit und garantiertes Bildungsminimum in Österreich*, in: Barbara Herzog-Punzenberger (Hg.), *Nationaler Bildungsbericht 2012. Fokussierte Analysen bildungspolitischer Schwerpunktthemen*, Graz 2012, S. 189–227.

5 Vgl. Kai Maaz, Jürgen Baumert & Ulrich Trautwein, *Genese sozialer Ungleichheit im institutionellen Kontext der Schule: Wo entsteht und vergrößert sich soziale Ungleichheit?*, in: Heinz-Hermann Krüger, Ursula Rabe-Kleberg, Rolf-Torsten Kramer und Jürgen Budde (Hg.), *Bildungsungleichheit revisited*, Wiesbaden 2010, S. 69–102.

6 Heinz-Hermann Krüger, Ursula Rabe-Kleberg, Rolf-Torsten Kramer & Jürgen Bude (Hg.), *Bildungsungleichheit revisted*, Wiesbaden 2010, S. 9.

7 Hartmut Wenzel, *Chancengleichheit in der Schule – eine nicht abgegoltene Forderung*, in: Heinz-Hermann Krüger, Ursula Rabe-Kleberg, Rolf-Torsten Kramer und Jürgen Budde (Hg.), *Bildungsungleichheit revisited*, Wiesbaden 2010, S. 57–67.

ungleichheit steigen werde.[8] Allerdings wird in der Situation von Distance-Schooling mit zahlreichen Voraussetzungen betreffend Infrastruktur, technische Ausstattung und eine Reihe an Kompetenzen, die für das Lernen zuhause notwendig sind, deutlich, dass das Argument unzulässig ist, Eltern würden ihre Kinder in dieser Zeit zu wenig unterstützen oder eine zu wenig lernförderliche Umgebung bereitstellen. Um sich den Ursachen der Bildungsungleichheit anzunähern, ist es demnach ein notwendiger Schritt, den Blick (auch) auf das System zu richten. Damit verschiebt sich die theoretische Perspektive von einem oberflächlichen Blick auf die Kapitalausstattung in den Familien als genuine Ursache für Bildungsungleichheit zu einem relationalen Verständnis der Kapitalsorten. Ein solches Verständnis entspricht auch dem Grundgedanken von Pierre Bourdieu: Die Kapitalsorten sind nicht per se wirksam, sondern werden es in einem bestimmten gesellschaftlichen Kontext, genauer gesagt, in einem sozialen Feld, das von Machtbeziehungen strukturiert wird.[9] Insofern »haben« Schüler*innen beziehungsweise Familien auch nicht einfach mehr oder weniger Kapital, sondern dieses wird durch das Schulsystem in seiner Verteilung zwischen den gesellschaftlichen Klassen reproduziert.[10] Auch ohne Bourdieus Ansatz dahingehend zu folgen, dass das Schulsystem so gestaltet ist, dass es (unweigerlich) zur sozialen Reproduktion beiträgt, lässt sich daraus eine relationale und institutionelle Perspektive auf den Zusammenhang zwischen Kapital und Schulerfolg entwickeln und die Frage ableiten, was in einem bestimmten Schulsystem vorausgesetzt wird, um darin erfolgreich

8 Andreas Schleicher, *The Impact of COVID-19 in Education. Insights from Education at a Glance 2020*, www.oecd.org/education/the-impact-of-covid-19-on-education-insights-education-at-a-glance-2020.pdf (Abruf: 9.12.2020); *United Nations Children's Fund, Covid-19: Are children able to continue learning during school closures? A global analysis of the potential reach of remote learning policies using data from 100 countries*, 2020, https://data.unicef.org/resources/remote-learning-reachability-factsheet (Abruf: 9.12.2020).

9 Vgl. Pierre Bourdieu & Loic Wacquant, *Reflexive Anthropologie*, Frankfurt a.M. 2013.

10 Vgl. Pierre Bourdieu & Jean-Claude Passeron, *Grundlagen einer Theorie der symbolischen Gewalt*, Frankfurt a.M. 1973.

zu sein,[11] und inwiefern diese Voraussetzungen mit sozialer Ungleichheit zu tun haben.

Als Beispiel dafür lässt sich die konkrete Unterstützung heranziehen, die Schüler*innen bei den Hausübungen und beim Lernen erhalten: an der Schule oder privat. Die Bedeutung dieser Unterstützung ist im Zuge der Schulschließungen im Frühjahr 2020 besonders deutlich geworden, als das Lernen für mehrere Wochen in die private Wohnumgebung der Schüler*innen verschoben wurde. Nur ein Prozent der Schüler*innen beziehungsweise Eltern haben während dieser Zeit die Möglichkeit der Betreuung an den Schulen genutzt.[12] Die über den Unterricht hinausgehende Unterstützung bei den Aufgaben und beim Lernen war aber schon vor den Schulschließungen relevant. Die Frage aus einem institutionellen Blickwinkel lautet, wie weit diese Unterstützung innerhalb des Schulsystems abgedeckt wird und in welchem Maß sie außerhalb der Schule erfolgt oder auch erfolgen muss. Ein internationaler Vergleich aus der PISA-Studie 2018 zeigt eine positive Korrelation zwischen dem Vorhandensein von Räumen an Schulen, an denen die Hausübung gemacht werden kann, und den Leseleistungen sowie zwischen Peer-Unterstützung an der Schule und Leseleistungen.

> »In high-performing education systems, schools tend to provide a room where students can do their homework, and school staff provides help with students' homework.«[13]

Darüber hinaus ist es für die Lesekompetenz und die Equity bei den Leistungen in Mathematik und Naturwissenschaften förderlich, wenn es an Schulen Personal gibt, das die Schüler*innen bei den Hausübungen unterstützt.

11 Vgl. Pierre Bourdieu, *Kulturelle Reproduktion und soziale Reproduktion*, in: Reinhard Kreckel (Hg.), *Soziale Ungleichheit. Strukturen und Prozesse sozialer Schichtung*, Darmstadt/Neuwied 1976, S. 223–230; Pierre Bourdieu & Jean-Claude Passeron, *Die Illusion der Chancengleichheit. Untersuchungen zur Soziologie des Bildungswesens am Beispiel Frankreichs*, Stuttgart 1971.

12 Lorenz Lassnigg, *Covid-19 policies and digitalisation in Austria – some basic information*, 2020, https://www.ihs.ac.at/fileadmin/public/documents/projects/coronadigiat_05_1593010871.pdf (Abruf: 9.12.2020).

13 OECD, *PISA, Results. Volume V: Effective Policies, Successful Schools*, 2020 b, S. 148, https://doi.org/10.1787/ca768d40-en (Abruf: 9.12.2020).

Für Österreich zeigt sich diesbezüglich eine beträchtliche Lücke. Im Durchschnitt der OECD-Länder gibt es an 62,2 Prozent der Schulen entsprechendes Personal, in Österreich liegt dieser Anteil bei 28,8 Prozent. An Schulen mit einem durchschnittlich niedrigeren sozioökonomischen Status der Schüler*innen ist diese Unterstützung häufiger vorhanden (34,5 Prozent) als an vergleichsweise privilegierten Schulen. Somit gibt es ein gewisses Potenzial für einen Ausgleich, allerdings ist der Wert mit einem guten Drittel der benachteiligten Schulen immer noch sehr niedrig.

Eine Annäherung an die Frage, wie viel außerschulische Unterstützung im österreichischen Schulsystem geleistet wird, erlauben die seit 2010 durchgeführten Nachhilfestudien der Arbeiterkammer. Die aktuelle Studie aus dem Jahr 2020 kommt auf einen Anteil von knapp einem Drittel der Eltern, für deren Kinder entweder Nachhilfe in Anspruch genommen wird oder diese zwar gewünscht, aber nicht in Anspruch genommen werden kann. Mit drei Viertel der Kinder üben Eltern zumindest hin und wieder, über die Hälfte beaufsichtigt sie mindestens einmal pro Woche beim Lernen und 23 Prozent täglich.[14] Dabei zeigt sich der Zusammenhang zwischen außerschulischer Unterstützung und sozialer Ungleichheit auf zwei Ebenen: Zum einen ist der ungedeckte Bedarf nach (mehr) Nachhilfe höher, je geringer das Haushaltseinkommen ist. Zum anderen sind die fachlichen Schwierigkeiten der Eltern, wenn sie mit den Kindern lernen oder sie bei den Hausübungen unterstützen, höher, je geringer die formale Bildung der Eltern ist.[15] Über alle Schulformen hinweg schätzen 24 Prozent der Eltern die Unterstützung ihrer Kinder als schwierig ein; bezogen auf Kinder an den Mittelschulen sind es 33 Prozent. Die 2020 während der Schulschließungen durchgeführte Zusatzerhebung zur Nachhilfestudie verdeutlicht, dass das Ausmaß an Unterstützung für das Lernen gestiegen ist und Familien sich dadurch stark belastet fühlen: Rund die Hälfte der befragten Eltern fühlte sich stark belastet und derselbe Anteil berichtet von fachlichen Schwierigkeiten bei der Unterstützung.

14 IFES, AK-Studie, *Nachhilfe in Österreich*, Wien 2020.
15 Vgl. ebd.

In einer Studie des ZSI wurde die Situation während des Distance-Learning von Schüler*innen nach dem Bildungsstand ihrer Eltern analysiert. Ein hoher Anteil (84 Prozent) aus einfach qualifizierten Haushalten versucht bei Schwierigkeiten erst einmal allein zurechtzukommen. Bei Schüler*innen mit hochqualifizierten Eltern sind es knapp halb so viele.[16] Aus einer Ungleichheitsperspektive stellt die Privatisierung des Lernens im Zuge der Schulschließungen damit eine wesentliche Problematik dar.

Auf der einen Seite lässt das hohe Ausmaß außerschulischer Unterstützung in Österreich den Schluss zu, dass dies zum Zusammenhang zwischen schulischen Leistungen und dem sozioökonomischen Status der Schüler*innen beiträgt, da das relevante kulturelle und ökonomische Kapital unterschiedlich über die Familien verteilt ist. Auf der anderen Seite gibt es Untersuchungen dazu, wie sich eine geringere Koppelung des Schulerfolgs an private Unterstützungsmöglichkeiten auf die Bildungsungleichheit auswirken könnte. Ein Beispiel dafür sind Studien zu Ganztagsschulen. Die empirische Befundlage ist hier zwar nicht eindeutig, aber in bestimmten Bereichen konnte nachgewiesen werden, dass ganztägige Angebote die Bildungsungleichheit im Zusammenhang mit sozialer Ungleichheit kompensieren. Studien aus den USA zeigen, dass Bildungs- und Betreuungsangebote an Schulen, die über den regulären Unterricht hinausgehen, den Zusammenhang zwischen dem sozioökonomischen Hintergrund und den Leistungen verringern können. Die deutschen Erziehungswissenschaftler*innen Ivo Züchner und Natalie Fischer kommen in einer langfristig angelegten Wirkungsanalyse von Ganztagsschulen in Deutschland zu dem Ergebnis, dass herkunftsbedingte Effekte gemildert werden können. Die Effekte sind eher klein und hängen von der Dauer und der Intensität ab, mit der ganztägige Angebote genutzt werden, sowie von deren Qualität.[17] Eine Studie zu ganz-

16 Ursula Holtgrewe, Martina Lindorfer, Carmen Siller, Irina Vana, *Lernen im Ausnahmezustand – Chancen und Risiken. Erste Ergebnisse der Schüler*innenbefragung*, 2020, https://www.zsi.at/object/news/attach/Erste_Ergebnisse_Lernen_im_Ausnahmezustand_Schueler_innenbefragung.pdf (Abruf: 9.12.2020).

17 Ivo Züchner & Natalie Fischer, *Kompensatorische Wirkungen von Ganztagesschulen – Ist die Ganztagesschule ein Instrument zur Entkoppelung des Zusammen-*

tägigen Volksschulen in der Schweiz stellt in diesem Zusammenhang keine Effekte auf die Mathematikleistungen der Schüler*innen fest, wohl aber eine geringfügig ausgleichende Wirkung in Bezug auf den sozioökonomischen Hintergrund.[18]

In der Phase der Schulschließungen während des Lockdowns setzte Österreich in erster Linie auf die Nutzung digitaler Medien für Home-Schooling, über welche die Kommunikation zwischen Schüler*innen und Lehrer*innen aufrechterhalten, Übungen und Aufgaben übermittelt und, in geringem Ausmaß, Fernunterricht durchgeführt wurde. Als Alternative zu den digital übermittelten Lernpaketen wurden diese auch in Papierform zur Verfügung gestellt.[19] Global betrachtet wurden Internet und Computer mit 83 Prozent der Staaten weltweit hier am häufigsten genutzt. Auch Unterricht über TV (72 Prozent) und Radio (48 Prozent) hatte im globalen Vergleich eine große Bedeutung,[20] aber nicht in Österreich. Wenn es um die Frage nach Bildungsungleichheit und sozialer Ungleichheit im Zusammenhang mit COVID-19 geht, ist auch die Frage nach der digitalen Ungleichheit relevant, da Home-Schooling in Österreich zumindest teilweise über digitale Medien erfolgt.[21] Digitale Ungleichheit kann dabei einerseits als Ausdruck sozialer Ungleichheit gesehen werden, sie kann aber andererseits auch mit der Reproduktion sozialer Ungleichheit in Verbindung gebracht werden.[22] Die zweite Perspektive lässt sich wiederum in

hangs von sozialer Herkunft und Bildungserfolg?, in: Zeitschrift für Erziehungswissenschaft 17, 2014, S. 349–367.

18 Marianne Schüpbach, Wim Nieuwenboom, Lukas Frei und Benjamin von Allmen, *Tagesschulen als Mittel, um Mathematikleistungen zu fördern und sozial oder kulturell bedingte Disparitäten zu verringern?*, in: Journal for educational research online 10, 2, 2018, S. 93–116.

19 In der IHS-Lehrer*innenbefragung zur Gestaltung von Distance-Schooling gaben 67 Prozent der befragten Pädagog*innen an, dass sie Aufgaben auf Papier nutzen (n = 2466).

20 United Nations Children's Fund, Covid-19: *Are children able to continue learning during school closures? A global analysis of the potential reach of remote learning policies using data from 100 countries*, 2020, https://data.unicef.org/resources/remote-learning-reachability-factsheet (Abruf: 9. 12. 2020).

21 In der IHS-Lehrer*innenbefragung gaben 79 Prozent an, dass sie Videos verwenden, bei Webapplikationen und Lernsoftware waren es 37 Prozent (n = 2466).

22 Ulli Samuelsson & Tobias Olsson, *Digital Inequality in Primary and Secondary Education: Findings from a Systematic Literature Review*, in: Matteo Stoc-

ein relationales Verständnis der Kapitalsorten einbetten, wonach eine digitale Ausstattung oder digitale Kompetenzen erst in einem bestimmten sozialen Kontext insofern wirksam werden, als sie zur sozialen Reproduktion beitragen.

Digitale Ungleichheit kann in eine primäre und sekundäre unterschieden werden: Mit primärer digitaler Ungleichheit sind technische Ausstattung (Hardware, Software) und Internetverbindung gemeint. Auf einen ersten Blick sind Schüler*innen in Österreich hier sehr gut ausgestattet und der »digital divide« ist gering. Über 95 Prozent verfügen zuhause über einen Computer, den sie für schulische Tätigkeiten nutzen können. Die Diskrepanz zwischen Schüler*innen an Schulen mit einem durchschnittlich hohen beziehungsweise niedrigen sozioökonomischen Status fällt gering aus.[23] In der Phase des Distance-Learning sind die Voraussetzungen an die Ausstattung jedoch höher, da potenziell mehrere Personen pro Haushalt im Home-Office und Distance-Schooling einen Computer nutzen mussten und darum die gleichzeitige Verfügbarkeit leichter an Grenzen geraten konnte. Verschiedene Befragungen von Schüler*innen während des ersten Lockdown zeigen, dass ein Anteil von 16 Prozent[24] keinen eigenen Computer, Tablet oder Laptop besitzt beziehungsweise ein Anteil von 8 Prozent zuhause vorhandene Computer nur eingeschränkt nutzen kann, wobei dies in viel höherem Ausmaß nichtakademische Haushalte betrifft.[25]

Größer als bei der technischen Ausstattung sind die sozialen Unterschiede dann, wenn es um die Frage nach einer kompetenten Nutzung der digitalen Medien geht, also um den sekundären »digital divide«. Kompetenzen, die Art der Nutzung und die Einstellung gegenüber digitalen Medien hängen mit dem sozioöko-

chetti (Hg.), *Media and Education in the Digital Age: Concepts, Assessments, Subversions*, New York 2014, S. 41–62.

23 OECD, *Learning remotely when schools close: How well are students and schools prepared? Insights from PISA*, 2020a, https://read.oecd-ilibrary.org/view/?ref=127_127063-iiwm328658&title=Learning-remotely-when-schools-close (Abruf: 9.12.2020).

24 Barbara Schober, Marko Lüftenegger & Christiane Spiel, 2020, *Lernen unter COVID-19-Bedingungen. Erste Ergebnisse – Schüler*innen*, https://lernencovid19.univie.ac.at/ergebnisse/schuelerinnen (Abruf: 9.12.2020).

25 Holtgrewe et al., *Lernen im Ausnahmezustand.*

nomischen Status zusammen.[26] So nutzen Sechsjährige mit hohem sozioökonomischen Status zu 34 Prozent einen Computer, diejenigen mit niedrigem Status nur zu 17 Prozent.[27]

Wissenschaftlich diskutiert wird auch die Frage, ob digitale Medien das Lernen fördern und ob dadurch ein Ausgleich bei den Leistungen der Schüler*innen stattfinden könnte. Meta-Studien verdeutlichen dabei erstens, dass entsprechende Hoffnungen auf ein realistisches Maß gebracht werden müssen. Forschungsergebnisse zeigen, dass der Einsatz digitaler Medien für den Unterricht per se keinen Einfluss auf die Lernintensität und den Lernerfolg hat[28] oder sogar die Lerneffektivität etwas steigern kann und im schlimmsten Fall jedenfalls nicht verringert.[29] Es kommt jedoch in erster Linie darauf an, wie sie in den Unterricht eingebettet werden und auf diesen Unterricht selbst:[30] Hochwertige Lernaktivitäten können durch digitale Medien unterstützt werden, aber ein schlechter Unterricht kann auf diesem Weg nicht verbessert werden.

Digitales Lernen ist ein komplexer und vor allem ein sozialer Prozess: Einfluss darauf haben nicht nur verschiedene Faktoren der digitalen Medien, sondern insbesondere der Unterrichtsprozess und die Voraussetzungen von Lehrenden und Lernenden. Das lernförderliche Potenzial digitaler Medien wird im Rahmen konstruktivistischer Unterrichtsmethoden (schülerorientiert, problemorientiert, offene Unterrichtsformen) eher ausgeschöpft als im Rahmen eines lehrerzentrierten Unterrichts.[31]

26 Samuelsson & Olsson, *Digital Inequality.*

27 OECD, Students, *Computers and Learning: Making the Connection*, 2015, https://doi.org/10.1787/9789264239555-en (Abruf: 9.12.2020).

28 Gerhard Brandhofer et al., *Bildung im Zeitalter der Digitalisierung*, in: Simone Breit et al. (Hg.), *Nationaler Bildungsbericht Österreich 2018. Fokussierte Analysen und Zukunftsperspektiven für das Bildungswesen*, Graz 2018, S. 307–362.

29 Heike Schaumburg, *Empirische Befunde zur Wirksamkeit unterschiedlicher Konzepte des digital unterstützten Lernens*, in: Nele McElvany/Franziska Schwabe/Wilfried Bos und Heinz Günter Holtappels (Hg.), *Digitalisierung in der schulischen Bildung: Chancen und Herausforderungen*, Münster 2018, S. 11–25.

30 Brandhofer, *Bildung im Zeitalter der Digitalisierung*; OECD, *Students, Computers*; Schaumburg, *Empirische Befunde.*

31 Heike Schaumburg, *Empirische Befunde zur Wirksamkeit unterschiedlicher Konzepte des digital unterstützten Lernens*, in: Nele McElvany/Franziska Schwabe/Wilfried Bos und Heinz Günter Holtappels (Hg.), *Digitalisierung in der schulischen Bildung: Chancen und Herausforderungen*, Münster 2018, S. 11–25.

Was einen Ausgleich sozialer Unterschiede bei den Schulleistungen mithilfe digitaler Medien betrifft, lautet der Schluss aus der PISA-Erhebung 2012, dass dieser nicht über digitales Lernen erreicht werden kann: *»Technology offers little help for bridging skills divide.«*[32] Umgekehrt müssten erst soziale Unterschiede in den Fähigkeiten und Kompetenzen der Schüler*innen ausgeglichen werden, um digitale Gleichheit herzustellen. Denn die Unterschiede im computerbasierten Lesen und Mathematik hängen in erster Linie mit den prinzipiellen Unterschieden bei Lesen und Mathematik zusammen und nicht mit der Fähigkeit, Computer zu nutzen.

Gerade im Zuge der Schulschließungen wurde in einer Reihe von Studien und Konferenzen stärker in den Fokus gerückt, dass Schule mehr bedeutet als Wissensvermittlung und Kompetenzentwicklung, sondern ein sozialer Ort ist, an dem gemeinsam gelernt wird. Dabei war man während des Lockdown einerseits ad hoc auf die Nutzung digitaler Medien angewiesen, während andererseits bereits zuvor soziale Unterschiede einen wesentlichen Beitrag zur Erklärung von Bildungsungleichheit lieferten. Insofern ergibt sich aus dieser Situation eine zweifache Herausforderung für Lehrer*innen und Schüler*innen. In welchen Bereichen zeigen sich soziale und Bildungsungleichheit in der Phase von Distance Schooling nun konkret? Was kann getan werden, um den Unterricht und das Lernen in dieser Situation inklusiv in der Hinsicht zu gestalten, dass sich möglichst wenige Hürden für Schüler*innen ergeben, die weniger gut ausgestattet sind und auf weniger familiäre Unterstützung zurückgreifen können? Das sind Fragen, mit denen sich die nun anschließenden empirischen Analysen auseinandersetzen.

Empirische Analyse sozialer Ungleichheit im COVID-bedingten Distance-Schooling

Die hier präsentierten Analyseergebnisse fußen auf einer empirisch sehr umfassenden Online-Lehrer*innenbefragung, die im Mai 2020 im Rahmen eines vom WWTF geförderten Forschungs-

32 OECD, Students, *Computers*, S. 3.

projekts am Institut für Höhere Studien durchgeführt wurde.[33] Inhaltlich erfolgt hier eine Fokussierung auf die Gestaltung des Distance-Schooling und die für die Schüler*innen damit verbundenen Herausforderungen sowie die Konsequenzen, die sich aus dem Distance-Schooling ergeben. Dabei wird in den meisten Fällen zwischen den Ergebnissen für alle Schüler*innen sowie den Ergebnissen für benachteiligte Schüler*innen differenziert. Die Operationalisierung von Benachteiligung erfolgte durch die Lehrer*innen anhand ihrer Einschätzung und Kenntnis der sozialen Situation ihrer Schüler*innen, was die Wohnverhältnisse, materiellen Verhältnisse, technische Ausstattung und die Unterstützung durch das Elternhaus betrifft.

Bereits die soziale Ungleichheit bei den mit dem Distance-Schooling verbundenen Herausforderungen der Teilnahme am Unterricht ist stark ausgeprägt. So stimmen bezogen auf alle Schüler*innen der Aussage, dass es den Schüler*innen gut gelingt, ihren Distance-Schooling-Tag zu planen, 61 Prozent der Lehrer*innen zu. Wird die gleiche Frage auf die benachteiligten Schüler*innen bezogen, sinkt die Zustimmung auf nur mehr 12 Prozent. Noch höhere Differenzen zeigen sich bei den Fragen nach der selbständigen, vollständigen und fristgerechten Erledigung der Aufgaben. Hierbei zeigen sich in nachstehender Grafik Zustimmungsdifferenzen zuungunsten benachteiligter Schüler*innen von bis zu 64 Prozentpunkten, was die Grundlage dafür bildet, auf erhebliche Schwierigkeiten zu schließen, die für Benachteiligte mit dem Distance-Schooling verbunden sind.

In der Praxis des Distance-Schooling zeigen sich dabei in Abhängigkeit vom Anteil benachteiligter Schüler*innen in den Schulen durchaus nennenswerte Unterschiede, was die digitalen Elemente des Unterrichts betrifft. Zunächst einmal ist es ein interessantes

33 Mario Steiner, Maria Köpping, Andrea Leitner und Gabriele Pessl, *Covid 19, Distance-Schooling und soziale Ungleichheit*, in: in-progress-Blog, 13. 11. 2020, https://inprogress.ihs.ac.at/covid-19-und-home-schooling-folgt-aus-der-gesundheits-nun-auch-eine-bildungskrise (Abruf: 9. 12. 2020). An dieser Befragung haben über 6000 Lehrer*innen teilgenommen und 4019 Fragebögen wurden (fast) vollständig ausgefüllt. Der Erhebungs- und Analyseschwerpunkt lag auf der Sekundarstufe I. Diesem Bereich können knapp 3000 Befragungsteilnehmer*innen zugerechnet werden, die die Basis der in diesem Beitrag präsentierten Ergebnisse bilden.

Soziale Ungleichheit in der Praxis von Distance-Schooling
Quelle: IHS-LehrerInnenbefragung, n = 2.285

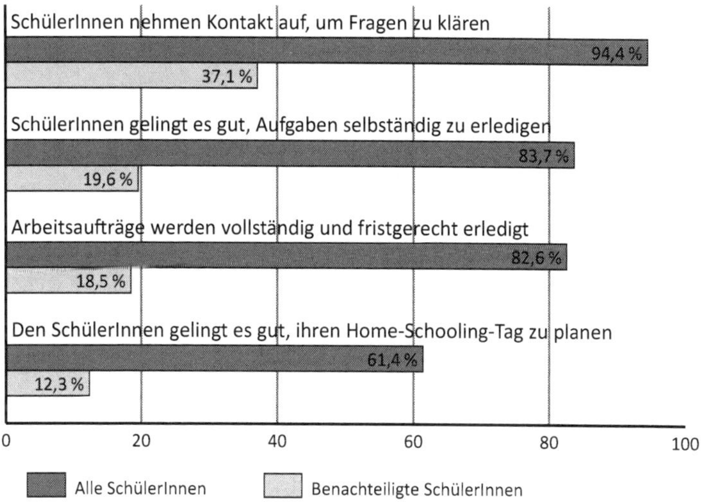

Anmerkung: Dargestellt werden Anteile von Lehrer*innen, die den einzelnen Aussagen hinsichtlich der jeweiligen Schüler*innengruppe sehr oder eher zustimmen. Benachteiligung basiert auf einer Einschätzung der Lehrer*innen, was die Unterstützung/Förderung durch die Eltern, die materiellen Verhältnisse, die technische Ausstattung zu Hause sowie die privaten Wohnverhältnisse ihrer Schüler*innen betrifft.

Ergebnis, dass Distance-Schooling nicht mit E-Learning gleichzusetzen ist. So geben im Durchschnitt nur 30,4 Prozent der Lehrer*innen an, dass sie mit ihren Schüler*innen Zeiten vereinbart haben, an denen digitaler Live-Unterricht stattfindet. Etwas höher liegt mit 36 Prozent der Anteil an Lehrer*innen, die digitale Präsenzzeiten vereinbaren, um individuelle Fragen zu klären. Interessanterweise sind diese Digitalpräsenzzeiten in den Neuen Mittelschulen stärker ausgeprägt als in den AHS-Unterstufen (beim digitalen Liveunterricht um 3 Prozentpunkte, bei den Individualfragen gar um 14 Prozentpunkte). Ebenso bemerkenswert sind die Unterschiede im Ausmaß des E-Learning in Abhängigkeit vom Anteil benachteiligter Schüler*innen, die in folgender Grafik erkennbar werden. Demnach fällt der Anteil von digitalen Präsenzzeiten beim Live-Unterricht und bei Videokonferenzen mit steigendem Anteil Benachteiligter um bis zu 6 Prozentpunkte, zugleich steigt

Vereinbarung von fixen Digitalpräsenzzeiten nach Anteil Benachteiligter in der Klasse
Quelle: IHS-LehrerInnenbefragung, n = 2.431

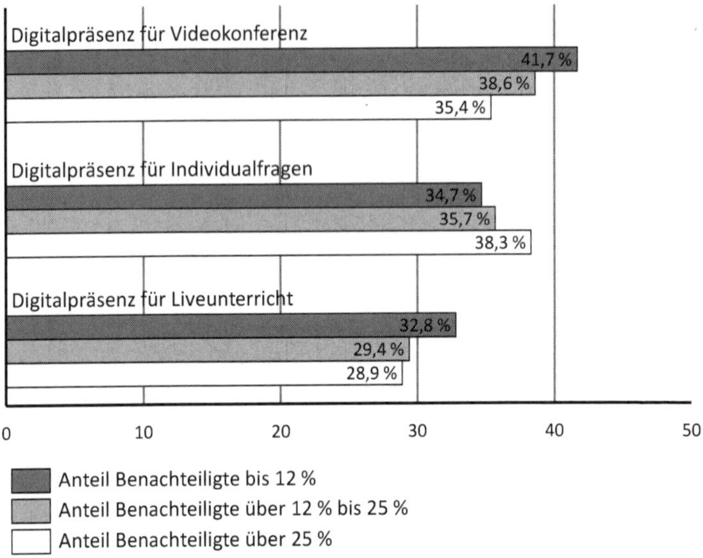

die Digitalpräsenz für Individualfragen etwas an. Insgesamt ist auf Basis dieser Ergebnisse jedoch zu hinterfragen, inwieweit sie den Bedürfnissen benachteiligter Schüler*innen gerecht werden, denn gerade durch einen (auch digitalen) Präsenzunterricht kann (entsprechende Endgeräte vorausgesetzt) Inklusion erreicht und ein Anstieg sozialer Ungleichheit verhindert werden, wenn dadurch das notwendige Ausmaß privater Unterstützungsleistung reduziert wird.

Auf Basis der zuvor präsentierten Ergebnisse über die Schwierigkeiten im Zusammenhang mit dem Distance-Schooling ist nicht überraschend, dass auch die Auswirkungen des Distance-Schooling sozial sehr stark ungleich verteilt sind. Dies beginnt bei der Erreichbarkeit der Schüler*innen, die sich aus Sicht der Lehrer*innen bei 12 Prozent aller Schüler*innen, aber 37 Prozent der benachteiligen Schüler*innen sehr schwierig gestaltet. Dementsprechend hoch sind auch die Sorgen, dass die Schüler*innen den Jahresstoff nicht schaffen werden beziehungsweise sich das Kompetenzniveau durch Distance-Schooling verschlechtert. Die Sorge um das Kompetenzniveau hegen 38 Prozent der Lehrer*innen für alle Schüler*innen und 76 Prozent der Pädagog*innen für ihre benachteiligten Schüler*innen. In die gleiche Kerbe schlägt das Ergebnis im Hinblick auf Sorgen, dass sich der Kompetenzunterschied zu Lasten benachteiligter Schüler*innen vergrößert. Im Durchschnitt stimmen dieser Aussage 79 Prozent der Lehrer*innen zu, nach Schulformen variiert der Anteil zwischen 77 Prozent Zustimmung in den NMS und 83 Prozent Zustimmung in den AHS. Regional betrachtet reicht die Spanne von 72 Prozent in Tirol bis 84 Prozent in Wien.

Diese Ergebnisse können durchaus als alarmierend eingestuft werden, denn einerseits leidet nach Ansicht der Pädagog*innen das Kompetenzniveau an sich unter dem Distance-Schooling, andererseits droht die ohnehin bereits hohe soziale Kluft dadurch noch deutlich weiter zu wachsen. Wird dieses Ergebnis nun in einen Kontext wiederholter Lockdowns und Schulschließungen gestellt, gewinnt es noch mehr an Relevanz und zieht mögliche Auswirkungen auf ganze Bildungs- und Berufslaufbahnen nach sich. Demnach erscheint es durchaus realistisch, dass in einiger Zeit auch Auswirkungen der Schulschließung auf Drop-out und frühen Bildungsabbruch beobachtet werden können.

Erste internationale Ergebnisse der Analyse von Schulleistungen und Lernfortschritten unterstreichen diese Hypothesenbildung auf Basis der Lehrer*innenbefragung eindrucksvoll. So kommen Engzell et al. beim Vergleich von Kompetenzwerten der Schüler*innen vor und nach dem Lockdown in den Niederlanden zu folgendem Schluss:

> »The average learning loss [during the 8 weeks of lockdown in the Netherlands, St.M.] is equivalent to a fifth of a school year, nearly the same period schools remained closed. (…) Losses are up to 55 Prozent larger among students from less-educated homes. (…) These results imply that students made little or no progress whilst learning from home, and suggest much larger losses in countries less prepared for remote learning.«[34]

34 Per Engzell, Arun Frey und Mark Verhagen (October 2020), Learning inequalities during the COVID-19 pandemic, https://osf.io/preprints/socarxiv/ve4z7 (Abruf 9. 12. 2020).

Sozial ungleiche Auswirkungen des Distance-Schoolings
Quelle: IHS-LehrerInnenbefragung, n = 2.285

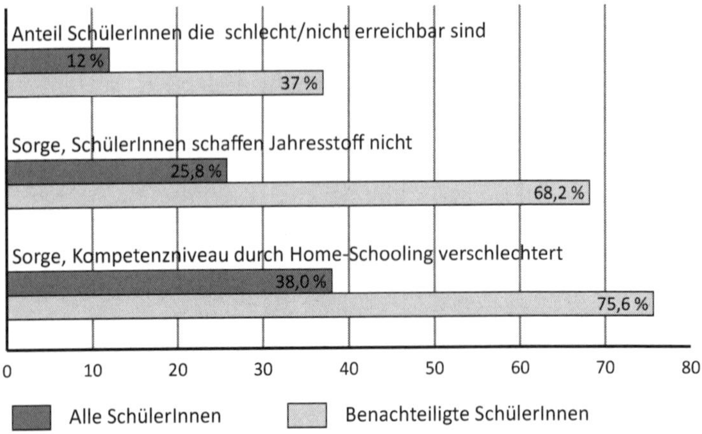

Sorge, die Kompetenzunterschiede werden sich zu Lasten Benachteiligter vergrößern
Quelle: IHS-LehrerInnenbefragung, n = 1.870

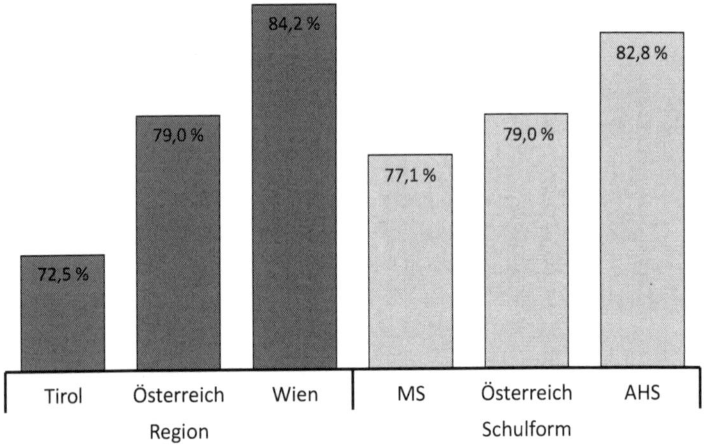

Abschließend steht die Frage im Zentrum, wodurch die soziale Ungleichheit als Konsequenz des Distance-Schooling beeinflusst wird und welche Strategien sich dazu eignen, sie zu reduzieren. Dazu wird in der nachstehenden Tabelle das Ergebnis der Berechnung eines Regressionsmodells zur Erklärung der Unterschiede bei der von den Lehrer*innen gehegten Sorge, dass die Kompetenz-Kluft für Benachteiligte wächst, präsentiert.

_B (unstand. coeff.)	Beta (stand. coeff.)	Std. Error	
Constant	1,267***		
Kooperation Lehrer*innen während COVID	-0,083**	-0,074**	0,029
Defizit im Unterstützungssystem während COVID	0,207***	0,092***	0,052
Selbstwirksamkeitsempfinden von L unter COVID	-0,157***	-0,117***	0,036
Schwierigkeitsempfinden von L bei Distance-Schooling	0,361***	0,222***	0,042
Wieviel ist für S momentan besonders schwer	0,551***	0,131***	0,100
R2	0,177		
R2 (adjusted)	0,168		
F (df=18; 1756)	20,910***		

Erklärte Variable: »Ich habe Sorge, dass die Kompetenzkluft zuungunsten Benachteiligter wächst«

Nicht signifikant wirksam waren: Anteil Schüler*innen mit Migrationshintergrund, Lehrstil, der Selbständigkeit fördert, Schulform, integrierter Ganztagsunterricht, pädagogisch-didaktisches Grundverständnis, Einsatz digitaler Medien im Unterricht vor COVID, Aktivieren und Zugehen bei COVID-Unterricht, Digitalpräsenz bei COVID-Unterricht, Empathie und Unterstützung bei COVID-Unterricht, Technikausstattung und Digitalkompetenz der Schüler*innen, ungestörter Platz zum Lernen und Unterstützung zu Hause, Stundenaufwand von Lehrer*innen unter COVID, Wohlbefinden von Lehrer*innen unter COVID.

Quelle: IHS-LehrerInnenbefragung/ * p < 0,05; ** p < 0,01; *** p < 0,001

Zunächst einmal haben sich einige Variablen als signifikant wirksam erwiesen, diese soziale Ungleichheit des Bildungsergebnisses zu erhöhen. Es sind dies ein steigendes Defizit im Unterstützungssystem während COVID, ein erhöhtes Schwierigkeitsempfinden der Lehrer*innen sowie die Anzahl der Hürden für die Schüler*innen im Distance-Schooling. Steigen die Werte für diese Variablen an, erhöht sich auch die Kluft zuungunsten von Benachteiligten. Demgegenüber stehen Variablen, die die soziale Kluft schließen und zu einer Reduzierung der Ungleichheit beitragen. Es sind dies die Kooperation unter Lehrer*innen sowie ihr Selbstwirksamkeitsempfinden, auch unter COVID-Bedingungen den Unterricht entsprechend ihrer pädagogisch-didaktischen Vorstellungen gestalten zu können. Zur Verringerung der Kluft zuungunsten von Benachteiligten bedarf es im Distance-Schooling also über die Voraussetzungen der Hardware hinaus eines Ausbaus des Unterstützungssystems (Schulsozialarbeit, Lernhilfe, …) sowie entsprechend handlungssicherer und selbstwirksamer Lehrer*innen, die sich gemeinsam den Herausforderungen des COVID-Unterrichts stellen. Freilich ist es auf Basis dieses Modells nur möglich jene Einflüsse zu untersuchen, die als Variablen abgebildet werden können und es ist davon auszugehen, dass es weitere Einflüsse gibt. Dennoch können auf dieser Basis erste Ansatzpunkte benannt werden, die dazu beitragen, die durch Distance-Schooling noch weiter dynamisierte soziale Ungleichheit des Bildungserfolgs zu reduzieren.

Autor*innen

Stefan Bartl ist Leiter der Wiener Gewerkschaftsschule und war zuvor Bundesjugendsekretär des Österreichischen Gewerkschaftsbundes sowie der Gewerkschaft Bau-Holz. 2009 schloss er seine Doppellehre zum Maurer/Schalungsbauer ab.

Ilkim Erdost hat International Migration and Public Policy an der London School of Economics and Political Science studiert. Seit 2018 ist sie Geschäftsführerin des Vereins Wiener Jugendzentren und war zuvor Direktorin der Volkshochschule Ottakring.

Boris Ginner ist Referent in der bildungspolitischen Abteilung der Arbeiterkammer Wien und arbeitet unter anderem zum Thema politische Bildung. Zuvor war er in der politischen Jugendarbeit tätig und studierte Politikwissenschaft.

Stefanie Göweil unterrichtet Deutsch und Psychologie/Philosophie an einem Wiener Gymnasium, davor war sie auch als Kindergartenpädagogin tätig. Ihre Schwerpunkte liegen im Bereich der feministischen Philosophie und in der schulischen Geschlechterforschung.

Susanne Haslinger ist Juristin und in der Produktionsgewerkschaft (PRO-GE) für Sozialpolitik und Grundlagenarbeit zuständig. Sie ist zudem seit vielen Jahren in der arbeitsrechtlichen und der politischen Erwachsenenbildung tätig.

Verena Hohengasser ist Klassenvorstand an einer Mittelschule in Wien und Mitgründerin des Blogs *Schulgschichtn*. Sie studierte Psychologie und arbeitete in der entwicklungspsychologischen Forschung, bevor sie über die Initiative Teach for Austria zu unterrichten begann.

Judith Kohlenberger ist Kulturwissenschaftlerin und wissenschaftliche Mitarbeiterin am Institut für Sozialpolitik der Wirtschaftsuniversität Wien. Sie forscht zu Fluchtmigration und Dimensionen der Integration, lehrt an der WU und der FH Wien und schreibt für den Thinktank des Wochenmagazins *FALTER*.

Sabine Letz ist seit 2003 Geschäftsführerin des VÖGB (Verband Österreichischer Gewerkschaftlicher Bildung) und Leiterin des ÖGB-Referats für Bildung, Freizeit, Kultur. Davor arbeitete sie als pädagogische Mitarbeiterin im VÖGB und als Leiterin des EU-Projektbüros im ÖGB.

Pia Lichtblau ist seit 2012 im VÖGB (Verband Österreichischer Gewerkschaftlicher Bildung) als pädagogische Leiterin der Wiener BetriebsrätInnen-Akademie tätig. Davor arbeitete sie in verschiedenen entwicklungspolitischen NGOs.

Sonja Luksik ist wissenschaftliche Mitarbeiterin und Trainerin bei der Österreichischen Gesellschaft für Politische Bildung (ÖGPB). Zuvor studierte sie Politikwissenschaft.

Simone Peschek ist Lehrerin an einer Mittelschule in Wien Simmering und Mitgründerin des Blogs *Schulgschichtn*. Nach ihrem abgeschlossenen Studium der Religions- und Sprachwissenschaften kam sie als Quereinsteigerin in den Lehrberuf.

Gabriele Pessl ist Soziologin am Institut für Höhere Studien und Dissertantin an der Universität Wien. Sie forscht zu bildungssoziologischen Fragestellungen und zu sozialer Ungleichheit im Bildungssystem.

Armina Pramenkovic ist Referentin beim Projekt »Arbeitswelt und Schule« der Arbeiterkammer Wien. Zuvor war sie in der Gewerkschaftsjugend als Landes- und Bundesjugendvorsitzende der Gewerkschaft Bau-Holz und als stellvertretende Jugendvorsitzende im ÖGB aktiv.

Barbara Rothmüller ist Soziologin und Postdoc am Fachbereich Sozialpsychologie der Sigmund Freud Universität Wien. Sie hat an der Graduate School of Education der Stanford University sowie am Institute of Education and Society der Universität Luxemburg ihr Doktoratsstudium absolviert und forscht seit 2007 unter anderem zu Bildungsungleichheiten, Bildungspolitiken und Diskriminierung an Hochschulen.

Günther Sandner ist Politikwissenschaftler und FWF-Research-Fellow am Institut Wiener Kreis der Universität Wien. Neben seiner wissenschaftlichen Forschungs- und Lehrtätigkeit ist er seit über 25 Jahren in der politischen Bildung aktiv.

Philipp Schnell ist Referent in der bildungspolitischen Abteilung der Arbeiterkammer Wien und Lektor am Institut für Soziologie der Universität Wien. Er arbeitet unter anderem zu folgenden Forschungsschwerpunkten: (ethnische) Bildungsungleichheiten, Bildungspolitiken (im europäischen Vergleich) sowie Migration und soziale Ungleichheit.

Felix Stadler ist Abgeordneter im Wiener Landtag, Gemeinderat und Bildungssprecher der Grünen Wien. Er war Lehrer und Klassenvorstand an der NMS Schwechat-Frauenfeld und ist Mitgründer des Blogs *Schulgschichtn.*

Mario Steiner leitet die Forschungsgruppe »Bildungsforschung und Beschäftigung« am IHS-Institut für höhere Studien in Wien. Er promovierte in Soziologie und forscht seit 25 Jahren zu den Themenfeldern Bildungslaufbahnen, soziale Ungleichheit und benachteiligte Jugendliche. Er lehrt seit 20 Jahren Arbeitsmarktforschung und empirische Sozialforschung an Fachhochschulen.

Gerd Valchars ist Politikwissenschaftler, arbeitet zu den Themen Staatsbürgerschaft und Wahlrecht und lehrt an den Universitäten Wien und Klagenfurt, an der Fachhochschule Campus Wien und am Institute of European Studies, Vienna.

Laura Wiesböck ist Soziologin und Publizistin in Wien. Sie forscht zu Formen, Ursachen und Auswirkungen von sozialer Ungleichheit, insbesondere im Bereich Armut, Arbeit und Geschlecht.

Martina Zandonella ist Sozialwissenschaftlerin am Wiener SORA-Institut. Sie forscht zu Demokratie, Partizipation und politischer Sozialisation, allen voran im Kontext von sozialer Ungleichheit.

mandelbaum *empfiehlt*

Günther Sandner, Boris Ginner (Hg.)
WARUM DEMOKRATIE BILDUNG BRAUCHT

144 Seiten, Euro 15,–
ISBN 978385476-842-5

Tamara Ehs
KRISENDEMOKRATIE
Sieben Lektionen aus der Coronakrise

108 Seiten, Euro 12,–
ISBN 978385476-893-7

Petra Bernhardt, Karin Liebhart
WIE BILDER WAHLKAMPF MACHEN
2. Auflage

160 Seiten, Euro 19,–
ISBN 978385476-850-0